劉君祖易經世界

身處變動的時代，易經教你掌握知機應變，隨時創新的能力。

從易經解金剛經

劉君祖 著

目錄

推薦序／生生者無生，有為即無為，略論佛易交參三重抉擇
讀劉君祖教授《從易經解金剛經》有感

游祥洲　世界佛教大學執行理事

佛易交參，從東晉時代開始

《易經》是中國先秦文化最高端的精華之所在，其思想蘊涵歷經數千年的開展，蔚然大觀，已成為展現中華文化高度的最重要而無可替代的思想語言。佛教從印度傳入漢地之後，非常幸運地，東晉時代有兩位深受魏晉三玄薰陶的佛門高僧，僧肇與僧叡為「以佛解易」與「以易釋佛」，打開了卓越的會通之門。僧叡大師為鳩摩羅什大師（344-413）所譯《大智度論》寫的一篇序言，不但言簡意賅，更是直接會通佛易心要，其文曰：

夫萬有本於生生，而生生者無生；變化兆於物始而始，始者無始。然則無生、無始，物之性也。生、始不動於性，而萬有陳於外、悔吝生於內者，其唯邪思乎！正覺有以見邪思之自起，故阿含為之作；知滯有之由惑故，般若為之照。然而照本希夷，津涯浩汗，理超文表，趣絕思境。以言求之，則乖其深；以智測之，則失其旨。二乘所以顛沛於三藏，雜學所以曝鱗於龍門者，不其然乎！

「生生之謂易」，這是易經的核心原理，「無生法忍」則是佛門菩薩十地超凡入聖的成就關鍵，令人驚喜的是，僧叡（371-438）大師用「生生者無生」一句話就把「佛易交參」的口訣，說到究竟處了！僧肇大師（364-414）的大作《肇論》，更是融會貫通魏晉三玄與《大品般若經》的千秋典範之作。

東晉時代引進印度般若學的道安大師（312-385）讀了鳩摩羅什大師翻譯的般若經論之後，非常感慨地說：

先舊格義，於理多違。

所謂「格義」，是指佛教傳入漢地之後，當時的佛教精英，最著名的代表就是「六家七宗」，大量地借用魏晉三玄的語言來解釋佛經，道安大師發現，當時的解釋太多穿鑿附會，悖離了佛教的原義，這是佛教文化從印度移入漢地之後，非常無奈地誤入歧途。

非常慶幸的是，羅什大師在第五世紀初所翻譯的《大品般若經》與《大智度論》，目前只有在漢文中有完整的譯本，而其中厚達一百卷的《大智度論》，除了漢文，目前只有比利時的拉莫特神父從中文翻譯成三十四卷的法文版，然後一位英國的女作家再從法文翻成英文。羅什大師與身邊優秀的十大弟子的貢獻實在是令人讚歎！

魏晉以降，儒佛會通的另外一波高潮就是明末佛教四大師提倡「三教同源論」，來化解韓愈以來新儒家的反佛運動。特別是藕益大師的《周易禪解》，更是把佛易會通推向更高的境界，不落魏晉格義之窠臼。

第一重抉擇：生生者無生，抉擇四悉檀皆是實，明第一義唯證相應，太極只是心之理，「觀易」勿忘「觀心」義。

晚明高僧藕益智旭大師（1599-1655），是漢地「佛易交參」系統化建構的卓越典範，他最重要的代表作就是《周易禪解》，主要思維進路乃是「以禪解易」。從藕益大師的著作當中，可以看出他是一個禪、淨、密兼修，既通宗又通教的佛門行者。在佛教大乘各宗之間，旁通整合，橫豎無礙，既開放又包容。

藕益大師對「太極」的詮釋，包含五個重點：

（一）太極為本體之理，體用不二；

（二）太極為全體之理，法住法位；

（三）太極無始無終；

（四）太極本無實法——無體之易；

（五）太極只是心之理，「觀易」勿忘「觀心」。

藕益大師以禪解易的方法學基礎，誠如他本人在《周易禪解》序中所言，乃是「四悉檀」。「四悉檀」的最高層次，就是「第一義悉檀」，也就是以空義為究竟境界。因此，從方法學的角度來看，「空義」與周易本體論思想核心的「太極」理念之間，更增加了會通的管道。

從「太極本無實法，故能立一切法」一命題言之，藕益大師實已扣緊了佛教傳統空宗的思想精華，因為原始空義的內涵，一方面是從破除執著的立場上來詮顯一切事物空無自性的本質，但在另一方面，空也有從「法住法位」的角度來顯示諸法實相的積極性內涵，因為空本身只是說明

「緣生」無自性的本質，在此本質之上，「緣生」依然「緣生」，兩儀也好，四象也好，八卦也好，六十四卦乃至重重無盡卦也好，「緣生」，或者「緣生」本身所顯示的空性，實際上是提供了一種創造的無限可能性。《周易禪解》援用空義來闡釋太極之理時，顯然已充分把握住此一立場。因此，《周易禪解》所開啟的空與太極的會通之道，值得我們在未來推動中國哲學融合發展的進程中，給予更多的肯定與發揚。

第二重抉擇：有為即無為，抉擇《大智度論》十八空，明雙空相即，無為究竟義。

個人以為，《金剛經》一個十分關鍵的表達，就是：

> 一切賢聖皆以無為法而有差別。

羅什大師這句翻譯，因為稍有省略，因此歷史上時常出現解釋不清楚的地方。筆者參考一行禪師（1926-）的英文原版 "The diamond that cuts illusions"，這一句的完整翻譯應該是：

> 一切賢聖皆以無為法而（與凡夫）有（所）差別。

They transcend all concepts. The noble teachers are liberated. They are distinguished from others because they are in touch with and realize the unconditioned Dharma. They are no longer imprisoned by forms and concepts.

也就是說，無論是阿羅漢道的四果，或是辟支佛，乃至十地菩薩，他們與凡夫最主要的差別，就是他們是否已經與無為法相應。根據印順法師（1906-2005）的解讀，與無為法相應的特質之一就是「不戲論」，也就是超越了語言概念的層次。

但光是這樣的理解還是不夠的，龍樹菩薩在《大智度論》第三十一卷解釋「十八空」時，還有一個非常直接的表達：

「有為」實相，即是「無為」。

龍樹菩薩在《大智度論》中更深入地論述：

復次，諸賢聖人不緣有為法而得道果，以觀有為法空故，於有為法心不繫著故。

復次，離有為則無無為。所以者何？有為法實相即是無為，無為相者則非有為，但為眾生顛倒故分別說。有為相者，生、滅、住、異；無為相者，不生、不滅、不住、不異，是為入佛法之初門。若無為法有相者，則是有為。

綜合這段論述，有兩個重點，整個般若經系的實證境界，不但要遠離一切戲論，而且所謂無為法，並不是在有為法之外，另外有一個東西叫無為法。這一點在我們參究《金剛經》的時候特別關鍵，如果我們老是在文字上打轉，卻沒有任何與空相應，沒有任何現法樂住的禪修體驗，這樣談《金剛經》就難免隔靴搔癢了。

第三重抉擇：心性融萬類，抉擇懷氏雙重理性論，明方師遠離狂邪，廣大和諧義。

二十世紀英國哲學家懷黑（A. N. Whitehead, 1861-1947）在他的代表作 *Process and Reality*（《歷

程與實在》）一書中，表達了一種與易經相呼應的機體（organism）主義宇宙觀，同時也在另一部著作 *The fuction of Reason*（《理性的功能》）中，提出一個對應的論述，那就是說，唯有善用玄思理性（Specular Reason），我們才有可能真正地契入歷程與實在的真實奧秘，如果我們用的是世俗的實用理性（Practical Reason，也可以稱之為「狐狸精的聰明」Reason of Fox），那麼，我們就不可能參透宇宙的真相。

傳統的西方哲學思維，一向離不開宇宙發生論的模式，因此不容易跟《易經》生生不息的生命哲學對接。

在哲學理趣上與懷黑十分相近的方東美教授（1899-1977），在易學研究上涵泳五十年，其代表性論著為《中國哲學精神及其發展》，內容涵蓋了儒釋道各家。此處無法詳論其有關佛易交參的思維進路，這裡特別舉方師兩首短詩來做為開門的鑰匙。

第一首是一九七七年五月，當時先生雖已病重，卻在桌曆上留下這一首詩：

我自空中來，還向空中去，空空何所有，住心亦無處。

這一首詩如實地呈現了東美先生「與空相應」的精神境界。東美先生寫此詩時，身體正受到癌症的折磨，但詩中所表達的卻是「我自空中來，還向空中去」，這表示東美先生的心早已安住在空性之中，此身之榮枯已無礙於此心之自在。然而空性的境界又如何呢？所謂「空空何所有，住心亦無處」，換句話說，空是一境界，此一境界亦不可執，所以說「空空何所有」。東美先生平生講學時常提及《莊子》的「寥天一處」、「無何有之鄉」，其意境亦不外此。然而此心住於此「空空何所有」之境界，又不能為此一境界所拘，所以，此詩最後一句特別點出「住心亦無處」。東美先生病重之際，其心依然不失空靈灑脫，絲毫不為病魔之所折伏，的確呼應了另外一首詩所說的維摩詰居士的境界：

病病惟因真不病，重玄妙法洽天然。

東美先生所寫的第二首詩是這樣的：

狂邪趨智慧，所得只狂邪，心性融萬類，安得落一邊。
主體不自覺，所覺墮客田，主客不相即，邊見證狂邪。

這首詩文字雖然十分簡短，卻把東美先生一生所堅持的哲學理念表露無遺。東美先生的哲學理念一向重視宇宙與人生的廣大和諧性，所以說「心性融萬類，安得落一邊」。而現代人治哲學的最大毛病，就是忽略了心性之學，一味地強調「價值中立」，過份向外追求所謂客觀知識，而人類生命的主體性就因此而迷失了，這叫做「主體不自覺，所覺墮客田」。所以東美先生在詩中反覆警告說，「狂邪趨智慧，所得只狂邪」，「主客不相即，邊見證狂邪」。哲學乃愛智之學，但是追求智慧，要立足於生命的主體性，從心性出發，否則以「狂邪」之心來追求智慧，結果是「所得只狂邪」。東美先生病重之際，他的心智卻依然如此清明透達；對於人類未來的智慧之路，即使先生當時體力已經十分危弱，卻依然不改其平生講學之熱情，於病榻之上，發出大獅子吼！

不思議的緣起

二〇二〇年正月，看到劉君祖教授在台灣南部將有一系列的演講，其中一場是「末法與大道」。好一個廉頑立懦的大題目，下這個題目的人，是何等的遠見與宏願！

於是跟君祖兄商量，請他撥冗到台北佛陀教育基金會大智度論精華的課堂上，跟我們太平洋東西兩岸的同學們共享法筵。因為疫情影響，這個因緣到八月二十八日才成熟。上課當日，含金量破表。最神妙的是，當天我在劉教授總結之前，提出「以法護法」與「以如入如」八個字，來作為末法與大道的努力方向，想不到劉老師立馬用他的心念感應，當下用手機卜出一個〈泰〉卦：「君子道長，小人道消。」，多麼殊勝的感應道交！

而我個人在易學方面最直接的受用，就是一九七五年台大哲學系事件爆發，這是台灣學術界幾十年來最大的白色恐怖，十三位專職的老師一夕之間被解聘，也包括了我。當時在那莫須有的困境中，心情鬱悶難解。雖然在佛法上有多年薰習，也以《大智度論》安忍波羅蜜來自我轉念，加上星雲大師的安慰：「是非以不辯為明」，但心情十分愁苦。幸好一個因緣讀到周鼎珩先生的《易經講話》，其中一篇詳細講解困卦的卦辭以及自處之道，從此困卦幾句簡單的卦辭，「困，亨，貞，大人吉，無咎，有言不信。」成了我在茫茫苦海中的明燈。同時又讀《資治通鑑》，於是把個人的悲憤，轉為對古今天下受難者的無限同情。易之用，大矣哉！

君祖兄自謙在佛門並未皈依，個人以為，在佛教的文化體系中，有一種角色一直受到廣大的尊敬，叫做辟支佛，一般翻譯為「獨覺」，這個角色跟佛教不一定有任何的往來，但是他們憑藉個人卓越的悟性與努力，一樣可以成就極高的智慧。在我心目中，中國的老子與帶領希伯來人出埃及的摩西，都是無比卓越的辟支佛。讀劉老師的書，最好能夠跳脫出佛教本位的思考模式，而是以禮敬辟支佛的角度，欣賞其中無邊的驚喜與智慧！

一期一會，貞下起元

在這一期一會的機緣中，有幸接觸到好多好多不可思議的生命智慧的火花，就在每一個與我們呼吸互動的時空中，只要我們正念寂靜謙卑地把自己的心、自己的眼睛、自己的耳朵、自己的每一個毛細孔打開，就可以當下發現，宇宙間同時同步存在著好多好多的生命智慧系統，每一個系統都各自顯現其多元、多重、多向度、多符號、多象徵、多語言、多功能、全息的、微妙的感應道交的運作模式，無論你從哪一個系統切進去，都可以發現動靜一如、開闔自在、錯綜複雜、小大相容、平衡和諧的生命奧秘，如是等等，步步安樂行。

在目前相對地比較有機會接觸到的系統，它可以包括易經及其十翼、華嚴經與華嚴宗（六相十玄的四重法界觀）、法華經系與天台宗（一念三千、法界千如）、阿含經的法住法位觀、彌陀經系與淨土法門（宇宙同步與五塵說法）、解深密經與彌勒菩薩法相唯識系統、南傳清淨道論的修證體系、藏傳與尼泊爾佛教的五明與五方佛系統、古印度的阿育吠陀的醫學體系、傳統道醫與漢醫、古希臘的神秘主義、亞洲古文明與南北美（印地安與瑪雅）的巫醫文化，這是多麼美好而無限豐富的宇宙人生，而我們所有人最大的福氣就是，釋迦牟尼佛在菩提樹下給我們帶來一個十分簡單的訊息：一念具足萬行，這一念就在此時、此地、當下！

末法興大道，復見天地之心

劉老師學易的背景，因為有一代鴻儒毓鋆老師三十年的薰陶，象、數、理三全，這在當代是特別難得的。

再者，我等講學最大的挑戰就是，深入往往不能淺出，淺出往往不能深入。令人驚喜的是，劉老師講課一方面十分生活化，因而淺出易懂，加上本身理工背景，具足了現代嚴密的邏輯思考與先進的科學知識，因此對現代知識菁英更具有四兩撥千斤的說服力。更厲害的是，劉老師先天思辨敏捷，偶而還會露個兩手禪堂裡逼拶的絕活，這使得利根者在教室裡很容易被逼到開悟的邊緣。

最近劉老師在我的課堂上講「末法興大道」的時候，還特別用易經的復卦，來貫通易經與般若心經。底下這一段話特別精彩：

不「剝」怎麼「復」呢？果皮果肉不腐爛掉，不被鳥獸吃掉，裡面的種子就不能落土生根，伸枝發葉，再孕育下一代。所以果皮果肉的假象，一定要剝空，即「五蘊」都空，復卦的種子，核仁代表的見天地之心、自在的佛性才能「度一切苦厄」。

個人非常期盼，劉老師能夠在易學全球化的大道上，帶領更多發心的菩薩們，承擔更多更多的責任。

寫於北台灣雪山東麓礁溪東美書軒

自序／天地之心

《金剛經》全文不到六千字，由古梵漢譯引介入華夏以來，風靡士林與廣大信眾，有般若經王之稱。修持消業，信受奉行，卓有神效，影響深遠。《易經》自羲皇畫卦，聖經賢傳相續推衍數千年，理氣象數具備，允為中夏文明化成天下之源，亦稱定論。

我大學及研究所專業原在理工，逢意外機緣薰習中華經典，感應殊勝，導致生涯重大轉折，而今以《易》為核心的教學研行忽焉竟已數十年。接觸佛法雖早，驚其哲思浩瀚高明，悲心憫眾感人肺腑，卻始終未入佛門。人生緣法，冥冥中或有定數，依理順勢而行，頗得自在。

約莫十多年前，系統性地整理佛典，嘗試以《易》信解行證梵土高慧，並選了六部佛經與書院諸生講授，首部就是《金剛經》。本書依當時講錄刪訂贊修而成，還保留了課堂上的應機答問，流光逝水，世變日劇，俯仰字裡行間，仍感法喜充盈，敬謹付梓出版與天下朋友共。

當時的講授次序是《金剛經》起始，《六祖壇經》承繼，《心經》小結，接著是成佛的《法華經》、居士說法的《維摩詰經》，最後終結於開智慧的《楞嚴經》。無論篇幅長短，悟理難易，一概以易理易數融通互證。嚴格而論，以易觀佛與以佛觀易確有不同，我也謹守分寸，無意逾越。基本信念一是源自〈繫辭傳〉孔子所言：「一致而百慮，殊途而同歸。」二是《金剛經》裡〈淨心行善分〉的啟發：「是法平等，無有高下。」

講經之前，還誠心以易占探測各經的主旨，《金剛經》就是復卦初爻動，爻辭稱：「不遠復，無祇悔，元吉。」〈小象傳〉：「不遠之復，以修身也。」修身需誠意正心，不遠即近，人人各具佛心自性，不假遠覓外求。爻變為坤卦，廣土眾民盡皆如是。坤取土中之義，深根入土為甲，順勢伸枝展葉為由，上下接合為申。巽卦為風，視之無形，〈大象傳〉稱：「隨風巽，君子以申命行事。」人生在世，欣逢天命潛移默化，又與《中庸》之教相合：「天命之謂性，率性之謂道，修道之謂教。」隨風巽，隨順機緣而不拘執，金剛法門隨說隨掃，了無罣礙：「如來說第一波羅蜜，即非第一波羅蜜，是名第一波羅蜜。」

復卦一元復始，萬象更新，〈彖傳〉讚稱：「復其見天地之心乎！」初爻動於內中，正是含藏自性能生萬法之象。世運剝極而復，剝卦上爻「碩果不食」，果皮果肉爛盡，果仁種子落地又可新生不息。宋儒張載膾炙人口的四句教：「為天地立心，為生民立命，為往聖繼絕學，為萬世開太平。」即由此出。《禮記．禮運》進一步明示：「人為天地之心。」儒稱人能弘道，非道弘人；佛歎人身難得，妙法難聞；道重致虛守靜，吾以觀復。三教奧旨，於此契合。

不只《金剛經》如此，另五部經典殊途同歸，都指向復卦，確立生命主體，應天行道。了然於此，一切法皆是佛法，皆是易法，儒法道法亦復如是。

劉君祖　於庚子年疾疫肆虐之日

以易參佛的講經計畫

《易經》與佛經參證的講經計畫，是日、夜兩班同步進行，日間班先講過一遍，夜間班在後，本書主要是夜間班的講錄稿。每堂課大約有三小時，但今天還講不到任何一部佛經，這裡有兩頁講綱，預定今天講完概要的部分，其中有幾個占象很有意趣，跟大家分享。夜班的老同學較多，前面剛結束《春秋》課程，約有三十個人，日班大概二十個人。

經過多方考量，我們決定先講《金剛經》，講完後，再看下一部經要講什麼。我們想以《易》參佛，所以這個課跟一般課不一樣，每次上課前要先禮佛。選在這個時候開始講，是因為我們過去用《易》通兵法、通老莊道家、通中醫養生，每年兩次研習營的論文就以此為題。到了二〇一〇年的春研營，就是「《易》與佛的對話」，大家經過半年的薰習思考，才不會談得太荒腔走板。

一兩個月以前，我們要講佛經的消息很早就放出去了，本來想老老實實把一部經吃透，從《易經》出發去貫通《法華經》，有位同學上課中休時跑到我房間，給了我幾本《法華經》，然後就開始指教，他說講佛經不是不能收錢嗎？我一聽，大夢初醒，就說：「對，是不能收錢的。」當下陷入天人交戰，馬上各種煩惱都來了，因為他講的對。雖然當時我還跟他說，我們跟一般講佛經不大一樣，但心裡總是有個疙瘩，不容易料理清楚，就訴諸易占。這樣要占三個卦，才能搞定。第一個卦是問：如果還是照既定方案，由學會承辦，收錢好不好呢？結果是〈困卦〉，當然不好。我講佛經，法施還遭困，實在划不來。困裡雖然有爻動，不易脫困，所以就再問：如果照正常講佛經的道場，不收費怎麼樣？卦象當然很好，但是我不大好啊，這下陷入兩難。最後一想，一定是沒有聽清楚我的意思，所以第三次問：按我們這個講綱，思考脈絡跟一般講佛經不大一樣，簡單講就是佛易參證，如果一定要收錢，可不可以呢？我佛慈悲，說可以可以。所以我們還是這麼做了，很有意思，那位同學不過是放了兩三本《法華經》，就害我算了三個卦，才勉強過了這個關。

直指本心的《金剛經》

接下來要談的是講綱提出的幾個重點。首先，《金剛經》非常精簡，篇幅比《孫子兵法》少一點，比《道德經》、《易經》的經文及〈繫辭傳〉又多一些。因為譯本不同，有五千四百字的版本，也有五千八百字的版本。原則上我們上課用一般的通行本，不用玄奘的譯本。整部經雖才五千多言，卻很豐富，也很高超。所以到底要講多久，我們也不知道，何況還要從《易經》的理氣象數做一參證。原則上先預定二十堂課，等《金剛經》順利講完，接著就講《六祖壇經》。大家都知道《金剛經》跟《壇經》的因緣，所以這是從印度講到中國。禪宗六祖的故事大家都很清楚，惠能解釋《金剛經》的版本雖然不知真假，但也值得一讀。

我們《壇經》講完就講《心經》。《心經》就要用玄奘的譯本了，連後面的咒語在內共二百七十個字。這三部經都需要全講，接下來的幾部經可能摘要講，因為篇幅太大。下面可能是講

《法華經》，本來我也打算整部講，後來生變。這次為了講經，又把早已參過的《法華經》請出來，那是我老師為了還願印製的，封題《妙法蓮華經》用的是王羲之的字。結果參了一遍之後，決定修改計畫，因為我讀了不夠感動。如果我都不感動，怎麼講給大家聽呢？可能是因為裡面神通太多，可能我不甚契合，所以我們就摘要講。因為《法華經》是講成佛的經典，佛教很多重要觀念都在這部經裡。雖然我們不會全講，但是你們仍然要整部看、整部參。

《法華經》之後準備講《楞嚴經》。《楞嚴經》篇幅更多，就過去的經驗，大家對這部經是又愛又怕，因為它雖然最晚傳到中土，但譯筆極好，文辭非常優美，境界也很高，就是太難了，很多地方涉及實際修行的體驗，沒有相同經驗就沒法懂。我跟《楞嚴經》有很特殊的因緣，它是我接觸的第一部佛教經典，那是一九七四年暑假吧！就在早已不存在的第一百貨公司樓上，聽當時還是中年僧人的淨空法師講《楞嚴經》。那時候因為是慘綠少年，入於坎窞，陷入失戀的高潮，所以聽《楞嚴》感應很強。那時候聽的人很多，有時候還得在隔壁間聽轉播。聽講的第一天，現場有跟大眾結緣的佛經免費發送，那時候拿到的《首楞嚴正脈科會》，我現在還保留著。

最近一次是跟「華夏研學旅行計畫」去河南到山西那一趟，我隨身帶著一部《楞嚴經》，感應很強很強，也看得很細。但它對一般人確實有一定的難度。其實那個難要看怎麼講了，像我們現在要講的《金剛經》，也是難得不得了，難參難證、難真懂、難真行。但不管怎麼講，《楞嚴經》的篇幅還是非常大，內容也非常不同，既然普遍認為它難，我們也不必有太高的期望，還是把《楞嚴經》裡面一些精彩的部分，摘著講、揀選著講，再用《易》參證。

排在第六的是《維摩詰經》。如果前面幾部經典能消化到一定程度，這部經讀起來就比較簡單。《維摩詰經》的趣味性頗高，在過去是很受傳統知識分子歡迎的。一方面它是「末法時期，居士說法，菩薩來聽」的代表，而且又不一定要接受嚴格的佛門戒律，對中國文人來講，等於是兩頭都有了。不管怎麼講，這時候講《維摩詰經》，也有一定的參考性，它也不很難，不需要全講。至於之後要不要往下講《圓覺經》或其他幾部名相很多的經書，到時候再說了，大致如此。

最後還要提一提的是，大家有這麼一個機會一起好好把這幾部經典讀完，那是不得了的功德。不管是哪一家的經典，能夠流傳幾千年，絕對有很多東西是遠遠超過我們凡夫俗子的見識，經典裡面確實是有寶藏。所以上課還是得用點心思，不能說上課聽一聽，回家把書一扔就不讀了，那就枉費了辛苦修來的因緣。

為什麼首先要講《金剛經》呢？第一是它直指本心，不必繞路。第二《金剛經》可以消業力，包括我在內，身口意每天都在造業，我們兩個禮拜講一次《金剛經》，多多少少可以消掉一點，等消完了下課再去造，然後看看是不是慢慢會有一點效果。基督徒是一個禮拜上一次教堂，上教堂的時候謙卑恭敬，一出教堂又原形畢露，我們凡夫俗子大概也差不多，但好歹還是希望可以為道日損，消業障，那就先從這裡開始打掃打掃，接著再按我們規劃的脈絡往下走。

好，來看我們的講綱：

〈講綱〉窮神知化德之盛——佛易參證

「天下何思何慮？天下同歸而殊途，一致而百慮：精義入神，以致用也；利用安身，以崇德也。過此以往，未之或知也；窮神知化，德之盛也。」

盤皇另闢天

春秋義→尚書行→詩禮情→神武策→魔塵鑑→養生主→金剛心。

大哉乾乎！剛健中正，純粹精也；六爻發揮，旁通情也；時乘六龍，以御天也；雲行雨施，天下平也。

大人者，與天地合其德，與日月合其明，與四時合其序，與鬼神合其吉凶，先天而天弗違，後天而奉天時。天且弗違，而況於人乎？況於鬼神乎？

極數定象

Q1：佛祖成就境界？A1：〈咸〉1、4、⑤→〈明夷〉

Q2：玄奘修行境界？A2：〈復〉1

Q3：弘一修行境界？A3：〈艮〉3、4、⑥→〈豫〉

Q4：證嚴其人其業？A4：〈觀〉5

Q5：慈濟志業發展？A5：〈訟〉2、4、⑤→〈剝〉

Q6：淨空其人其業？A6：〈隨〉

Q7：金剛經主旨？A7：〈震〉4↓〈復〉；〈復〉1

Q8：心經主旨？A8：〈漸〉3、5↓〈剝〉

Q9：六祖壇經主旨？A9：〈震〉1、2↓〈解〉

Q10：楞嚴經主旨？A10：〈賁〉3、⑥↓〈復〉

Q11：維摩詰經主旨？A11：〈臨〉2↓〈復〉

Q12：法華經主旨？A12：〈未濟〉2↓〈晉〉

Q13：禪宗主旨？A13：〈萃〉1↓〈隨〉

Q14：淨土宗主旨？A14：〈無妄〉1、⑥↓〈萃〉

Q15：念佛法門？A15：〈乾〉5↓〈大有〉

Q16：易觀佛？A16：〈咸〉2、4、5、6↓〈蠱〉

Q17：佛觀易？A17：〈晉〉

Q18：什麼是佛？A18：〈升〉3

Q19：什麼是阿賴耶識？A19：〈升〉

Q20：何謂大人？A20：〈大畜〉2、⑥↓〈泰〉，〈明夷〉

Q21：以易參佛之意義？A21：〈豐〉1、4↓〈謙〉

一陰一陽之謂道：陰陽不測之謂神。神無方而易無體。

「窮神知化德之盛」，老同學當然都曉得了，這是孔老夫子站在一個非常高的位置，在《易經．繫辭傳》針對下經人間世第一卦〈咸卦〉九四爻的狀況，作了淋漓盡致的發揮。我們用此做為佛易參證的標題。說「佛易參證」，或「易佛參證」，其實沒什麼分別，當然我們講佛經的重點是先虛心領受，所以說「佛易參證」。「證」是「信解行證」的「證」，是學佛、修佛比較高深一點的境界，學跟修到最後要能夠印證才算數。所以它不是純理論，空講或者空想的，那些都不究竟，到最後一定要落實到實踐上。

「證」前面當然就有「參」，參考、參觀、參較，要看很多書，從各方面去研究。「參」了之後，看能不能從裡面找出一條還不錯的路子，然後由「參」而「證」。

「參」這個字，在中國經典中，就有平等義。平視叫「參」，功參造化，像《中庸》講「參天地之化育」，天地人三才，每一個卦的六個爻就包含了天地人三才。兼三才而兩之，人再頂天立地，在中間這個位置，就是得兼顧內外上下。但是你不必覺得卑屈，當然更不能傲慢，因為中國的人本思想，一向是凸顯這個「參」字，人與天地是平等的，沒有誰比誰高、誰比誰低，我們要用這個心態去吸收智慧、去培養氣勢。所以「參」是平視，不是仰視，更不是俯視。當然，要修到「參」的境界不容易，《易經》講要修到大人境界才能與天地參。而我們講「佛易參證」，是用比較持平的心態，將《佛經》與《易經》做一個相互的參證。

當然，「窮神知化德之盛」，又涉及盛德大業的問題，就是內聖外王的嚮往。這也是〈繫辭傳〉提出來的。包括〈繫辭傳〉在內的其他易傳都是德業並稱；由內而外，要講德，還要講業，內外兼修，這樣人生比較沒有遺憾。這個「業」跟佛教講的造業的「業」當然不是一個概念。「富有之謂大業，日新之謂盛德」，每天都要進步，今天要比昨天進步，下午比上午進步，這就叫「日新」就是「盛德」。然後「德」顯然不是言語、思維層次的問題，一定又要落實到實踐中不斷的修證。盛德大業這個概念，我們在〈繫辭傳〉講到《易經》的創作緣起，還稱「周之盛德」，「殷之末世」。也就是說，周易的創作因緣，跟殷末周初那個天翻地覆的重大變動很有關係。當然這話講得多少有點太過了，但總之這裡面到處都是「盛德」的概念，就是一定要歸於修行實踐。這跟身處憂患之世，必須從〈履卦〉的腳踏實地開始是一樣的。

講佛經就更是如此了，因為佛經談的不只是言語思維層次，必須落實到日常實踐，從內聖到外王，從自我修煉到跟群眾的接觸互動，從自強不息到厚德載物，都包含在「盛德」之中。但在「盛德」之前還有一個更高的境界，叫「窮神知化」，那就更不容易了。

先不談怎樣「窮神知化」，我們先來看這一段孔老夫子從〈咸卦〉第四爻所做的發揮：

「天下何思何慮？天下同歸而殊途，一致而百慮，天下何思何慮？日往則月來，月往則日來，日月相推而明生焉。寒往則暑來，暑往則寒來，寒暑相推而歲成焉。往者屈也，來者信也，屈信相感而利生焉。尺蠖之屈，以求信也。龍蛇之蟄，以存身也。精義入神，以致用也。利用安身，以崇德也。過此以往，未之或知也。窮神知化，德之盛也。」

「咸」是人皆有之的情感，下經講人間世，一開頭就從〈咸卦〉談人人與生俱來皆有感情、會感應、有感想、會思維。這段話就是孔子在〈繫辭傳〉針對〈咸卦〉第四爻「憧憧往來，朋從爾思」大肆發揮。人心之感就像兒童心一樣飄忽不定，對未來有一些不成熟的憧憬和妄想，不一定能實現，可是它憧憧往來，不曾歇止，很是擾人。這幾乎是所有人的共通經驗。但是《易經》爻辭的寫作者非常用心，他將最後審訂的寫法放在前面，針對這種徒亂人意、擾動人心的現象，先對症下藥，提出解法——就是「貞吉悔亡」。告訴我們先正心誠意、降服其心、安住其心，貞，就吉了。讓憧憧往來的心安定下來，然後「悔」就會「亡」。所以〈咸卦〉第四爻要修「貞吉」，然後才會有「悔亡」的效果。這個爻一變就是〈蹇卦〉，想了個半天，憧憧往來，朋從爾思，未感害也，最後還是窒礙難行，沒辦法超越人生的險阻。人人都會憧憧往來，心動也想行動，所以解法很簡單，在六個爻由內而外、由下而上的參證過程中，要把初爻跟四爻兩個主導通氣的爻，真的讓它通氣了，變成往來的通路。因為〈咸卦〉初爻叫「咸其拇」，就是講實證、實踐的行動；第四爻就是所思所感，思與行一定要合一。而且初、四兩爻相應，如果這兩個爻都動了，〈咸卦〉就成為〈既濟卦〉，一下從下經第一卦跨越到了倒數第二卦，就成般若波羅蜜，〈既濟〉定矣，心也定了，事也定了，不必一個一個卦慢慢熬，只要真能把憧憧往來的心，跟想動、想付諸實踐的做最圓融的結合，立刻既濟，大智慧渡彼岸。

殊途同歸，回歸真理的大海

孔老夫子就在這裡面大作文章，他從憧憧往來，人皆有之的經驗，講到天下何思何慮。我想他處在春秋晚期的時代氛圍中，一定可以敏感到馬上就是戰國百家爭鳴的格局，作為一個高瞻遠矚的大思想家，又從《易經》的爻辭得到靈感的啟發，他看到人人都會思慮，可是很多思慮是無效的，甚至是負面的，只會帶來困擾，甚至是傷害，所以就點出了「天下何思何慮」，然後講出一個非常有名的哲學命題——「天下同歸而殊途，一致而百慮。」能講出這樣的話，足可看出他的自信，這可不是亂講的。殊途同歸，一致百慮，大家可以有各種各樣的想法，那很正常；走的路子、依循的法門也不見得要一樣，但是從最後的究竟真理來講，還是得有共同的歸向，不然這個真理就會很奇怪。就像百川匯海一樣，願意從哪裡發源，願意怎麼流、怎麼繞，那是個人的事，最後還是得歸到真理的大海洋。不管儒釋道耶回，從〈大畜卦〉「多識前言往行，以畜其德」、「不家食吉」給我們的啟示，面對任何事情都不要有那麼多框框條條，廣量的吸收學習，先利貞以「繼往」，再看有沒有機會「開來」，然後還要活學活用，不要死守一家。「不家食吉」，這是很開闊的心量；但前面一定是很穩的「利貞」。不管學什麼，或者自己最熟悉的，一定要確定這是值得深入鑽研的，否則貪多嚼不爛，樣樣通、樣樣鬆。而且要能夠活學活用，最後都轉換成自己的東西，可以因應時代的需求、解決時代的問題。「大畜時也」，佛祖、老子、孔子，不管是哪一位，他們的時代跟我們現在這個時代不可能是一樣的，要能夠學而時習之，最後利涉大川、渡彼岸。再有機會的話，畜極則通泰，「何天之衢」，那光景就不一樣了！所以孔子說「同歸而殊途，一致而百慮」。

接下來是從自然界的種種現象來發揮，日月寒暑的變化啦！尺蠖龍蛇的生態啦等等。後面他就總結說「精義入神以致用也，利用安身以崇德也」。老同學都很清楚，我們春秋兩季的研習營，前四年是《易經》跟組織管理，再兩年是以《易經》貫通四書五經，接下來的兩年，就是以這個脈絡進行的；走出儒家經典的系統，儒釋道三教合參。二〇〇九年在烏來舉辦的秋研營，主題就是《易》跟中醫養生的問題。而二〇〇九年的春研營我們到江西三清山、龍虎山等地參訪，並以「精義入神以致用也」為討論議題，就是探討《易經》跟老莊道家的關係。因為道家境界很高，所以說它是「精義入神」，是出神入化、陰陽不測之謂神、神無方而易無體……這樣一個境界高妙的學說。但道家還是中國的，屬於本土思維，而中國人一向都很照顧現實人生，也就是不管思維的發展再高，最後還是要落實到現實生活中，格致誠正修齊治平，庸言之信，庸行之謹，這是特色。所以一定要「經世致用」，不能說思想的境界那麼高，卻對我們的生命、生活一點用都沒有。正因為他想得很深、很高妙，「致用」的成效雖然精彩，卻不容易看到，尤其是老子的態勢更明顯。所以當時我們的題目是這麼定的，「精義入神」是思想的無限發展，「以致用」又拉回到現實人生社會，這就是「往來」。孔老夫子正是抓住「憧憧往來」大作文章，往來才有通路，如果是往而不來，或者來而不往，就斷線了。

再來是「利用安身以崇德也」。這是我們二〇〇九年在烏來舉辦的研習主題，專論《易經》與中醫養生的關係，它們之間密切的關係就不用講了。人身難得，我們要怎麼安身立命呢？這就更實際了，這輩子所有的載具，所有的根據就是這個肉身，怎麼「利用安身」呢？當然就要活用這裡面的智慧了。「以崇德也」，有了健康的身心作修行的基礎，接下來還要繼續往上走，「以崇德也」，要「日新其德」。接下來又是一個往來——「過此以往，未之或知也。」這就是孔老夫子懇切的用心，提醒我們要審慎，因為「憧憧往來，朋從爾思」，人類思維所有可能想到的，至少在華夏這塊土地上想到的，如果都做到了，就已經夠豐富、夠圓滿了；可以讓我們身心受益，讓社會受益。但是「過此以往」，超過前面提到的這些，再要去發展、探索，他承認就很難了；因為有很多形而上的東西難參難證，甚至涉及生前死後，還有天地人鬼神，「未之或知也」，所以要審慎，不要妄言、妄想。而且，對於沒有把握的東西，還是承認我們真的不知道吧！不要強不知以為知，否則就可能誤導自己，也誤導別人。不過，這並不是說要放棄探索，「精氣為物，遊魂為變，是故知鬼神之情狀」，他叫我們要用更廣大的心量去面對、去探索，看看有沒有什麼法門可以理解這樣難修難證、難知難解的東西？所以後面就講「窮神知化德之盛也」。從字面上推敲，他認為「窮神知化」比「精義入神」還要更高。「陰陽不測之謂神」，這個「神」已經是聖而不可知了，很高了。我們看道家很多東西確實「入神」，可是還有更高的東西是「窮神」，所以我們就拿「窮神知化德之盛也——佛跟《易》的對話」作為二〇一〇年春研營的主題。因為佛法進入中土之後，確實讓中土的中國人開了眼界，居然有這麼一個精微複雜的思想系統，跟儒道兩家是很不一樣的，而且談得煞有介事，有這個、有那個，還有浩瀚無極的三千大千世界，對生前死後的東西也都言之鑿鑿。

經過長久的消化吸收之後，華夏文化發現佛法對人生很多與生俱來的包袱、業障，很多讓心不平的慾望等等，有非常細膩的分析。佛教強大的分析、論證能力，也是古代中國比較弱的一環，當然就不敢輕視。此外，佛教對很多未知的事物不僅沒有設限，還窮盡一切可能去探討，所以談了很多匪夷所思的東西。可是在華夏本土經典，只要涉及這些，像孔子談到的那些話，就有很多人還是誤解的。所謂「未知生，焉知死」、「未能事人，焉能事鬼」。其實他的態度就是「過此以往，未之或知也」，他要我們審慎，不要妄言，並沒有說不要探討，不然包括〈繫辭傳〉、《中庸》在內的許多經典，就不會是那個談法。像孔子在〈繫辭傳〉裡就告訴我們，可以「窮神知化」，但是態度要謙、要敬慎，不要妄言，因為它確實不容易，如果我們真能窮神了，當然就能知化，通曉天地造化的奧秘。但是「窮神知化」不是理論，不是思維所能觸及，它涉及修證的問題，最後還是需要歸於實踐。這跟華夏文化正思維、重實踐的傳統是相合的。「德之盛」必須經過「日新之謂盛德，富有之謂大業」的修證實踐，才有可能「窮神知化」，不然全是胡扯。到了這個境界，既濟未濟，完全開放了。所以〈謙卦〉、〈豐卦〉對「大人」的定義，是面對天地人鬼神整個宇宙的存在，不管有形無形、入神窮神，都是圓滿的，不會拘泥某一個面向。但一般對「過此以往，未之或知」的世界，妄言的人太多了，未必能真正解決問題。所以最後一句就強調必須是「窮神知化」的盛德之人，才能開闊、圓滿地面對許多未知的世界。

借由易占，有所啟發

既然是「佛易參證」，我們先把易占拿出來，看看《易經》是怎麼看這幾部佛經？再就是交代我們講經的脈絡。大家都知道，人算不容易討好，很難周全，所以要借用易占，用天算，我們往往會從中得到很大的啟發。我們不管三七二十一，提出二十一個問題，算是對這次講經提出一些期許吧！我們用〈繫辭傳〉的「一陰一陽之謂道」，從本體談起，體象用都談，到最後是「陰陽不測之謂神」，沒到窮神，已經入神，是「神無方而易無體」。這是很到位的論斷。

盤皇另闢天：二十餘年來的研學脈絡

春秋義→尚書行→詩禮情→神武策→魔塵鑑→養生主→金剛心

在極數定象的二十一個問題之前，還有一點必須提一下。我講學已近三十年，越到後面的這十幾年，有一個趨向用心是很明顯的——「盤皇另闢天」。我們不願意只侷限在所處的這個時代——你說它是末法時代也好、世界浩劫也好，短短一天發生八月之凶也好，兩個大地震，一個大海嘯，死傷成千上萬……。處在這樣一個時代，末法興大道嘛！就像作易者創造出了不起的成就，「作易者其有憂患乎？」他們也對他們那個時代做出了一些反應。所以我們不能只是照著講，他說什麼我們說什麼；我希望能接著講，繼往之外，還能開來；不是只做考古，或者人云亦云，那個意義不大。我們也不是只做專業學問的探討，還是希望能夠「致用安身」，或甚至是「盤皇另闢天」。像盤古開天闢地一樣，希望革故鼎新，創造新的局面！這個思想資源很重要，當然要能取法乎上，儒釋道，西方的、現代的……，都值得參考借鏡，希望能另闢新天地。若只是照著舊的東西講，一方面要活學活用很不容易，文化的包袱也很重，如果不懂得神明變化，未必能處理好當世或者往後的問題，所以要創新，要開拓，一元復始，萬象更新。這是我一直以來講學的方向——要走出新的路子！當然，最主要是因為時機不一樣了，就像剛結束的《春秋》課程，內聖外王，撥亂反正的思想，絕不是空談，規模非常大，但裡面很多東西是一般人無法理解，或者是誤解的。那樣的想法，接下來就是要落實到行動，這就要參考《尚書》了。《尚書》我們也講過大半年，從〈堯典〉〈舜典〉講到夏商周三代，再到最後一篇〈秦誓〉。秦穆公這個梟雄霸主戰敗而歸，居然敢、也有勇氣公開承認錯誤，非常可取。這其實就是〈豐卦〉第五爻的概念；如果做對了，就變成〈革卦〉，洗心革面；如果不願意承認錯誤，就變成「豐其屋」，準備滅亡。

《尚書》是橫跨幾千年的珍寶，告訴我們怎麼「行」，將歷史上這些人物怎麼處理問題，怎麼治國平天下，怎麼面對錯誤，都紀錄下來，所以是「尚書行」。既然要解決人生的問題，就一定要瞭解人情人性，尤其要從人情這個角度切入。《易經》也是這麼幹的。《易經》談情是從性衍生來，但交代完了就很少談性，都在談情，談四千多種人情的變化，要是不能將眾生之情、萬物之情瞭解得深透的話，根本無能解決這些問題，也無法打動任何人。這些可以透過《詩經》跟《禮記》去了解。《詩》三百，風雅頌，以及《禮記》所記載的各種制度，我們都要全面理解。過去我們講學就是按照這個順序，一個一個落實，來到不可以常態論的末法時期，就得用非常靈活的頭腦，尋找應世的策略，這就涉及兵法跟其他鬥智的學問。我們後來就講到應世要靈活，要懂得機權，就叫「神武策」；面對人生許多衝突，最高的武德就是「聰明睿智，神武而不殺」、「止戈為武」。從二〇〇八年開始，兩岸的孫子兵法學會花了許多時間往來互訪，比較欣慰的就是孫子兵法變成兩岸謀和的主要媒介，不要打仗，要謀和。這應該很切合我們這個世紀面對種種問題的需要。

講完「神武策」，下面就是談道佛兩家的「魔塵鑑」。從經典一路講到策略，我們發現，魔太多了，而且很多魔就在心中。將來講到《楞嚴經》的時候，它對幾十種魔的分析，講得極透，不但有魔的本尊，還有魔的眷屬。「魔塵鑑」的「塵」，不就是「需于泥，震遂泥」嗎？我們能不能建立一個明鏡，就像《資治通鑑》、《風月寶鑑》，有一座明鏡台，好幫助辨識誰是佛？誰是魔？因為佛魔難辨啊！不然做了這麼大的準備，結果看錯了，迷復了，把魔當佛，那就嚴重了！所以要把經典當作「鑑」，就像一面照妖鏡，擦亮我們的眼睛。

再往下我們的講學又回歸到養生了。主題就定為「養生主」，主要是談道家的東西。最後就是現在正在進行的佛易參證，主題定為「金剛心」。

以上就是我這幾年的講學脈絡，事前也做了很深透的分析，把《易經》跟這些問題有關的所有卦象爻象歸納整理成一本薄薄的冊子。從那個時候一直到現在，甚至到未來，都在這個脈絡下逐一探討。現在進入「金剛心」，開始探討佛易參證的思想。有了這個研學脈絡打底，跟一般直接讀佛經就會有很大的不同。

何謂金剛心？

大哉乾乎！剛健中正，純粹精也；六爻發揮，旁通情也；時乘六龍，以御天也；雲行雨施，天下平也。

大人者，與天地合其德，與日月合其明，與四時合其序，與鬼神合其吉凶，先天而天弗違，後天而奉天時。天且弗違，而況於人乎？況於鬼神乎？

既然講《金剛》，〈乾〉就是《金剛》。〈乾卦文言傳〉就直接講了：「大哉乾乎！」這應該就是孔子的話：「剛健、中正、純粹、精」，大雄無畏，自強不息，有了「金剛心」這個作為核心的好東西，下面就用渾身解術，種種的出世法，世間法，觸類旁通，發揮到淋漓盡致，不然這個金剛就可惜了。「六爻發揮，旁通情也。」又是「情」，直通不行，要懂得「旁通」。我們為什麼要講錯卦？「時乘六龍以御天」，講的是「時」。「天下隨時」，「時」是改變一切的要素，別搞錯了我們的時，永遠得與時俱進，扣緊「時」來考慮，才能夠乘六龍，不管怎麼變，都可以「雲行雨施天下平」，這是講布施、講利益眾生。「天下平」是《春秋》要旨，所以我們大致還是在這個脈絡中進行的；要探討金剛心，亦復如是。所以，如果學佛大半輩子，天天在家裡參禪、打坐、念經，卻跟群眾沒有任何接觸，真不知道在學什麼佛！學成呆子了，絕沒有這種佛！「應無所住，行於布施」和「雲行雨施，天下平」是同樣的態度，所以我們講「休休有容」。《易經》任何卦，第一卦要求做好自己，第二卦就要跟群眾找到適當的接觸方式。從潛龍到見龍，第一卦自強不息，第二卦就得厚德載物，一定是這樣的。最後歸結還是「雲行雨施，天下平」，能做到多少不管，這個方向絕不能錯。

接下來談到「大人」了。《易經》德位最高的是大人，大人能「與天地合其德，與日月合其明，與四時合其序」，談何容易，但是很重要。我們在這個脈絡中再去看，這是指什麼？現在這麼嚴重的自然環境問題，災難叢生，人跟天地，不要說合德了，不知道裂縫有多大！「與鬼神合其吉凶」，大人是要面對一切的；「先天而天弗違」，最高的乾元創造力可以跑到天的前面去！那是大人中的大人。一般能合乎大人標準的，至少要「後天而奉天時」。所以大人是「天且弗違，況於人乎，況於鬼神乎？」再看看〈豐卦〉、〈乾卦〉是怎麼講的？滿招損，謙受益，是不是？

下面這些占例我們一條一條來看：

占例一：佛祖成就境界？A1：〈咸〉1、4、⑤↓〈明夷〉

第一個占例就是問釋迦牟尼佛祖參證的境界。他講法四十九年，一生的作為，在人類文明史上絕對是值得重視的奇蹟。他的影響這麼大，所成就的境界，從《易經》的理氣象數來看，是怎麼樣的一個定位呢？結果就是〈咸卦〉，還是從人間世的有情眾生開始起步。覺有情，菩薩是自覺，覺人，佛還得覺行圓滿。〈咸卦〉初爻、四爻都動了，所以〈既濟〉，絕對圓滿，想的都做到了，都落實了；正思維，重實踐。佛祖最終成就的究竟境界是在第五爻。初爻、四爻，恐怕一般菩薩也做得到；重點在第五爻：「咸其脢，無悔。」是什麼意思？〈小象傳〉為什麼要講「志末也」？這是在提醒什麼？當時這個卦象給我的啟發很大，他不只是〈咸卦〉一、四到〈既濟〉而已，他還是登頂了，到了〈咸卦〉第五爻的君位，達到登峰造極的成就。但是三爻齊變的啟發就更大了，居然是地火〈明夷〉，利艱貞。這就要好好參了。參透之後，受益會很大，大家對〈明夷〉卦不要有成見，〈大象傳〉稱：「君子以蒞眾。」面對一切眾生，他是有一定高度的；「用晦而明」，他的方法是「用晦」，〈明夷〉就是典型的「晦」。而他的高明，就是儘管「用晦」，最後還是讓我們瞭解人生種種貪嗔癡慢疑，種種負面習染的可怕，以及地獄眾生的種種魔相。然後又說，這不是真的，那也不是真的，所有這些東西如果都歷練過了，最後的真相就可能自然浮現。這還是「剝極而復」的意思，他沒有辦法直接講核心的種子，講了也沒有用，但是他告訴我們那些果皮果肉都要剝掉；五蘊皆空之後，才能接觸到天地之心，也就是金剛心，那個生命核心的種子。而且「不遠復」，沒有想像的那麼遠，就看要不要往內求，求到了就是如來。前面有一個「剝」的過程，不是每個人都經歷得了，五蘊皆空，誰五蘊空了？一旦「剝極而復」，掌握金剛心的奧秘，儘管剝的過程中「晦」得不得了，就能度一切苦厄，行於布施，渡盡眾生。

重點就在佛陀的「用晦」。我們從道家、佛家看到，很多東西無法正面表述，必須從負面開始講起。如果負面的通通都剝除了，正面的自然湧現。這是一種詮釋形而上常採用的方式，叫遮詮，不是表詮。表詮往往是講了跟沒講一樣，沒有辦法正面講，但是幫我們剝除疑惑，去掉種種假象與誤判，真實不虛的東西就會透顯出來。這是〈明夷〉用心至深之處，「用晦」但是「能明」，用明反而未必能明。

占例二：玄奘修行境界？A2：〈復〉1

接下來我們看玄奘。他的修行境界是〈復卦〉第一爻，金剛心。照這樣看，他的即身成就完全沒問題，他是真正修到了。但我這幾年唯一想不透的是在他回國之後，他最鍾愛的大弟子辯機和尚犯了色戒，跟高陽公主談戀愛，為此辯機被腰斬，犧牲了生命。作為老師，這麼一個聰明俊秀的大弟子，常年浸淫佛法，《大唐西域記》這本書幾乎是師徒兩人合作寫成的，這樣優秀的一個人，怎麼會過不了這一關呢？好像把《楞嚴經》前頭談到的問題又提出來了，但是《楞嚴經》是說給我們聽、演示給我們看的，辯機和尚的故事卻是真實發生的事，作為他的師父，玄奘的衝擊是什麼？我經常在想這些問題。而且他完全救不了他的愛徒，還搞到有點灰頭土臉。是佛法沒有讓他們過這一關呢？還是真的有斬不斷、扯不清楚的夙緣？〈復卦〉初爻這個卦象出來，看起來玄奘是修到究竟，有探到金剛心，已經證成了。

占例三：弘一修行境界？A3：〈艮〉3、4、⑥→〈豫〉

下面是受到大家高度重視的一個人，就是弘一法師李叔同。弘一法師修最嚴格的律宗，他真正入佛，斬斷一切塵緣的時間並沒有多長，但就在那十幾年中，他前段生命裡的文采風流也徹底斬斷了，從一個極端到另一個極端，他到底修成沒有？雖然在涅槃前，他認為自己修得很好，很滿意，很圓融，華枝春滿，天心月圓，但是這是他自己講的，《易經》怎麼說呢？〈艮卦〉3、4、6爻變，點在六爻。他確實是修成了，即身成就。〈艮卦〉三爻是痛苦的割捨，到四爻站定腳跟，到第六爻「敦艮吉」，爻變〈謙〉，天地人鬼神，以厚終，修成了，沒騙我們。比較好玩的是第六爻變是〈謙〉，可是第三爻變是〈豫〉。這剛好是他華彩燦爛的一生，因為〈豫卦〉正好跟音樂、藝術有關，豫以作樂，確實是他生命裡很璀璨的東西。所以他是止欲修行的〈艮卦〉，律宗絕對是止欲修行，斷得很徹底，但他最後居然還有一個〈豫卦〉的象，這就很有趣了。

占例四：證嚴其人其業？A4：〈觀〉5

占例五：慈濟志業發展？A5：〈訟〉2、4、⑤→〈剝〉

另外一個就是臺灣的證嚴上人，落在〈觀卦〉第五爻，也是真的修到了，真的是觀音佛轉世。所以這即身成就，雖然還沒涅槃，已經是〈觀卦〉第五爻了。「觀我生，君子無咎」，「觀民也」，聞聲救苦、尋聲救苦，風行地上。這確實是臺灣這塊土地開出來璀璨的佛花佛果。然後下面還有一個配套的問題，這也是我們多年來持續觀察跟關心的面向，我們有不少同學是在慈濟做志工的，我沒有直接接觸，但是旁觀思考，看他們的一些運作方式很久。這個卦象是把上人跟慈濟分開，慈濟這麼大的一個組織，已經完成的成就和未來的發展會是什麼呢？結果是充滿了爭鬥的〈訟卦〉。二爻四爻，在中央在地方都爭，可是第五爻上人還在主持一切的時候，這些爭訟沒有太大問題，都能化解；二爻四爻都是「不克訟」，五爻是「訟元吉」，所以重點在第五爻，也就是證嚴。但證嚴不會永遠主持，所以上人在的時候問題不大，上人不在的時候問題可就大了，就是不利有攸往的〈剝卦〉。所以說上人有慈悲，但他沒有像一般大事業家或大政治家，能及早規劃身後事，好好處理接班團隊的問題。所以上人涅槃之後的慈濟就很難講了。

這個象很重要，我們附在這裡，給大家參考。其實這個現象很可以看開，孔子那麼了不起，過世之後，孔門就分裂了，因為師兄弟沒有一個互相壓得住的。這可能也是自然現象，是不是？

占例六：淨空其人其業？A6：〈隨〉

接下來是淨空法師。臺灣的四大山頭，其實我們都算過，但適合發表出來、形諸文字的還是慈濟證嚴，另一個就是出自臺灣，但長年不在臺灣，而在澳洲弘法的淨空法師。他是不變的〈隨卦〉。照這樣看，其人其業，《易經》的評價很高，非常圓融。〈隨卦〉是「元亨利貞，無咎」。

占例七：金剛經主旨？A7：〈震〉4↓〈復〉；〈復〉1

占例八：心經主旨？A8：〈漸〉3、5↓〈剝〉

占例九：六祖壇經主旨？A9：〈震〉1、2↓〈解〉

占例十：楞嚴經主旨？A10：〈賁〉3、⑥↓〈復〉

占例十一：維摩詰經主旨？A11：〈臨〉2↓〈復〉

占例十二：法華經主旨？A12：〈未濟〉2↓〈晉〉

再來是問，我們這次選的六部經書，其主旨各是什麼？同歸而殊途，一致而百慮，全部都指向金剛心，指向〈復卦〉。修行的方法、對象、時位、特色可能不同，但是最後的究竟還是得往

〈復卦〉走。照這樣看，〈復卦〉就不止是《易經》講的「見天地之心」了，也不只是道家講「致虛極，守靜篤，吾以觀復」了，連釋家也非常看重它！所以天地之心可沒有儒釋道之分；真理的究竟，由金剛的〈乾〉，到有很多塵染的〈坤〉，最後就產生了〈復〉的金剛心。這個啟發很大。

占例十三：禪宗主旨？A 13：〈萃〉1↓〈隨〉

占例十四：淨土宗主旨？A 14：〈無妄〉1、⑥↓〈萃〉

占例十五：念佛法門？A 15：〈乾〉5↓〈大有〉

占例十六：易觀佛？A 16：〈咸〉2、4、5、6↓〈蠱〉

占例十七：佛觀易？A 17：〈晉〉

占例十八：什麼是佛？A 18：〈升〉3

占例十九：什麼是阿賴耶識？A 19：〈升〉

占例二十：何謂大人？A 20：〈大畜〉2、⑥↓〈泰〉，〈明夷〉

占例二十一：以易參佛之意義？A 21：〈豐〉1、4↓〈謙〉

佛教有那麼多宗派，大家比較熟悉的法門，藏傳先不說，禪宗、淨土宗的修行法門，或是禪淨雙修法門，《易經》是怎麼看的呢？像很多人質疑淨土宗的念佛法門沒有科學根據，甚至批評念佛生淨土的說法簡直是對空放炮云云。我個人不念佛，我這輩子大概也不會念佛，因為佛緣不夠，但是我認為念佛法門絕對有其道理，不然不會傳幾千年。所以我就提出這個問題，發現《易經》很支持我的看法——〈乾卦〉五爻：「飛龍在天，利見大人。大人造也。」爻變是〈大有〉。也就是說，念佛可以「遏惡揚善，順天休命」，這是一個極高的、極有效、又極簡易，而且還充滿創造性的修行法門。只是我還是沒有緣份去念，我們很多同學都念了，將來你們都往生淨土，就我還得輪迴繼續教人念佛，就靠你們幫老師講講情，幫我保留一個位置好吧？

再看「從佛觀《易》」會是什麼卦象？這個卦象是一位思維細膩的台中女學生問出來的。答案是不變的〈晉卦〉。這個答案我就不講了，你們自己去慢慢參。你看我，我看你，互臨互觀，不能老是你看我。從佛看《易》是自昭明德的〈晉卦〉，那麼從《易》觀佛就比較複雜了，是〈咸〉2、4、5、6→〈蠱〉。

什麼是佛？〈升〉3。

什麼是阿賴耶識？不變的〈升卦〉。

何謂大人？《易經》講大人。〈大畜〉2、⑥→〈泰〉，〈明夷〉。那麼「大人」跟「佛」，從這個卦象上看有什麼不同？

最後問，以《易》參佛的意義到底是什麼？我們這樣做到底是造業，還是無聊，還是什麼呢？這是我最關心的。如果沒有意義，那我們就退學費。可惜這個卦象說是有意義、有價值的。〈豐〉1、4→〈謙〉。《易》跟佛同樣是面對天地人鬼神，所以是〈豐卦〉。處在這麼一個豐富的宇宙中，用〈謙〉的態度來面對它的消息盈虛。〈豐卦〉初爻和四爻，又是平等互參的，雙方互為主，沒有誰大誰小，誰高誰低的問題。「遇其配主」，「遇其夷主」，結果〈豐〉，後面有一個〈謙〉的象。照這樣看卦象是支持我們以《易》參佛的，那就以此共勉，不用退學費了。

兩部經典如何對話？

今天是「《易》佛參證」的第二堂課，我們已把講綱裡的幾個問題仔細看過了，有幾個問題只是大略提一下。現在繼續往下看。這個問題是：淨空法師其人及其志業？答案是不變的〈隨〉。很圓滿、也很自在。元亨利貞，無咎，能修到〈隨〉這個境界絕對是不容易的。

「天下隨時」，「隨時之義大矣哉」，最主要是外卦〈兌〉跟內卦〈震〉的契合。外卦的〈兌〉就很可親，容易起歡喜心。〈兌〉是兌口之象，是講經弘法，朋友講習，學而時習不亦說乎，很可親，很隨和。但內卦是〈震卦〉，中心有主。有些人中心有主，就會影響到外面沒有辦法合眾；有些人外面可以合眾，但中心不一定有主，〈隨卦〉是把兩者結合到一起了，他的了不起也在這裡，所以能做到「元亨利貞，無咎」。內〈震〉外〈兌〉，有究竟──內〈震〉當然究竟；有方便，外卦是〈兌〉，所以有從眾的部分，也有隨勢遷轉的部分。但不管怎麼樣，千變萬轉都不離其宗，內在的〈震〉依然在，這個叫〈隨〉。而且他所處的是千變萬化、剎那生滅的世界，都能夠圓融回應，也不會僵硬，也不會因為外面的〈兌〉過了頭而失之浮蕩，那就麻煩了，方便出下流，變成隨便了。如果是〈震卦〉過了頭，就很難隨眾，很難度化眾生。

《金剛經》也是要求我們淨空，身心內外全面大掃除，通通掃光光。但要做到內卦的〈震〉

還容易，外面的〈兌〉要真能如究竟法掃光光，恐怕不大容易。我跟佛教結緣的第一個和尚就是淨空，我聽的第一部經典就是《楞嚴經》。然後隔了好久好久都沒有接觸，這些年又在電視的講經節目看到他。有時候就打開電視，像背景音樂一樣放著，繼續做我的事。淨空老和尚原本就發心不蓋廟，也不想開宗立派，因為有廟就有紛爭，就像慈濟最後是〈訟卦〉；有廟就著相，就有「豐其屋」的麻煩。末法時期之前是像法時期，到處蓋大廟，塔寺堅固，豐其屋，但是闃其無人，這就麻煩了，已經逐漸走向衰敗。像法時期之前是正法時期，是離佛較近的時候，就有真正的修行人；離佛越來越遠，就開始著相了，到了末法時期，那就不得了了，變成鬥爭堅固。從塔寺堅固之後就是鬥爭堅固，原先那些清淨心的修行人就越來越少，這也是佛的預言。所以「豐其屋」的時候更要標榜〈謙〉，〈謙〉沒有廟。藏在地下的山看得見嗎？藏在〈坤卦〉中的止欲修行，看得見嗎？天山〈遯〉都還是著相的，天下有山，所以這裡有一座山，那裡有一座山是不是？峨眉山、五台山……山頭林立。所以「天下有山」跟「地中有山」，境界是差很遠的。真人不露相，露相非真人，這一層層的東西，因為有相又有分別，又有執著，就很麻煩。

淨空是安徽人，俗家姓徐，剃度以前也打獵殺過生，但後來幾十年專心走上修行的路子。最後一門深入，依淨土宗老實念佛。雖然他希望淨空，可環境不一定允許他淨空。現在大陸十幾億人的心靈需求是非常可觀的，各門各派、新的舊的宗教信仰到處都在傳播。淨空法師在大陸就有很多信徒，他自己不要有粉絲，但粉絲看他是救世主，這就是〈兌卦〉隨眾的部分。但也有不少困擾，他自己也很清楚，所以儘量不去大陸，就怕去的時候，信眾的想法跟法師的想法未必會一致，也不相應。二〇〇八～二〇〇九年去的那一次，他事先要求一定要低調保密，悄悄的去，辦完事就悄悄離開。沒想到一出機場，三千人歡迎，可能也拉開紅布條了。這下麻煩了，這個要跟法師照張相，那個要跟法師握個手，鎂光燈刷刷的響不停，怎麼辦？當時聽到這件事，也很妙，我就想到〈隨卦〉，外卦〈兌〉，內卦〈震〉，雖然這些應酬不究竟，也不需要，可是就免不了。所以他就儘量少去，淨空談何容易！

我們開這個課，真的是深思熟慮很久，要不要開？開了之後有沒有重複？或者有沒有犯錯？是業力多，還是道力多？……這些都要權衡的。要嘛就純講《易》或純講佛，要拿《易》來參證佛，這是天難地難的事情。當然這樣的嘗試自古有之，像是用《易經》談佛理，通常就會想到《周易禪解》，但那也只是禪解，不代表全部。《周易禪解》我幾十年前就看過了，看了也不止兩遍，我覺得不行，對《易經》的瞭解非常有限，也不是有機的創造性參證，一堆名相，消化不良。它已經是歷史上的重要代表作了，還翻譯成英文。儘管它不行，但你們還是得拿出來看一看，因為要做好這件事真的不容易。像一貫道標榜三教同源或三教合一，同源不同源不管，怎麼合一？必須要兩者都通暢才能合一。而且，為什麼一定要合一？是自己的企圖心，還是一廂情願的想法？所以，凡是要做跨領域的探討時，還是要慎重，因為不是這麼搬來搬去就好，就是要通，通到什麼程度是另一回事。

我們以前用《易經》去通群經諸子就沒問題，因為群經諸子的根源本來就在《易經》。所以四書五經和《易經》的運用如中醫養生、兵法、戰策這些都沒問題，用左手就能辦到了，談老莊、談道家，我們二〇〇八年都做過了，也沒那麼難，但是要拿《易》通佛就有一定的難度。像我們要講

《金剛經》，很多人認定它是佛教第一經，《易經》是華夏第一經，甚至也有稱它是天下第一經，兩個第一經怎麼對話？怎麼談？這也是我一直在考慮的，再加上個人佛緣淺，相對於其他經典，佛書讀得比較少，但還是隱約覺得《易》通佛這件事值得做，有意思，也有挑戰性，所以這陣子除了還在趕論文、寫東西，其他時間全在看《金剛經》。當然收穫很大，這是事實。我說我佛緣淺，不是開玩笑，是講真的，像上次也提到，念佛絕對有道理，但我不念佛，就是佛緣淺、業力深、塵緣重，這都是事實。那為什麼還要講佛經呢？有個用功念佛的同學對這個系列的課有點期待，但他沒把握，就占了一卦，結果是《易經》第一卦，天道〈乾〉，自強不息，勇猛精進，大雄無畏，元亨利貞，那裡面就動二、六兩個爻。「見龍在田，利見大人」，老師屬龍。爻變是天火同人，德施普也，做法施。然後上六提醒別鑽牛角尖，「亢龍有悔，盈不可久也」。這兩個卦象我非常熟，有很多關於別人的關鍵性重大判斷都是這個象。〈乾卦〉二、六兩爻動是〈革〉，也是元亨利貞，有創新的，有革命性意義的，這下他就有信心了。他並沒跟我講這個卦，反正你們在下面算什麼卦，講什麼話我都知道。這也是《金剛經》講的，他說所有眾生若干種心，如來悉知悉見。悉，全部都知道，所以他算這個卦象我也知道。三千大千世界一切眾生，每個人都在起心動念，為什麼如來能夠悉知悉見呢？這不是神話，這是真理，就看如來是什麼。

再講一個諸位都有的共通經驗，就是大家有沒有想過，自從二十幾年前我開始在臺灣講《易經》，開始教占卦，好多人不管遇到什麼事情，通通開始占卦。這麼十幾年來，大家所占的卦何止成千上萬，像我們正在講經的此刻，說不定很多沒來上課的同學也都在算卦；這個算感情、婚姻，那個問事業、股票、房地產。這麼多人同時在算卦，怎麼每個人算出來的卦，《易經》的回答都非常有啟發性呢?「所有一切眾生若干種心,如來悉知悉見」,他不會說忙到來不及回答,或是卡住了,一點問題都沒有,因為是從「如來」出來的。

要用自己的生命去體悟

好,我們再拉回來談淨空法師。淨空入佛門是因為方東美先生。他很早就對思想性的東西有興趣,想考哲學研究所,去接受學院的科班訓練,免得自己的東西不被學院認可。但那時候要考研究所有一定的資格限定,不是什麼人想考就能考。所以他就把自己對哲學的一些意見寄給方東美先生,方東美看了之後說:你還念什麼哲學研究所,不是浪費時間嗎?因為念完哲學研究所,距離思想成熟的境界還差得很遠,何必去搞這個呢?後來就給他介紹了佛法,說佛法可能是境界最高的哲學,不要用一般迷信或是宗教去看它。這就把他引進了佛門,幫他打掉很多成見,甚至到後來決定剃度出家。當然他後面還得到李炳南老居士和章嘉大師的引導,然後就有了今天〈隨〉的成就。既然是〈隨〉,就沒有那麼多捆綁和門戶之見,所以他也接觸一貫道,還去天主堂講《玫瑰經》、去基督教會講《聖經》,也常講儒家、道家的東西。難得的是他也沒講錯,很圓融、很有敬意,可是他講中國儒道經典只能說泛泛而已,理解不深。因為要通達佛與儒道這三大系統真的很難,都是無上甚深法,要融會貫通,還不只是名詞的搬弄,要講到一定的水準,談何容易!淨空在佛學的見識確實讓人佩服,也真有實修功夫,但他講到儒道的東西,就是講不進去,無法深透理解真正的精華。我們之所以還有這個膽識,也就是試一把,事前還有很多考量,是評估過的,不是隨隨便便就站上來講，也希望能發揮一點正面的功能。

人不要妄言，不是真懂，怎麼敢講呢？我們提他，不是要談他，就是以他作為一個例子，讓大家明白「通」並不容易。當然淨空的重點也不是要通，他是為了在大陸弘法，對華夏文化的傳統要有一定程度的認識，這是很正面的。但我必須說，華夏文化的內涵，絕對不止於此。

其實，淨空年輕時期所做的事，我以前也都做過。幾十年前我也寫信給哲研所所長表明我要考研究所，可是我不是相關系所畢業，按規章就不能考。我把自己寫的文章寄去，很快就回覆說歡迎我去，我反而不去了。那封信現在還留著。後來我還動過念頭想考政治學研究所，但很快就打消念頭了，因為那都是妄念。

另外要順便提一下，我們這次講《易》佛參證，不會花時間在解釋繁瑣的佛教名相。那些名相不是不重要，是太花時間了，而且講的人也很多；有講得糊里糊塗的，也有講得高明的，有興趣可以自己找來看。我們會直接進入金剛心，用自己的生命體驗去悟。佛教就是看你學習的目的是什麼？不能讓佛教名相阻礙主要的學習目標，儘管能否通悟佛教名相的真實意義，還是很重要，大家得下點工夫，不然怎麼讀經？《佛學大字典》是最普遍的參考書，其他我比較得力的，一個是熊十力的《佛家名相通識》，寫得比較典雅，文章很美，而且熊老夫子是由儒入佛，又從佛出來歸於儒，而且歸宗於大《易》，因此，雖然他年紀輕輕就寫了《新唯識論》，但他的佛學老師歐陽竟無所領導的南京內學院把他當做佛的叛徒。他很有思想的創造力，當時就發現，佛教的名相需要統一，不然會讓很多人苦於無法入門，所以就發心寫了一部《佛家名相通識》，後來成為學術界的名著；除了解釋名詞，還有很多創見。雖然他對佛教立場的某些講法並不完全贊同，但他的思維邏輯體系很清楚，很多看法也相當客觀，所以這本書還是很值得參考。

還有一個比較適合一般人看的，就是一九五四年在汐止涅槃的慈航法師。是出生在福建的和尚，一九四九年到臺灣講經弘法，本想講完就走，給臺灣的佛教弘法事業打個底，沒想到就回不去了。他涅槃後成為臺灣第一個肉身菩薩。前幾年福建省想要把他的肉身菩薩請回去，但汐止地方人士哪裡會讓人家把這尊佛請走？搞了半天，雙方想出兩全之策——慈老的肉身繼續留在汐止福佑百姓，福建那邊就打造一尊金身菩薩，皆大歡喜！假定統獨問題也可以這麼解決，還真是不錯！因為我在幾十年前就聽說他講經深入淺出，能夠用臺語講唯識，讓一般不識字的老太太聽了起歡喜心、哈哈大笑。這個才有真本領，是我們要學的，要是講半天繞來繞去都是一些專有名詞，誰受得了、誰聽得懂。對不對？

慈老的書聽說現在不容易找到了，我那時候買了他的全集，手邊僅有一套，書都被我翻爛了。他講的當然是各宗的重要經典，包括他自己學佛的一些經驗。全書真的是淺顯易讀，就像老人家跟你講話一樣親切，包括基本的名相都有專門解釋，而且言辭淺白，大家都可以參考。至於後來別人編寫的一些東西，也還可以參考。佛教名相剛開始可能懶得詳究，可是最後還是得弄清楚它到底是指什麼？我們確實沒時間講，就留給諸位自己解決了。

六部經書主旨皆同

金剛經、心經、六祖壇經、楞嚴經、維摩詰經、法華經這六部經書，我們這班老同學多多少少也聽過，現在就節略的講一下。這六部經典，我們在一年內不見得講得完，往後要不要再追加《圓覺經》、《華嚴經》或者其他經典，就再說了，現在不必好高騖遠。至少這半年來比較敬慎考慮是不是要開這門課的時候，都用《易經》占象來看這幾部重要而偉大的佛經，它們的主旨各是什麼？後來發現，在《易經》卦象上明顯都指向〈復卦〉，復見天地之心，真我、佛心、自性，〈復〉的初爻，一元復始，萬象更新，最深層、最內在的創造力核心，全部指向「復」。這幾部佛經幾乎可以看成是大乘佛學的代表，基本上也就是要追「復」這個東西。所以不管透過爻變，卦象，剝極而復，一致而百慮，殊途而同歸，還是要「復」。所以我們說《易經》重視「復」、孔子重視「復」，說他最好的弟子顏回就是〈復卦〉的代表；老子也重視「復」——「致虛極，守靜篤，吾以觀復」。他觀的就是「復」：「夫物云云，各復歸其根；歸根曰靜，是謂復命。」然後又講「常」、「知常」。「不知常」就是〈復卦〉下一卦〈無妄卦〉，妄作就凶，完全是整部《易經》〈復卦〉前後左右那些原理。換句話說，天地之心，可沒有儒釋道三教的差別，究竟真理就只有一個；差別只在儒釋道三教各用什麼形式表現？《易經》採用最簡易的表現形式，就是〈復卦〉。

六部經典不約而同都指向「復」，這就有意思了，也印證我們最初的猜想，這絕不是偶然的。我們從開講《易經》以來就一直強調〈復卦〉的重要性，經文沒幾個字，意義卻深刻到極點。包括中醫養生，能脫離〈復卦〉嗎？不可能的事！

〈復卦〉跟佛經的要旨有什麼關係呢？我記得第一次上課大家自我介紹時，提到為什麼來聽這門課呢？很多同學都說想要「找到回家的路」，這不就是「復」嗎？「回到本來面目」，不也是

「復」嗎？我們第一部要講的是《金剛經》，幾年前有位同學因為讀《金剛經》頗有感覺，他就占卦問「《金剛經》說什麼」？就像南懷瑾先生也有一部書叫做《金剛經說什麼》？結果《易經》給的答案就是〈震卦〉第四爻。就是說，《金剛經》不管是五千四百多字或五千八百多字的譯本，已經算是非常精簡了——當然比《易經》、《道德經》多一點，比《兵法》精簡一點——可是《易經》居然只用「震遂泥」三個字涵蓋《金剛經》的全部主旨，真是講得太好了！要知道，〈震卦〉第四爻「震遂泥」爻變就是〈復卦〉。〈震〉就是一切眾生內在生命的主宰，如果你樹立了內在的主宰，推展到生命的所有行動也可以這麼有活力。內震外震，帝出乎震，萬物出乎震，一切眾生內外主宰的象，〈震卦〉通通包含在裡頭。《金剛經》分析了這麼多，一遍一遍由淺入深的開示，就是提醒我們「震遂泥」三個字。〈震卦〉第四爻象徵的社會地位很高，可能是教授、院長、部長，或者站在什麼高位，但是生命染塵了，名聞利養，一身的毛病，根本就在〈坎〉中。「遂泥」是整個都鬆掉，不管看重什麼、貪戀什麼，最終都會成為「遂泥」；要是沒有覺悟，還緊緊抱著那些東西不肯放，根本就被套牢，生命軟趴趴的失去主宰，迷失了方向，離回家的路越來越遠。《金剛經》講的東西就是要幫著大掃除，告訴我們生命的這些東西終究是「遂泥」。此外，如果最看重的東西「遂泥」了，經不起衝擊，一下就被打趴了，這也是「震遂泥」，因為內在結構太弱了，當然禁不起外在的衝擊，那怎麼辦呢？如果真懂所有那些視為珍寶的東西都是「震遂泥」，《易經》就告訴我們，爻變吧！下〈復〉的工夫，向內尋求解脫法門。要是還像一灘爛泥一樣「震遂泥」，站不起來，怎麼會有力量〈復〉呢？放心！它就讓我們「剝極而復」，把層層假象都剝光，自然就會明白了！這就是〈震卦〉第四爻的意思。其實〈震卦〉第四爻本來就不正，九四，身在坎險之中。

〈小象傳〉就說「未光也」；想要「光」，就得「復」，很簡單。所以《金剛經》的主旨，就總結成這三個字。

再來，〈震卦〉的下一卦，不就是止欲修行的〈艮卦〉嗎？所謂下一卦，其實就是另一面，因為〈震〉與〈艮〉是相綜一體的。當我們在紅塵裡的一切活動已經「震遂泥」了，除了爻變是〈復〉，提醒要怎麼辦之外，當然也要想到另外一面的〈艮〉是要我們幹什麼？不然這個「遂泥」哪裡有救？

除了那位同學算的這一卦，我自己也慎重其事提了相同的問題——《金剛經》說什麼？結果伏羲老祖果真是因人施教，他一看上次是學生來問，一副遂泥的樣子，所以就回答說「震遂泥」，爻變是〈復〉。一看到劉老師來了，顯然智慧比較高，不必講遂泥，他早就知道了，所以就直接告訴他〈復卦〉第一爻。《金剛經》講的金剛心，就是〈復卦〉第一爻，省了中間的過程，各位懂嗎？「不遠復」，到哪裡去找呢？就在自己裡面——「復自道」、「自復」、「無祇悔，元吉」、「以修身也」。整個《金剛經》講的就是〈復卦〉第一爻，才八個字，卻有無窮無盡的意義。要是真的悟透了，把〈剝卦〉上爻「碩果不食」那個核仁所蘊藏的力量發揮出來，大概就沒什麼辦不到的事。但是前面一定要熬過「剝」的痛苦，包括遂泥，五蘊皆空，一個個剝光。「剝」的時候當然痛，但是不剝光，永遠無法掌握，甚至無法想像在重重果皮果肉裡面包含的生命核心種子；所以必須把外面這些東西通通剝光，剝者爛也，爛到最後，就自然呈現出來，讓我們看到、體會到。

同樣是問《金剛經》主旨，《易經》給的一個回答是「震遂泥」，一個是〈復卦〉第一爻。若能細細品味其中曲折，就可以學到很多。

第二部準備講的是《六祖壇經》，因為這是直接承接《金剛經》的法脈的。大家都很清楚這個故事，不認識字的六祖惠能因為聽人讀誦《金剛經》，聽到「應無所住而生其心」時，當下開悟。這句話是《金剛經》的關鍵核心，在茫茫蕩蕩四下尋索生命的答案時，到了某個時機點，突然一個電光石火，就被點醒了，馬上就起共鳴，禪宗六祖就是這麼悟道的；最值得重視的是，他還留下了《六祖壇經》，這是佛教從印度到中國一個里程碑。而且六祖之後也沒有七祖，他是一個總結，這部書不管儒、釋、道都十分推崇，可說是中國文化基本教材，一個中國人要是沒讀過《六祖壇經》，就不完整。尤其它提出「何期自性，能生萬法」，這個非常鼓舞人。從《金剛經》到《六祖壇經》的自性開悟，我們會接著講。

《六祖壇經》的主旨還是〈震卦〉，動第一、二爻。什麼意思？「恐懼修省」，自性佛，一切生命都有不可動搖的內在主宰，一旦這個主宰確立了，碰到再大的事都能安然渡過；所以，「震來虩虩，後笑言啞啞，吉。」因為生命力夠硬，不像表現在外、暴露在外，而被塵沙污染遮蓋的第四爻。禁不起的是「震遂泥」，禁得起的因為底子厚、能量強。禪宗標榜六祖惠能是「自性佛」，因為人人皆有生命的內在主宰，就看能不能把它發揮出來。更有意思的是這個卦象還動第二爻：「震來厲，億喪貝，躋于九陵。勿逐，七日得。」《壇經》告訴我們，天生具有〈震卦〉初爻，但不代表這樣就成了，後天還要經過無數嚴苛的考驗。四爻「震遂泥」，上爻「震索索」，簡直不像樣，一點生命力都沒有了，可是〈震卦〉第二爻告訴我們，有了初爻，還會經歷「震來厲」的嚴峻考驗，「厲」可不好對付，那怎麼辦呢？「億喪貝」，會喪失最珍貴的法寶、最看重的好東西，不能硬碰，不妨「躋于九陵，七日得」，暫時避開一下，躲到最高的山上去避難，等到一切平復之後，

「七日來復」——又是〈復卦〉的概念——再下山收拾重整或者復建。

爬到最高的山上暫時避難，這個山不一定是有形的山，因為〈震卦〉的另一面不就是〈艮卦〉嗎？〈艮〉不就是山嗎？這是叫我們止欲修行，超越重重業障，攀到孤峰絕頂，到了「敦艮吉」，一切妥當，爻變〈謙〉，天地人鬼神都圓通了，就成佛了。在〈震卦〉中，在紅塵十丈中遭遇「洊雷震」一連串的打擊和磨難，生命底子若沒有〈艮卦〉的基本修為，怎麼因應？如果修為夠高，自己的那座靈山已經修到「九陵」，像「敦艮」一樣登峰造極了，再碰到「震來厲」，還怕什麼？也不用再跑到什麼有形的山上去避難，因為靈山九陵的最高修為，已經在身上了；留在災區不但不會有事，還可以多救些人。因為已經躋于九陵了，馬上就可以做「復」的動作，「七日得」，「剝極而復」。這也是一個面向，不一定要逃離現場，萬一宇宙浩劫，每一個地方都是現場，往哪兒跑？只要有九陵敦艮的修為，我在哪裡，哪裡都可以度眾生，都可以讓災難減輕。

〈震卦〉初、二兩爻動，就是動而免乎險的〈解卦〉，是赦過宥罪、消災解厄的終極解脫。也就是說，有〈震卦〉第一爻的根柢，碰到第二爻，不但自己可以解脫，也一定可以解救眾生。而〈解卦〉跟〈復卦〉的關係又太密切了！〈解卦〉要怎麼解呢？〈解卦〉卦辭不是說：「利西南，無所往，其來復吉。有攸往，夙吉」嗎？又是「七日來復」的概念。在〈震卦〉，當一切眾生遭遇重大的生命衝擊，考驗他生命內在的能量時，〈震卦〉初、二爻這一搭，就有了〈解〉的象，這是《六祖壇經》主要告訴我們的，不難理解。再有一個就是，〈震卦〉第一爻確立了自性主體，到第二爻碰到一些衝擊，還得暫時退避，過一段時間再出來，這不也是六祖惠能的故事嗎？他得到衣缽之後，「隨有獲，貞凶」，同修都眼紅，連大師兄也容不得他，為了搶那個有形的衣缽，還派殺手千里去追。這是佛門啊！這些東西都清楚了，給我們後人很大的啟示，慈濟最後的〈訟〉有什麼好奇怪？五祖都沒辦法解決這個問題，只能讓惠能快走！這些告訴我們多寶貴的教訓！祖師門庭尚且在爭，爭衣缽傳人、爭上師垂青，爭到要動刀殺人呢！遇到觀念不同時，有人就小心眼，「志未平也」，〈觀卦〉第六爻就是在跟人家較量，看是誰比較究竟，這個心一旦不能平，修再高也是一樣，下面不就是〈噬嗑〉嗎？宗教戰爭、思想戰爭，殺到眼都紅了，不是嗎？我們在探究這些問題的時候，也真是想通了，就攤開來講，有緣人知道就好。免得因為〈觀〉的不同變成〈噬嗑〉。因為信仰這個東西，不大容易理性討論，總是見仁見智，很容易樹敵。其實所有的大宗教我們都問過，《易經》的回答當然不鄉愿，也不含混，而且有時候快得不得了，但通通不能講。要是人家不懂我們是在什麼脈絡下講的，斷章取義看到了，隨便一個教派都有十幾億教徒，那就麻煩了！《易經》不是教我們「匪寇婚媾」嗎？思想不同、觀念不同，都可以交朋友，何必樹敵呢？可是人心就是這麼難以調伏，所以說「志未平也」。

當然，我們也問過佛教本身究竟不究竟？小乘佛教肯定不究竟，這就不必問了。大乘佛教有沒有究竟呢？這也是好問題。我不會跟各位講，只是提醒大家不妨藉此活化思維，刺激一下腦細胞，也讓大家知道這些問題是可以問的，不過要用敬慎的態度去問。最近我被學生一逼，這些問題通通都跑出來了，確實得到很多啟發。你們要真有興趣，也可以自己去算，放在心裡不要亂講，匪寇婚媾，自己留在心中暗爽就好了。思想信仰真的很難用言語表達，因為都不是很精準的東西，但人生在世，除了處理好現實生活的事，不可能不往這方面想。

我們問《壇經》的核心要義，連惠能六祖悟道的歷程經驗，通通都在裡頭，這就很有意思了！

而且他的經驗也是共通的，只是我們所經歷的「震來厲」不一定一樣。

接下來就是《心經》，大家最熟悉、也最喜歡的是玄奘的譯本，連同後面的咒語，大概二百七十個字不到，比《易經》的〈雜卦傳〉還多一點點，夠精簡了。附帶提一下，我們講《金剛經》不是用玄奘的譯本，而是最早那本經過前人精心校正的通行譯本。

我們同樣問：《心經》在說什麼？結果是〈漸卦〉，動三爻、五爻，三爻與五爻同功而異位，兩爻齊變有〈剝卦〉的象。不「剝」就沒有辦法「復」，既然要談金剛心，一定就有〈剝〉的過程，否則就不會有〈復〉的重生再造、生生不息。那怎麼「剝」呢？漸漸「剝」。《心經》就是一層一層剝掉那些繁花似錦的假象，與五蘊的覺知，然後真相顯露，度一切苦厄。凡夫俗子要用最深的妙智慧觀世音，見諸法空相，那太難了！所以中間一定有漸次剝的歷程。〈漸卦〉的前身就是〈艮卦〉的止欲修行；而〈漸卦〉是一個團隊的編隊飛翔。〈漸卦〉三爻五爻的共修，是接著〈艮卦〉來修的，有往有來。但修到第三爻的時候信心動搖，想離群了，「夫征不復」，沒有創造性了，好像找不出路子來，於是心生煩燥；然後「婦孕不育」，很多想法都胎死腹中，根本不成形，慢慢就想脫隊離群了。但離群也搞不出任何名堂，「吾非斯人之徒與而誰與？」「知進退存亡而不失其正」，這是孔老夫子在〈乾卦文言傳〉中講的。離了群能幹什麼？所以〈漸卦〉第三爻最後還勸人回頭：「利用禦寇，順相保」。當自己修到風山〈漸〉第三爻，成為一個小山頭，有了一定的基礎，也有了自己的看法，但也遭遇瓶頸，甚至有一些懷疑了。《心經》就在這時幫助我們，把心思拉回來，然後修到了第五爻，最後得到成功。〈漸卦〉的三跟五，三是修的過程，五是登頂了，「鴻漸于陵」，突破所有的障礙，登峰造極了。中間「鴻漸于陵」的五爻跟「鴻漸于陸」的三爻還真有意思；三爻還懷孕，但生不出來；五爻連懷孕的機會都沒有，那個過程叫做「三歲不孕」。「不孕」跟「不育」不同，換句話說比三爻更辛苦，在整個修的歷程中，經歷一層一層的「剎」，那個痛苦、那個難關，都一一克服了，最後還是飛到山頂，登峰造極。《心經》幫助我們跨過〈漸卦〉三五的難關，不管是這一代、下一代，還是這一隊、下一隊的鴻雁飛行，都會經過這個路子；三跟五經過「剎」之後，再經過「漸」，循序漸進，最後登頂。

講到〈漸卦〉，順便幫大家加深印象。這裡有一個占象是〈漸卦〉動五爻、六爻，重點在第六爻。第六爻爻變是〈蹇〉，大家都在一條船上，「蹇之時用大矣哉」。個人或團隊不管怎麼修，要修到〈漸卦〉第六爻絕對不容易。但第五爻已經突破萬難登頂成功了，第六爻要拿出比第五爻更透達、更大徹大悟的做法對不對？進以正，第五爻成功；第六爻立德，退也以正。候鳥是有往有來的，絕對不是飛到山頂之後，就站在山頂不走，他還得飛回來，把位置讓出來。所以〈漸卦〉第六爻就是立德了。「君子以居賢德善俗」，太上有立德，〈漸卦〉第六爻；其次有立功，〈漸卦〉第五爻。兩爻都動，就有一個〈謙卦〉的象。圓善有終，進退有序，天地人鬼神都是這麼一個象，而且重點在〈漸卦〉第六爻。〈漸卦〉第六爻是「鴻漸于陸」，跟〈漸卦〉第三爻在同一個位置上。第三爻是在民間內卦下卦，已經從第三爻飛到第五爻的巔峰了，但是到了第六爻大老的位置，又回到民間下卦第三爻，這就是進退有序、有往有來，不會戀棧權位。這就立下了一個典範，「其羽可用為儀」。如果是政權，拿得起放得下，功成不居，就有〈謙〉的象。〈漸卦〉五、六這個象，我們問的是「極樂世界在哪裡」？淨土宗從東晉開始教人持念佛法門，希望往生西方極樂世界。我也問過念佛法門有沒有用，答案是絕對有用，飛龍在天，利見阿彌陀。〈乾卦〉是天道，五爻是君位，所以絕對不能小看念佛法門。這個天籟是通天的，而且爻變是〈大有〉，一切都在內，從大學教授到賣豆漿的，只要心誠，念對了，都可以去，這叫凡聖同居。我知道我去不了，但希望你們去。上次不是講過嗎，你們幾個大善知識都去，幫老師說個好話，看看可不可以免試升學？免得你們學生都登極樂了，老師還在下界不斷輪迴，不斷教書。

既然《易經》也給念佛法門背書，說它絕對有用，難怪它能傳個幾千年而不衰。問題是，極樂世界到底在哪裡？在印度？在尼泊爾？在峨嵋山頂？在火星，還是在什麼銀河外星系？答案就是〈漸卦〉五爻六爻，而且把第六爻圈起來了。這個回答可太高明了！一班一班的雁群登頂之後，心已經乾淨了，接下來第六爻不是又回到第三爻的地方嗎？因為第六、第三爻都是「鴻漸于陸」，但見山還是山，心淨則國土淨。所以極樂世界就在這裡，此岸就是彼岸，〈既濟〉跟〈未濟〉根本就是一個卦，煩惱就是菩提，娑婆世界就是極樂世界，只要心淨了，當下就是。

再來就是《法華經》。我也跟大家報告過，我讀《法華經》讀了幾次都不甚契合，但是它很重要，都說成佛的《法華》，消業力的《金剛》，開智慧的《楞嚴》，《法華》是專講成佛之道的，況且很多重要的佛教觀念都在上頭，我個人契不契是一回事，無論如何都要摘幾個片段介紹給大家。《法華經》要旨就是〈未濟〉第二爻，爻變是〈晉卦〉。我們先看看〈未濟〉。火水〈未濟〉，上面是佛光，第二爻正是在下界坎險之中的眾生；但他嚮往的就是〈未濟〉第五爻的境界。

《法華經》的功能就是把我們提上去，可是不能完全靠他提，自己得先〈晉〉，怎麼〈晉〉呢？不是「自昭明德」嗎？我們要是不能「自昭明德」，他怎麼接引？當然完全靠自己也可以上去，只是不大容易，就像〈晉卦〉雖然是講「自昭明德」，可是〈晉〉到第二爻遇到問題的時候，不是要找王母娘娘嗎？所以，先要有「自昭明德」的本領，遇到麻煩王母娘娘才好施力救你，這就是師父領過門，修行在個人。〈未濟〉第二爻，你在坎險中受盡辛苦，遙望上卦那個光明的〈離〉卦，因為有個期盼，再苦也受得住。所以《法華經》重點就針對〈未濟〉第二爻的芸芸眾生提供很多法門，還用很多神蹟讓人有信心。

再來就是《楞嚴經》。《楞嚴經》就是幫你從最深的色相中超度解脫，因為是〈賁卦〉。按照卦序，〈賁卦〉之前是〈噬嗑卦〉，之後就是〈剝〉，再往後就是〈復卦〉了。色相最深的地方就在〈賁卦〉第三爻的「賁如濡如」。所以爻辭建議在「濡如」的時候，千萬要小心，不要染上一身的習氣，所以說「永貞之吉，終莫之陵也」。而「賁如、濡如」不就深陷坎險之中嗎？「震遂泥」不也是有坎險嗎？兩個爻都有坎險，而「賁如濡如」，不就是〈既濟〉、〈未濟〉裡面「濡其尾」的小狐狸？「濡其首」的「濡」，那多傷啊！很多拖累、很多習染。〈賁卦〉是最深層的色相，一旦浸在裡頭就出不來了。所以《楞嚴經》是從飲食男女談起，經過了「賁如濡如」的沉溺，最後把我們帶到〈賁卦〉第六爻的「白賁無咎」，徹底解脫，所以〈小象傳〉說：「上得志也」。很多同學對〈明夷卦〉有成見，「白賁無咎」這麼好的一個解脫之道，它的爻變不就是〈明夷卦〉嗎？佛祖修行，〈咸卦〉不就是通到〈明夷卦〉嗎？他是「用晦而明，君子以蒞眾」，下地獄去度眾生了。《楞嚴經》把我們從「賁如濡如」變化為「白賁無咎」，而且重點就在「白賁無咎」，就像阿難一樣。然後這三、六兩爻一變又是〈復卦〉。其實按照自然卦序，遲早也得〈復〉，因為〈賁〉後面就是〈剝〉，〈剝〉後面就是〈復〉。色即是空，但空也是色，都是從這裡面出來。這是《楞嚴經》的重點，也是它精彩的地方。這部書進入中土時間比較晚，也充滿傳奇性。傳說因為印度佛法就要衰微了，有一些重要的人類寶藏，必須轉運到中國去。就像佛教在中國發揚光大，這麼重要的經典，也應該要運過去。問題是當時印度的王公貴族還把它當不可外傳的秘本，就得有心人想盡辦法走私到中國。中國這邊據說也有感應，有大師知道有一部重要經典將要來中華，他就開始拜，拜個幾十年，這部經典終於到來。但是《楞嚴經》來了之後，很多人說它是偽造的。其實不論真偽，這部經的智慧是很高的。因為內容太龐大，又有很多哲學思辨的討論，可以幫助我們把許多佛教的基本觀念搞清楚，但要讀完這部經，還真要有耐心，不然很多人對《楞嚴經》的印象就只有到阿難懸崖勒馬那一段。其實那一段只是一個起頭，直接從「賁如濡如」、飲食男女切入，後面有非常精彩的論證。所以後世還有不少專書，專門針對《楞嚴經》提到的幾十種魔相做了仔細分析。因為老佛預言，到了末法時期會有群魔亂舞，而且這些魔很不好辨識，像老師到底是佛是魔？你們也不一定有把握對不對？還有住在佛地的魔，這個假象就很容易讓人迷惑。不是〈賁卦〉嗎，賁如濡如，粉墨登場，生旦淨末丑，誰曉得！老佛知道會越來越亂，假東西一堆，邪門歪道什麼都起來了，當然要懂得辨識，不然搞到「迷復凶」，那不白修了？所以他就給我們仔細分析種種魔相。這一段很精彩、很有啟發性，值得大家參。若想哪裡會有魔呢？其實到處就有一堆魔。我們心裡就有魔，打開報紙，魔；打開電視，一堆名嘴，也是魔！至少我讀過幾遍《楞嚴經》，就發現跟在臺北看報紙完全一樣，那些魔全都看得到，還可以一一對號入座。

不過《楞嚴經》是大部頭，我們只能摘著講。《楞嚴經》之後，我們選的最後一部經《維摩詰經》，可說是中國文人最愛的一部經。因為大家都仰慕佛，期望能藉此超脫現實生活的痛苦，可是又不想守嚴格的戒律，而這部經正合大家的口味。而且它還是末法時期居士說法，菩薩來聽；因為和尚也不一定說得好，何況有很多假和尚。《維摩詰經》的要旨是〈臨卦〉第二爻，這完全說到位了！〈臨卦〉就是開放自由，海闊天空，「教思無窮，容保民無疆」。二爻又是「咸臨吉，無不利。」「吉無不利」，前面就是「自天佑之」了。〈小象傳〉還特別強調二爻是「未順命也」，只要你信心夠，心誠意正，對自己創造力的核心有信心，不一定要有嚴格的戒律，每個人的方法不一樣，不必順那個命。這是〈臨卦〉最重要的一個爻，充分代表〈臨卦〉自由開創的精神。這個爻爻變又是〈復卦〉。你們看神不神？《維摩詰經》是由〈臨〉而〈復〉，跟《楞嚴經》由〈賁〉而〈復〉、《金剛經》由〈震〉而〈復〉，不同的經，有不同的作用，但最後的目標都要〈復〉，只是切入的方式不一樣。《維摩詰經》為什麼會吸引中國古代文人呢？因為大家都知道佛法是無上甚深的智慧，可是又無法割捨凡俗世界的牽絆和享受。能不能有一個法門，可以上不負佛恩，下不負佳人，兩個都要？《維摩詰經》剛好就是從這個角度切入。不過，如果不願意受戒律束縛，分寸怎麼拿捏？稍有不慎，〈隨卦〉就變成隨便了，不是這樣嗎？我們也提過，歷代學佛的人出事的不少，就像玄奘的得意弟子辯機和尚。所以，三千人來接機，你確實不能不去應付一下，可是這一念之慈，就要特別小心了！不管那是一個念頭還是一個什麼，沒有即時「遏惡」，若傷及善類，就成了「慈悲生禍亂」。出發點是慈悲，結果卻造成大禍；一時的心軟，結果方便出下流，親暱生狎侮。天山〈遯〉說君子當然要遠小人，可是又提醒「不惡而嚴」，這就是難的地方；到底〈隨卦〉內卦的〈震卦〉和外卦的〈兌卦〉要怎麼和諧？這正是人的考驗，修成了才真的是「元亨利貞，無咎」，不然就像自由開放是元亨利貞，一搞不好就是八月之凶。有些東西看著很像，其實不是真的，因為偏離掉了。

關於「慈悲生禍亂」，有個例子順便提一下，這還跟慈航法師有關。當時去慈航法師那裡聽經的人很多，也包括我的老師。那時候他們一批大老，一九四九年拋妻棄子跑到臺灣來，我的師母那時候就留在大陸，他們分開之後，這輩子就沒有再見過了。我的老師是看到內戰殺人太多，才決定離開大陸來臺灣的；可是在臺灣又覺得國民黨不太有出息，這時候就麻煩了，那要做什麼呢？怎麼安頓自己？所以他就去聽佛經了；就像我當時會去聽佛經，是因為失戀，情感難以排遣，也不是真要探討什麼真理。他們那些大老多半是在這個情況下去聽慈航法師講經的。他們一邊聽，有時候就在下面聊幾句，這些大老當中有不少是政治經驗非常豐富的，其中有個趙恒惕，做過湖南省長，毓老師就從趙恒惕那邊聽到很多典故。趙恒惕被共產黨趕到臺灣來，一肚子的不合時宜，常常發牢騷。他說當年他在湖南省抓到過毛澤東，可是後來一念之慈，就把他放了。這一放，就變成毛澤東把他趕到臺灣來了，這就是「慈悲生禍亂」。他就常唸叨著說可惜，那時候都要槍斃的，沒槍斃，就有了中華人民共和國，而他就來臺灣散步了。結果我們老師就慫恿他寫一齣戲，叫做〈捉放毛〉。捉了又放，這一放，歷史就改寫了。慈悲生禍亂，方便出下流，不僅是學佛，學什麼都不容易。

從佛的觀點看《易經》

我們已經談過第十五個卦象，念佛法門是〈乾卦〉第五爻。接下來問的是「淨土宗的主旨」？答案是〈無妄卦〉初爻跟上爻。亦即淨土宗是要從起心動念來修。但《易經》特別提醒，千萬不要搞到〈無妄〉上爻，否則就會「其匪正有眚，不利有攸往」。這也正是淨土宗用力的地方，要我們從第一念「無妄，往吉」開始下工夫。任何人都會有〈無妄〉初爻的初發心、第一念，可是這個念頭一發展下去，就有可能差之毫釐，失之千里。就像〈復卦〉初爻那麼好，到了上爻卻「迷復凶，有災眚」；〈無妄〉上爻就變成「窮之災」，天災人禍都來了。因此要特別注意第六爻，以及第一爻跟第六爻的因果，否則念頭可能會往不好的方向發展，所以從起心動念開始，就要小心照顧念頭。然後〈無妄卦〉的前身正是地雷〈復〉的〈復卦〉；〈復卦〉後面就是〈無妄卦〉，〈復卦〉則不妄矣。從地雷〈復〉閉關修行，到天雷〈無妄〉，已經產生劇烈的變化了，卦序都有嚴密的原理，是自然而然、勢所必至。那麼，從卦象上來看，為什麼地雷〈復〉的閉關修行會發展到〈無妄卦〉的大幹特幹？〈無妄卦〉的〈大象傳〉說「天下雷行，物與無妄。先王以茂對時，育萬物。」「物與無妄」，就是參與的「與」，承乘應與的「與」；這是要參天地之造化，化育萬物、與眾生一體。這不就是《中庸》在談的嗎？「先王以茂對時，育萬物」，〈無妄卦〉也掛出先王牌，可見這是天大的責任，要能夠扛起這個任務，不就是閉關修行的目的嗎？閉關的時候是〈復〉，一出關就變成〈無妄〉了，但〈復〉和〈無妄〉內卦都是〈震〉，就是閉關時修煉的金剛心、生命的主宰；但外卦不能永遠藏在地底下，終究是要出來的，一出來就變成「天下雷行」，要開始化育萬物、利益眾生，而這個能力，就是出自閉關時修煉的那個寶貝。所以，閉關出關，外卦當然也會隨之調整，從地下到天下，鑽出地面了。還有就是，在〈復〉的時候，外面是〈坤卦〉，所以必須順，因為還在閉關修煉，資源很有限。到了〈無妄〉的時候，外卦的〈坤〉變成〈乾〉了，就要勇猛精進、大雄無畏，開始實踐了，不然怎麼天下雷行呢？

可是這〈無妄〉絕不容易。〈復〉的時候在閉關，把自己保護得很好，也不出去，外面的東西就傷不到；可是到了〈無妄〉已經出關了，就要面臨種種誘惑和挑戰。可能還會有很多無法預期的東西，像第三爻的「無妄之災」、第五爻的「無妄之疾」，而在「災」跟「疾」之間的第四爻就嚇得要趕快調整，「可貞無咎，固有之」否則「無妄之災」剛剛過，「無妄之疾」就跟著來了。然後第二爻還急功近利，才耕了一年的田，就妄想會有三年的收穫，這不是「妄」，是什麼？所以出關之後會碰到災、疾等重重考驗，這時候就更需要照顧好起心動念，不能有任何偏離。淨土宗的宗旨，不管閉關出關，行走坐臥，都要注意〈無妄卦〉第一爻跟第六爻的關係。第六爻的爻變是〈隨卦〉，一、六兩爻變是〈萃〉，提醒你要非常專注才行！「除戎器、戒不虞」，「不虞」就是想像不到的事情。〈無妄卦〉中有〈萃卦〉的象，正好把〈無妄卦〉第一爻、第六爻拿來做一個始終內外的比較，這根本就是延續孔老夫子在〈彖傳〉中的思維方式—為什麼從「無妄往吉」到最後會「窮之災」？孔老夫子不是在〈無妄卦〉的〈彖傳〉拋出兩個問題嗎？就是專門針對初爻跟上爻講的。第一個問題，〈無妄卦〉第一爻爻辭是「無妄往吉」，〈象傳〉說「無妄之往，何之矣？」知道「往」下會怎麼變化嗎？真的知道要去哪裡嗎？第一念就好好想一想，到底是正的還是負的？第二個是「天命不佑，行矣哉。」是不是到「無妄，行有眚」了？從「無妄之往」，中心有主，到「無妄之行」，根本就中心無主了。淨土宗就是要緊盯住每一個念頭，把妄念妄想一個個扶正。

接下來看看禪宗，〈萃卦〉初爻，爻變是〈隨〉。有些東西要留給你們自己參，因為聰明人、文人，都喜歡禪宗，不喜歡像淨土宗老是念佛。〈萃卦〉是出類拔萃、精英分子的象。〈萃卦〉

第一爻，爻變就是〈隨〉，那〈萃卦〉的前身是什麼？是不是〈姤〉？打機鋒，禪機，參話頭，是不是〈姤〉？電光石火的那一剎那，一個碰撞，一個接觸，一個機緣，把所有的念頭集中心力去〈萃〉。〈萃卦〉初爻說：「有孚不終，乃亂乃萃。若號，一握為笑，勿恤，往無咎。」爻變就是〈隨〉，這個爻辭你們自己參一參。然後再從卦序〈姤〉〈萃〉〈升〉去參一參，也頗有深意，這是禪宗要旨。很多人會強調「禪淨雙修」，說念佛不忘參禪，參禪不忘念佛，其實兩者還是共通的，看看〈無妄〉跟〈萃〉有什麼關聯？是不是相錯再相綜？〈無妄〉的錯卦不是〈升〉嗎？〈升卦〉的綜卦不是〈萃〉嗎？它們確實是有密切聯繫的。

再來就是從佛的觀點，佛怎麼看《易》？這是我們一個台中的老學生算的。結果就是不變的〈晉卦〉，自昭明德。那麼，《易》怎麼觀佛呢？還是從佛祖的〈咸卦〉開始，下經人間世的第一卦，與生俱來的二氣感應，「寂然不動，感而遂通天下之故，不疾而速，不行而至。」山上的天池很靜，所以能夠虛受人，天光雲影通通都攝取在那個湖泊中。這種清淨心，是從〈咸卦〉開始的。我們這份講義就是從〈咸卦〉第四爻開始講的，「憧憧往來，朋從爾思」，所感所思，人人都有。

那麼佛法入中土，我們怎麼面對體系這麼龐大，而且跟我們發展出來的儒道思想不大一樣的東西？那就從〈咸卦〉開始虛心的吸收學習。這裡面就有四個爻的變化歷程，由內而外，由下而上，這個你們自己也練習參一參。一個是第二爻，小腿癢了，可是別馬上動，動了不一定有好處，反受其害。其次是〈咸卦〉第四爻，「貞吉，悔亡。憧憧往來，朋從爾思。」二與四同功而異位。然後是佛祖的〈咸卦〉第五爻，那是很深層的感：「咸其脢，無悔。」接著第六爻就要開始說法了，那是〈兌卦〉的開口，「咸其輔頰舌」。像釋迦牟尼就講了四十九年，淨空法師從早講到晚。〈咸卦〉就是有所感、有所思之後要講出來，第六爻不就是講出來嗎？是好是壞，沒有一定，看感得多深，他只是說「咸其輔頰舌」，沒有說吉凶。而且，外卦是〈兌卦〉，朋友講習，然後產生法喜。〈咸卦〉第六爻不就是這個意思嗎？「滕口說也」。《易》觀佛，〈咸卦〉二四五六，然後四爻齊變，山風〈蠱〉。佛法傳入中國就有了變化，〈蠱〉就是有繼承、有創新、有改造。「幹父之蠱，有子，考無咎，厲終吉。」到最後「不事王侯，高尚其事。」再就是「先甲三日，後甲三日。」這裡面有變化的地方，〈蠱卦〉的另外一面就是〈隨卦〉。

這個是《易》觀佛，佛法入中國之後，跟華夏文化交融時吸收消化表述傳法的過程，〈咸〉四爻齊變變成〈蠱〉。

下一個問題是：什麼是阿賴耶識？這是我十幾年前問的。第八識是藏得很深的東西，眼耳鼻舌身意，好多東西都藏在裡頭是不是？我從前也看了很多書，可是都沒講清楚，乾脆就用《易經》去占：「阿賴耶是什麼？」結果是一個不變的〈升卦〉，若有所悟。剛才講阿賴耶識裡面裝了很多東西，包括所有前世的記憶等等。阿賴耶識是〈升卦〉，那〈升卦〉的前一卦不就是〈萃卦〉嗎？〈萃〉之後才能〈升〉，〈萃〉不就是很多東西聚在一起嗎？是什麼東西聚在一起？然後，〈萃〉再往前一卦，不是〈姤〉嗎？不就是「十二緣生」嗎？〈姤〉跟〈復〉是相錯的，然後〈復卦〉之後的〈無妄〉、〈大畜〉，正是跟〈姤卦〉之後的〈萃〉〈升〉相錯。這個關係太密切了。〈升〉之前一定有一個〈萃〉，所以阿賴耶識裡面也有〈萃〉的功能，然後〈萃〉、〈升〉之前就是〈姤卦〉十二緣生的機緣。從〈姤〉，然後〈萃〉、〈升〉，在裡邊翻騰翻湧，裝了一大堆東西。還有就是，〈升卦〉的錯卦是〈無妄卦〉，兩者的意義是相反的。〈無妄〉是全真，因為〈無妄〉是從〈復卦〉來的；但〈萃卦〉是從〈升卦〉來的，〈升卦〉又是從〈姤卦〉來的。所以，〈無妄〉是全真，不虛假，那〈升卦〉就是「妄」了，所以〈升卦〉裡面有「升虛邑」，充滿著虛幻的象，不然後面也不會那麼容易就〈困〉了，五光十色光彩奪目的那些泡泡最後全都破了。這個意義就很深了，不要執著，還去找阿賴耶，又執著於阿賴耶這個象了。但必須要先設立這麼一個東西，再一層一層講，它其實是一個〈升〉的象，不必執著。〈升卦〉跟〈無妄卦〉，一個虛，一個實，因為起源一個是〈姤〉，一個是〈復〉。〈姤〉〈復〉相錯，後面也全部相錯。所以在這個基礎上，又有一個卦問：「什麼是佛」？就是〈升卦〉第三爻，這個意義更深了。就「升虛邑」三個字，有說真假、吉凶嗎？沒有，而且它充滿了創造性，它就是〈復卦〉的天地之心，何必執著「佛」這個名相呢，佛不就是〈復卦〉嗎？「升虛邑」是不是〈復卦〉第一爻？有沒有看出來？

所以它下面說什麼呢？「升虛邑，無所疑也。」我們下面要進入《金剛經》了，什麼都不能執著，菩薩不能執著，佛也不能執著，問題是我們會有很多麻煩，就是因為執著。它告訴我們「升虛邑」，也不是好，也不是壞，但充滿核心的創造力。而且，它不但是〈復卦〉第一爻，也是我們講的《維摩詰經》的〈臨卦〉第二爻。可是它又包含在〈升卦〉之中，它描述這個那個情境，看要不要執著這些「虛邑」，這是佛。

好，大家繼續參吧，沒反應，沒反應就表示業力比我還深。

學員：老師剛剛講究竟不究竟的時候，我就占了一個「吃素究竟不究竟」？也是不變的〈升卦〉。

劉老師：那就隨緣，〈姤〉、〈萃〉、〈升〉，但是看起來將來你會不吃素，因為馬上就要〈困〉了。

學員：要吃草。

劉老師：對啊，你的樣子不像會吃下去的樣子。隨緣吧，這個不要賭，賭就僵硬，就執著了，「凡所有相皆是虛妄」，連吃素也在內。

下面問：什麼是大人？《易經》不是把大人推到像佛一樣高的境界嗎？「與天地合其德，與日月合其明，與四時合其序，與鬼神合其吉凶」。〈豐卦〉、〈謙卦〉都提到天地人鬼神，是全息宇宙的存在，要怎麼才能修到大人呢？「利見大人」、「用見大人」又有什麼區別？易占佛是〈升卦〉三爻「升虛邑」，〈升卦〉的錯卦是〈無妄〉，〈無妄〉的綜卦是〈大畜〉。而我們占大人即為〈大畜〉二、六爻動。〈升卦〉有「升虛邑」的象，空掉眾生的執著；〈復〉之後的〈無妄〉，富國利民，濟度眾生，要與天地參。〈無妄〉後是〈大畜〉，〈大畜〉的〈彖傳〉稱：「剛健篤實輝光，日新其德。」「實」字正好與「升虛邑」的「虛」字相對。不是誰好誰不好，就是告訴我們有所不同。〈大畜〉第二爻是修行的歷程，「輿說輹」；第六爻是「何天之衢，亨，道大行也。」然後畜極則通，就是〈泰卦〉。二、六爻動，又有〈明夷〉的象。前面說佛祖修行境界也是〈咸卦〉中有〈明夷〉的象，這個意思大家懂不懂？若沒有文王的〈明夷〉受難，《易經》會失色很多；佛祖慈悲，拯濟眾生愁苦。

繼往開來，永續的卦象

最後還是問我們以《易》參佛的課要不要開？是不是有益？答案是〈豐〉1、4↓〈謙〉，〈豐〉中有〈謙〉象，看起來伏羲老祖贊同。〈豐〉與〈謙〉同樣面對天地人鬼神，用謙虛的態度面對，滿招損，謙受益，而且不比高下，雙方是平等的，不會走〈噬嗑卦〉的弱肉強食和〈觀卦〉的宗教戰爭，否則《金剛經》也不用讀了。〈豐卦〉初爻跟四爻，一個是「遇其配主」，一個是「遇其夷主」，雙方互為主，沒有高低，而且互相需要，這兩個搭配，就把〈豐卦〉轉成〈謙卦〉了。前面談了好幾次，〈震卦〉是永續的象，繼往開來，卦序講〈升〉〈困〉〈井〉〈革〉〈鼎〉〈震〉繼。《易經》中另外一個講「繼」的就是〈離卦〉：「大人以繼明照于四方。」這兩個「繼」有什麼關係？第一他們有體用關係，先後天同位，都在東方，先天八卦〈離〉居東為體，後天八卦〈震〉在東為用。〈豐卦〉外震雷、內離火，體用合一。〈豐卦〉排序剛好又是天地之數五十五，宇宙太豐富了，要用〈謙〉的心態去面對，以《易》參佛也是一樣。〈離卦〉是「繼」，〈震卦〉也是「繼」，那麼〈豐卦〉不就是「繼」嗎？從卦中卦來看，〈豐卦〉初爻就是〈離卦〉初爻，〈豐卦〉第四爻就是外卦震動的根源。「明以動故豐」，面對如此豐富、開闊的《易》與佛，我們做佛《易》的參證，剛好就是〈豐卦〉初爻四爻，兩爻變成〈謙〉的象。我們讀《金剛經》，也是完全切合的，「是法平等，無有高下」，為什麼要比個高下呢？為什麼要〈觀〉到最後「志未平」，啟動〈噬嗑〉的殺機呢？問我們以《易》參佛的課，結果是〈豐卦〉初爻四爻，兩個互為主，不期而遇，這是千古難遇的機緣。

後面就是總結了，我們還是用〈繫辭傳〉的概念來談。〈繫辭傳〉境界很高，從「一陰一陽之謂道」，一直推到「陰陽不測之謂神」和「窮神知化」。他也告訴我們千萬別執著，《金剛經》說離念、離相。「神無方而易無體」，如果執著「有方」，到處去找方，那就不神了。「易無體」，到哪兒去找？「陰陽不測」，稍微一分別執著，就抓不到事實的真相。

最後再補幾個觀念，把這個部分結束。我們剛才講〈震卦〉跟〈離卦〉都有「繼」的象，如果配合中醫來看，又是什麼意思呢？〈離卦〉不是火嗎？用陰陽五行來配，心為火，〈離卦〉第四爻就是心臟病發作，突如其來。〈震卦〉五行屬木，好像應該是肝，可是它是肝嗎？〈復卦〉的天地之心，內卦是不是〈震〉？那〈震卦〉到底要理解成是心呢？還是肝？它是動的，是在裡面動，是肝在動，還是心在動？用五行去配，〈震〉應該是心，不是肝。〈巽卦〉是乙木，這才是肝。另外，〈復卦〉的天地之心也是女性懷孕的象，女性在停經之前雖然辛苦，對心臟卻有天然的保護作用；大約四十九歲停經之後，不用受苦了，心臟病就很容易上身。有了這層理解，在治療上，就要反其道來考慮，一位中醫學生有很多臨床案例。有個深受心臟病所苦的女病患，他想辦法讓她恢復月經，就治好了心臟病。〈震卦〉跟〈離卦〉有先後天體用的關係，何者是體，何者是用？「突如其來如」，顯然是心臟病爆發的象，那「震遂泥」呢？不都是第四爻嗎？「震遂泥」是心臟什麼樣的象？不就是心臟的搏動能力有問題嗎？然後這邊「震遂泥」，那邊就「突如其來如，焚如、死如、棄如」，這種先後天同位的關係，提供大家參考。

儒釋道三教同源？

最後，因為我們跟一貫道的朋友因緣很深，他們一直希望能提出三教同源、三教合一的論證，我就乾脆占了兩個卦，其一是問：「三教同源嗎？」有個傳說老子倒騎青牛出關，最後跑到印度去了？釋迦牟尼建立自己的教法後，受到老子的啟發，最後佛教的思想又反饋傳回中土。這個叫「老水還潮」。真實如何不管，我們就訴諸占卦吧！儒釋道三教是否同源？又是編隊飛翔的〈漸卦〉一、二、四爻，爻變為〈乾卦〉。從第一爻開始談，初爻是潛龍，二爻見龍，四爻是在懸崖邊上跳躍未定、冒著高風險的龍。我們當然不必對號入座，說哪條龍是哪個教，反正都是從〈乾卦〉出來的。〈漸卦〉最後不是編隊飛翔去化眾嗎？「君子以居賢德善俗」是不是？取山上種樹的象，十年樹木，百年樹人，都希望幫大家找到一個歸處。因為〈漸卦〉是歸魂卦，〈漸卦〉後面的〈歸妹卦〉更是大歸魂，「君子以永終知敝」。這個象很有意思，你們自己去參。

第二個問題是：未來能否靠大家的努力來讓三教合一呢？答案是〈既濟〉第五、第六爻，兩爻變是〈賁卦〉，人文化成，包裝得富麗堂皇。〈既濟〉第五爻說什麼？在已經渡彼岸，到達成功的巔峰時，有很多麻煩也跟著來，不然〈既濟〉後面就沒有〈未濟〉了。他就提醒你千萬要「東鄰殺牛，不如西鄰之禴祭，實受其福」。注意「實」這個字。〈既濟〉第五爻爻變是〈明夷〉；要是沒弄好，有可能變〈既濟〉第六爻，那就有滅頂之災了，「濡其首，厲，何可久也。」所以，如果把它們通通拉到一塊，說三教合一，有什麼實質意義嗎？不就是看起來富麗堂皇的〈賁卦〉嗎？又有佛，又有老子，又有孔子。很多地方都這樣搞，這不是強牽合嗎？後面等著的就是〈未濟〉了，那不是徒勞嗎？

還有一些不方便講的，我們就不提了。最好玩的就是我用《易經》回答問題，完全是跟著學生的問題問的，像有人問宇宙萬有到底是誰創造的？有沒有造物主？這就麻煩了，還要看怎麼定義是不是？你們自己去算算看，到底有沒有造物主？《易經》的回答是哪一個爻？就只有八個字，「自天佑之，吉無不利」。回答得好乾脆，是不是？

以經釋義，須融會貫通

今天是佛經課的第三堂，要開始正式講《金剛經》本文了。我們依據的是鳩摩羅什翻譯的流通本，而不是玄奘的譯本；這也是最早的譯本，譯筆十分優美。他有些地方是意譯，跟玄奘譯本有將近四百字的差異，其中當然牽涉到過去一些佛教大德不同的看法，所以上千年傳下來，多少有些出入，但大致來講，差異不算多。我們現在用的是江味農老居士的校刊本。這本《金剛經講義》，我很早之前就看完的是另一個版本，現在這部是二〇〇八年的最新版本，也是學生去請來的。江老居士分析得極為深透，不厭其詳，他就是一心般若，對《金剛經》下了很多工夫，針對鳩摩羅什的流通版本有詳細的校勘，並清楚交代校勘的前後脈絡，確實比較讓人信服。就像他說《金剛經》第一部分跟第二部分都是須菩提長老提出問題，佛陀解答；而這個問題看起來完全一樣，難道是《金剛經》的經文有重複，說來說去老是講一樣的話？其實他是由淺入深，在第二部分就比第一部分更為精深。江味農居士就是在類似的義理脈絡上進行校勘，所以大家都覺得他校得很好。我最早讀的版本份量很多，厚厚一大本，因為他是把五千多字的《金剛經》仔細講解完，讀起來就要花一點耐心了。淨空法師也推崇江味農的校勘本，但覺得內容太大了，所以做了節要。這些版本同學都去找來了，佛經的好處就是不必花錢，都可以請到，都有人布施。原則上我們就按這個本子來講，同學沒有也沒關係，兩者差異有限。我們前面提一些占卦，接下來還是本文為主。我還有一個本子是弘一法師寫的《金剛經》，豐子愷敬題，這是辜家後人好久以前送我的，沒想到有一天真的用到。當然弘一的字和他修的境界都很好，這是最可貴的。如果要看白話翻譯，甚至注音版，花錢買也是有，這就各隨所便了。

《金剛經解義》說是六祖惠能講的，不知是真是假。雖然惠能是直接成佛，但我還是一邊看、一邊動疑念，惠能不識字，能講出這麼多來，還會引其他經典？沒關係，反正是很小一本。惠能講《金剛經》，聽起來就有一點像子夏在講《易經》，所以有《子夏易傳》，那絕對是假的，你們去讀讀就知道。

我這裡還有熊至誠老夫子發心編印的《金剛經淺釋》和《法寶壇經簡言》，這是我們去給毓老師拜年的時候，老師送給我們一人一本。因為《金剛經》和《六祖壇經》一脈相承，熊老夫子就把它們編在一起，也是很小一本。毓老師在世時每天除了《大易》《春秋》，一天至少誦一遍《金剛經》和《六祖壇經》。這是我的老師定心的日課，剛好有這個本子，他可能買了一批，學生來了就一人給一本。我那裡有兩本，一本是我的，一本是師母的。我請了法寶之後認真研讀，上面的筆記全是我的，師母沒有像老師這麼用功，因為像老師這種業障深重的才需要讀佛經，她不必讀，就已經是自然佛了。

熊至誠編印的本子裡，也有些他自己的東西，例如他把《金剛經》和《六祖壇經》編在一起，還引用了《楞嚴經》第一卷阿難懔悟前非之後跟佛表態的一段話，認為這可以當成我們進入金剛法門之前的導引，之後我們也會花時間談一談。

末法時期如何解脫？

不過在正式啟動《金剛經》之前，還有兩個占象也值得提一下，這也是因緣激發的。因為在我們的學生、朋友之中，很多事業有成，或者是文化精英，修密的人所在多有；而我們前面在「窮神知化德之盛」談到的占象，並沒有探討到密宗。禪宗淨宗都是所謂的顯教，西藏密教在臺灣的信徒也非常多。為什麼要修密呢？修密的人說，我們現在是末法時期，能真正修成的人越來越少。就像我們分析過的，很多德高望重的修行者還是頗有瑕疵，這代表修行真是難；一方面是時代確實不一樣了，跟正法時期、像法時期比起來，末法時期修行的障礙越來越多。正法、像法各一千年，但末法時期有一萬年，跟《易經》的觀點是一樣的，壞的時候長，好的時候少，你看，泰極否來，「否」的時間有多長！「否之匪人」，整個根器都不對了。照佛教自己的講法，最糟糕的時候長達一萬年，佛預言說，這一萬年內，人心鬥性堅強，正是〈噬嗑卦〉的阿修羅地獄，鬥爭堅固。正法時期前五百年是真有人修，而且還真修成了，所以那個時期是「解脫堅固」；到了後五百年，不大行了，但是修禪定的人還是很多，然而解脫是究竟，禪定還不一定究竟，所以是「禪定堅固」。到了像法時期的第一個五百年，就每況愈下了，叫「多聞堅固」，很多學問家出來了，未必有真修的基礎，即使修也不見得修得成，離真正的修行禪定跟終極解脫已經越走越遠了，像〈復卦〉最後的「迷復」一樣，差之毫釐，失之千里。等到再過五百年，不得了了，叫「塔寺堅固」，到處會看到「豐其屋」，都在蓋大廟，這個金頂、那個銀頂，這個大法鼓，那個什麼山；大廟裡不一定有佛，搞不好還藏很多魔。慢慢越來越著相，到後來更不得了，變成〈訟卦〉和〈噬嗑卦〉了，就叫「鬥爭堅固」。佛的預言是每況愈下，所以更需要弘法利生，不然罪孽太重。學過《春秋》的同學想想看，是不是跟據亂世、升平世、太平世剛好相反？所以春秋之治是從據亂世的撥亂反正，成為升平世，再進一步變成太平世，是不是越來越好？雖然不是實際的狀況，而是一種象徵理想。由亂世的〈蠱卦〉上爻爻變成〈升卦〉，撥亂反正，把它改造成升平世，慢慢讓〈升卦〉初爻那個柔弱的基礎穩固了，然後還政於民、眾生平等；〈升卦〉初爻爻變就是進入太平世的〈泰卦〉了。所以儘管實際的歷史發展真的是越來越糟，人越來越壞，但春秋大義則是強調必須靠著人的奮鬥一步一步逆流而上。

佛的預言蠻貼近事實的，所以密宗就告訴我們在末法時期不容易真正修成，即使是把顯教的經典都讀遍了，還有很多學佛的形式、很多法會，仍然有瑕疵。真能成就的太少太少，一方面是人的根器不足，一方面是魔塵更甚了，魔塵鑑，污染更多，誘惑也更多。在這個時候，密宗就可以秘密的幫一點忙，如果跟對了上師，還能夠心心相印，他會指點一些關鍵，不管是咒語、手印，或什麼法門，都能方便接引。即使這樣，也得自己用功，就像〈晉卦〉「自昭明德」，才可能有王母娘娘適時現身來幫一手；要是自己不修，誰也救不了你。

所以，就有同學提出這個問題：密宗這個法門，在末法時期是不是有它的道理？看起來是有道理的，占出〈解卦〉，解脫堅固，「動而免乎險」。〈解卦〉第四爻動是〈師卦〉的象；一、四兩爻動，就是海闊天空、無窮無疆的〈臨卦〉。「元亨利貞，教思無窮，容保民無疆」。這是密宗在末法時期弘法利生的作用，「赦過宥罪」，他在上面一震，喚醒了在下〈坎卦〉裡受苦受難的地獄眾生。這不是有明顯的針對性嗎？〈解卦〉初爻和第四爻相應與，一個是上界震雷的根，振聾發瞶；一個是下界坎水的底層眾生。「動而免乎險」，「赦過宥罪」，是不是幫我們消業障？當然初爻要得到這樣的密法指引，也不能完全不用功，爻辭稱：「無咎。」「無咎者，善補過也。」已經降伏其心，調整到一個狀況了，不管遭遇什麼坎險，還都能夠心定，這時候密宗的教法，就像在第四爻的一震，就會起感應，而得到解脫。〈解卦〉卦辭「利西南」是為了「得朋」，陰陽合為「朋」，從〈坤卦〉一開始就講「西南得朋，東北喪朋」，〈解卦〉利西南，順勢用柔，不能硬碰硬，所以裡面也有「七日來復」的概念。我們講過《六祖壇經》是〈震卦〉的初爻二爻，不就由〈震〉變〈解〉了嗎？「震來厲」，就「躋于九陵」對不對？〈震卦〉初爻有厚實的根底，就算碰到二爻柔乘剛的狀況，但只要「躋于九陵」，就「七日來復」，上山下山，又失而復得了。密宗又跟〈震〉、〈解〉有關，最後出現了〈臨卦〉，是一個開放自由的狀態。我們也講過這是《維摩詰經》的境界，〈臨卦〉第二爻，照樣是〈復〉；不一定要守嚴格的戒律，也可以成佛。所以密宗是由〈解〉變佛，這跟《金剛經》的「無所住」也很類似。但在「無所住」之前還要先「無所往」，別亂跑。人在〈坎卦〉、〈解卦〉初爻的水底受苦受難時難免慌亂，他教我們「無所往」，放鬆、安心，「其來復吉」，慢慢「七日來復」發動了，「剝極而復」；「有攸往」，心定下來，才能接收到指引，知道該怎麼辦，「夙吉」。這個動力是怎麼來的呢？當然是由四爻代表的密宗上師法門敲了一下，震醒後，「解而拇」，解開那些綁手綁腳的桎梏包袱，憂悲煩惱、貪嗔癡慢疑，當下解脫，遠離顛倒夢想，無罣礙、無恐怖。被什麼拖著呢？就是被第三爻「負且乘」拖著，〈震〉為足，腳的大拇趾被綁住了，包袱重得不得了，坐上車子還背著包袱，所以「自我致戎，又誰咎也」；「負且乘，致寇至」，「寇」來了，根本就沒有防範能力。要甩開，不然怎麼自在呢？「朋至斯孚」、「朋來無咎」、「西南得朋」。沉重的包袱拋掉，「朋」來了，「孚」就出現。

再看〈解卦〉第四爻單爻變〈師卦〉是什麼意思？是打仗？魔跟佛打仗，但真正的關鍵是什麼？為什麼〈解卦〉坎底的眾生被這麼一震，就能搞定了？〈師卦．彖傳〉：「師，眾也。」一切眾生，心中自有其「正」，自性生萬法，佛性與生俱來，但是蒙塵了，得「蒙以養正」，如果原先沒有「正」，那要怎麼養？原先那個「正」，在〈乾卦〉的時候就賦予了，〈乾卦．彖傳〉強調天命流行，乾道是變化的，大家都要各正性命。所以眾生本來就有他的「正」，「正」出問題了，就要「蒙以養正，聖功也」。到〈師卦〉時，那麼多人，要怎麼讓他們脫險呢？「能以眾正」，因為「眾」本來就有「正」，「以」是什麼？「君子以」，不就是「因」的意思嗎？他本來就有的，不然怎麼能夠喚起他的自性呢？「富以其鄰」，「不富以其鄰」，「因」了就能用，用了之後就產生擴散效應。因、用、及，《易經》裡面有那麼多「以」，大約就是這幾個意思。眾生內在都有「正」，丈人也好，上師也好，他不是給什麼東西，而是把我們內在的「正」循循善誘引導出來，「能因眾正」就是「王」了。〈師卦〉看著是霸道，但由霸而王，有這個脈絡在。勞師動眾的訓練教化，也是這樣，這就是〈解卦〉第四爻跟〈師卦〉的關係。

為什麼要強調末法時期呢？〈解卦〉的前一卦不就是大家都動不了的〈蹇卦〉嗎？在同一條船上，外險內阻，因為是末法時期，都推不動了。這麼說來，單獨一個〈解卦〉是沒有意義的，〈解卦〉如果不是針對〈蹇卦〉，就不叫〈解〉了，那可是天難地難的問題，連環套，就要卡死了，直到〈解〉的時候才一層一層鬆開。〈解〉〈蹇〉是一體兩面的綜卦，不能分家，〈蹇〉之後就要等著看怎麼〈解〉這個〈蹇〉，那就叫〈解卦〉。問題越難，解法越高明，得心應手，庖丁解牛。密宗的結果看起來是有道理的，但還是有很多但書，其一，別跟錯上師；其二，自己也得下工夫，是不是？其實在〈蹇卦〉的時候就已經告訴我們，要為下面的〈解〉做準備了。〈蹇卦．大象傳〉怎麼說？「山上有水，君子以反身修德。」是不是要回家去反身修德，然後就能「赦過宥罪」？就這麼一個過程。是真的要回家，看看〈家人卦〉跟〈蹇卦〉〈解卦〉是什麼關係？我們不是學了錯卦嗎？〈家人〉〈睽〉〈蹇〉〈解〉是什麼關係？〈解卦〉是不是回家了？〈解卦〉的錯卦不就是〈家人〉嗎？〈家人〉〈睽〉，離開家了，〈蹇〉，誰都動不了，〈解〉，又回家了。〈家人〉〈睽〉〈蹇〉〈解〉四個卦，不但在正常的卦序中是相錯綜的，〈睽〉錯卦六爻全變，馬上就變〈蹇〉；眼睛一旦出問題，就走不動了；想法有問題，行動便出差錯。從〈睽〉變〈蹇〉，是六十四卦卦序中唯一相鄰兩個卦同時又是相錯的，而且是雙數卦跟單數卦相錯。一般都是單數在前，雙數在後的相錯關係，所以要特別留心它到底在講什麼？然後再翻翻〈雜卦傳〉，這四個卦還是擺在一起，這就叫輪迴。要知道〈雜卦傳〉是把卦序通通打散重組的，但〈家人〉〈睽〉〈蹇〉〈解〉四個卦還是連在一起，即使是〈雜卦傳〉也沒法打散其密切關係。

問：〈家人卦〉的上爻？

劉老師：〈家人卦〉的上爻就是「家道窮必乖」，所以會變成〈睽〉。但是〈家人卦〉上爻的爻辭就是怕出問題，提醒我們趕快調整，所以是「有孚威如，終吉」，「威如之吉，反身之謂也。」也就是說，如果不做「反身」的調整，當然就會變成〈睽〉，因為家道窮，必乖。整個〈家人卦〉只有上爻是唯一不正的爻，其他爻都正，調整之後就全正了。

所以〈大畜卦〉才會教我們放開，要「不家食吉」。然後也有〈損〉極轉〈益〉的〈損卦〉上爻，稱「得臣無家」，因為家裡要是沒處理好，不就變成拘束人的桎梏「枷」了嗎？

顯教雖然好，但是難修成，所以密教就另闢蹊徑。這當然不能一概而論，只是就一般來講，末法時期，鬥爭堅固，如果是依顯教來修，不論修禪、修淨，或者禪淨雙修，大致說來就是山天〈大畜〉的初爻跟三爻動，這是〈蒙卦〉的象；外阻內險，前途茫茫，不知何去何從，如果缺乏真正大智慧、大善知識的引導啟蒙，可能真的很難修成。

〈大畜卦〉是「不家食吉」，《易經》在這個脈絡下可以呼應出家的概念。「不家食吉」要我們不能老待在家裡，要出門吃四方。在《易經》儒教、儒學的思想脈絡裡，也可以明顯看到治國平天下的抱負。從〈復卦〉的天地之心到〈無妄卦〉的格致誠正，然後就是修齊治平的〈大畜〉；能夠內外兼修，就可以「何天之衢，道大行也」、「畜極則通」。所以，《中庸》可說就是〈無妄卦〉，《大學》就是〈大畜卦〉，如何由內而外，由下而上，這裡面是有步驟的。〈大畜卦〉首先必須有內卦〈乾〉的勇猛精進、自強不息，才能去攀登外卦〈艮〉止欲修行這座高山，最後到達頂峰。〈艮卦〉的「敦艮吉，以厚終」，爻變為〈謙〉也是一樣，要修到絕頂，超越業障，絕不容易；如果包袱太重，不敢邁步，還有些東西不願割捨，怎麼承擔大任「何天之衢」？

〈大畜卦〉是健行遇阻，跟〈需卦〉的利涉大川是健行遇險，有什麼異同呢？水天〈需〉跟山天〈大畜〉是不是只差兩個爻？前面四個爻完全一樣，重點不是差兩個爻，內卦同樣都是天行健的金剛，可是〈大畜〉要突破障礙，〈需卦〉要涉大川、渡彼岸，面臨的是坎險，而用的法寶都是

〈乾〉。各位比對一下，這兩個多像！一步一步的，「需于郊」，「需于沙」，「需于泥」，「需于血」，「需于酒食，不速之客三人來」。〈大畜卦〉初爻是「有厲利己」，「不犯災」，不要去冒險犯難，跟〈需卦〉初爻的「需于郊，利用恒，無咎。」「不犯難行也」，幾乎完全一樣。因為才初學乍練，面對那麼大的險阻，又跋山又涉水的，怎麼過得了呢？慢慢來吧，先好好修基本功。到了第二爻，「需于沙，小有言，終吉。」〈大畜卦〉這個爻就是「輿脫輻」了。第三爻是「需于泥，致寇至」，出問題了；〈大畜卦〉第三爻修得不錯，成為千里馬了，自己也有點企圖心，可以弘法利生、下山行道了是不是？；《易經》馬上打一棒子，早呢！「利艱貞」，還得苦修苦練；「日閑輿衛」，日課要更嫻熟，不然是邁不過門檻的。下山弘法利生，開創事業，面臨芸芸眾生，錯綜複雜，好多妖魔鬼怪的挑戰，一定要熟習一套攻防技巧；怎麼衛，怎麼防備？「日閑輿衛」，每天都得練；苟日新，日日新，又日新，千里馬尚且要這樣下工夫，才能「利有攸往」，因為志不在小。期望經過四爻、五爻，由內而外，由下而上，最後能「何天之衢，道大行」，「畜極則通泰」，修到究竟。既然如此，絕對不可以生出傲慢心，自滿自足，那就完蛋了，一下山就去送死。耶穌見徒弟想下山弘道，提醒他們要「純樸如鴿」，還要「狡猾如蛇」，因為和平鴿到了蛇鼠窩裡很快就死了，所以要「日閑輿衛」，再精進、再好好學習。〈大畜卦〉第三爻跟〈需卦〉的「致寇至」比比看，會有很深的啟發！下面我們就不要一個一個講了，這個爻爻變不是〈損卦〉嗎？自以為幹得不錯了，他提醒要「懲忿窒欲」，「為道日損」，還得「損之又損」。不然老師父絕不放你下山去丟臉！這跟〈乾卦〉第三爻的「君子終日乾乾」還真像！

回到我們的問題，顯教在末法時期的修行，很多還是在〈大畜卦〉第三爻這個地方修，多少人辛辛苦苦就只能修到這裡，上卦動都沒動，真的是還早呢！確實難。如果再往上修，還要有好的緣法。原先是有人帶領在內修，現在要走出去跟群眾接觸，開始帶別人了，四爻五爻是君相的高位，自修的時候怎麼吹牛都可以，什麼經典理論都熟，出去就真能做事，真能帶人嗎？第四爻那個帶人的位置稱「童牛之牿，元吉」，上卦的〈艮〉不是提醒「止欲修行」嗎？四爻「童牛之牿」、五爻「豶豕之牙」，都是在「止」上修煉。童牛的角可不能隨便長，一定要很早就設定規範。「有喜也」，這樣病才能好。到了第五爻就更高了，那是〈大畜〉的君位，「豶豕之牙」，還把豬給閹了，可是「吉」，對大家都好。如果領導人能夠自淨其意，自淨其身，根本就斷了煩惱根，就可以專心為大家謀福利，後面的「何天之衢，道大行」才有可能實現。這樣看還真是驚心動魄，成就領袖人物，還得修葵花寶典。這個爻爻變就是密雲不雨的〈小畜卦〉，密雲不雨懂嗎？他已經不能幹嘛了，但他心裡還是悶的，那就選擇〈大畜〉，為千千萬萬人服務，「不家食吉」，就不能顧全自身的需求了。這樣看這個爻還挺可怕的。

我們就來講講第五爻吧！〈需卦〉的內卦是「德行恒易以知險」的〈乾〉；上卦的〈坎〉是險。「德行恒簡以知阻」倒不是〈大畜〉，而是〈剝卦〉，因為內卦為〈坤〉。「易簡而知天下之險阻」，就是水天〈需〉跟山地〈剝〉。一個內卦是〈乾〉，有「易」的本能；一個內卦是〈坤〉，有「簡」的本能。面對險阻要怎麼化解？當然是通通用「乾以易知」去面對。照這樣看，我們說〈大畜卦〉跟出家有關，出家就得守戒律，不能亂來，所以〈大畜卦〉要「利貞」，先得三規五戒，然後不家食吉；大丈夫要出家了，利涉大川，不僅要渡彼岸，還要協助眾生渡彼岸。上卦三個爻都不只是自己渡彼岸，還要帶著眾人渡彼岸，所以有高規格的要求；「童牛之牿」，「豶豕之牙」，都是通過〈艮卦〉的止欲修行，到最後才能「何天之衢」，承擔大任。《金剛經》裡頭就有一個很美的名詞，叫「荷擔如來」，正同「何天之衢」，覺行圓滿弘法利生。

既然出家是〈大畜〉的「利貞，不家食吉，利涉大川」，為什麼密教是〈解〉，顯教是〈大畜〉呢？顯教是〈大畜〉還真有道理，你看要讀多少東西、修多少東西啊？真不簡單！還有戒律，不然沒辦法領導人。〈大畜〉前面是〈無妄〉，再前是〈復〉，剛才講過了。所有的關口都通過，才能進入淨土，所以下面是生死關〈頤卦〉、〈大過卦〉，〈坎卦〉、〈離卦〉，天堂地獄。所以從第二十四卦〈復卦〉到最後一卦〈離卦〉，剛好七個卦。七卦來復，都是身心靈高度修煉的境界，尤其到了〈離卦〉，是「大人以繼明照于四方」，完全擺脫〈頤卦〉和〈大過卦〉的生死執著障礙了，可以自由來去。在〈大畜〉的階段，〈大象傳〉稱：「君子以多識前言往行，以畜其德。」除了博學多聞，包括佛經的理論以及修行方式，都得「識」；還得「以畜其德」，融會貫通，通通轉化成自己的東西，不能是口頭禪，那多難！「多識」，就是佛家唯識的「識」。我們不是說阿賴耶識是空的嗎？五蘊皆空，色受想行識，識蘊當然也是空的。為了方便，只好說這裡有什麼、那裡有什麼，如果把那些東西都執著成「識」，就糟糕了！

「一切經典皆婉轉歸於自己」，就是〈大畜〉。一切經典，好大的氣度！可那是經典，如果沒有修習，跟我們有什麼關係？所以要經過一個「婉轉」的過程，絕不簡單，那是身心鍛煉的工夫，融會貫通後才能歸於自己，就叫「以畜其德」。末法時期煩惱多，修行很難，所以《易經》才有憂患九卦，看看這九卦要怎麼修？一般人在末世，〈履〉、〈謙〉、〈復〉、〈恒〉、〈損〉、〈益〉、〈困〉、〈井〉、〈巽〉，這九卦一個都做不到。〈履〉德之基，〈謙〉德之柄，〈復〉

德之本，哪一個容易？〈大畜〉在《易經》和儒家的思想脈絡裡，是治國平天下。在佛典的脈絡中，如果有出家的象，是利益眾生。山天〈大畜〉上下對調的交卦是天山〈遯〉，也是出家的象。我們研究《易經》，就要從一個卦的錯、綜、交、互、變，窮盡一切可能把它搞清楚。山天〈大畜〉，上下一轉就是天山〈遯〉，正是典型的出家。天下有山，天下名山僧占全，名山哪裡沒有廟？當然也有很多道觀。〈遯〉是夏安居的月份，陰曆六、七月，不是得放暑假嗎？到山上去夏令營打禪七、禪三。「遯世無悶」，就說得很明確了。所以天山〈遯〉跟山天〈大畜〉都有出家的象。出家當然有想法，但這兩種出家的想法並不相同，〈大畜〉是要荷擔如來，〈遯〉可能只是為了逃避失戀或婚姻不幸，最後還「肥遯無不利」。馬英九就是〈遯卦〉，他剛好是巨蟹座，有政治潔癖，如果他是君子，跟小人就很難相處，不然就決裂。〈遯卦〉卻教我們不能這樣，「天下有山，遯，君子以遠小人，不惡而嚴。」要「遠小人」，還得「不惡而嚴」，這就難了，馬先生要修到這一步不容易，他這種性格，在任內會發生一些事，一點也不奇怪。這也是一種歷練，因為〈遯卦〉的錯卦是地澤〈臨〉，脫胎換骨之後君臨天下，「容保民無疆」。但他卻是〈遯〉的個性，充滿了矛盾與衝突，所以處理不好君子跟小人，也處理不好各地方的樁腳，以及立法委員，所以一下就瘦了十幾公斤，卸任之後才慢慢胖回來。

理論容易，做到不容易，孟嘗君可以，馬英九不行，當然很辛苦。孟嘗君雞鳴狗盜都養，還可以用來救命。馬英九身邊絕不會有雞鳴狗盜，他都要養博士。博士就有點麻煩，幾乎都適應不良，一到立法院，真的是〈噬嗑〉，簡直就是小白兔遇到狼。所以還是需要有點流氓氣的，你們那個學長蘇起不也是學者博士嗎？他哪像情報頭子，還不是被盯著修理？

我們就用《易經》去串，幫大家複習。當然你們原先修什麼就照修，修密也好，修顯也好，不必受影響。我也跟大家承認了，老師的佛緣特淺，但是《易》緣特深。我自己都不知道是怎麼回事，為什麼還有無限開拓的空間。如果你們要弘揚《易》法，昨天我們就拋出題目了，將來設計一個打《易》七。如果嫌時間太長，就打《易》兩，像我們研習營就打《易》兩。只是自伏羲以來，沒有人打《易》七的，其實《易經》應該打《易》七，因為七日來復，這是我們的招牌卦。「先王以至日閉關」，不是閉關修行嗎？「先甲後甲」，「先庚後庚」，「已日乃革」，不是七天嗎？但是要怎麼規劃，一定要符合《易》道的精神，也可以把手機關掉、電腦關掉，打坐看自己有多少妄想，然後站起來走一走。我也參加過一次印度的禪修，頂多能待一天，一日心為恒，沒法待久，因為我實在沒法像他們那麼投入，我純粹是因為同學招待，費用應該是三五千美金起跳。我去了，一方面酬報學生的好意，也見識見識，其實那是我最忙的時候，兩個月趕出六萬字的論文，書還在寫，事情還在做，那寶貴的一天，是在我趕得要命的時候，還是下了很大的決心去的。第二天、第三天就絕對不能去了，只好派師母去，師母是佛弟子，又在佛教學校服務，我當然鼓勵她去。

還有件事也要稍微處理一下。有位同學發心吃素，他就問吃素到底究竟不究竟？答案是不變的〈升卦〉。從卦序來看，〈姤〉〈萃〉〈升〉，隨緣就好。再問：吃素有什麼好處呢？跟養生很有關係，就是〈豫卦〉第五爻：「貞疾，恒不死」；因為吃素，所有的疾，就算帶病都能延年。「中未亡也」，中氣還很足呢！這個爻爻變是〈萃〉。這一爻在養生上是很有意義的。再來我又問，吃葷會不會妨害修行？說有可能，但還是因人而定。〈未濟〉，「征凶」，可是「利涉大川」，這絕妙。爻變是〈鼎〉，〈鼎〉不就是肉鍋嗎？吃葷，有時候就昏了，所以〈未濟〉征凶。像老師吃葷就「利涉大川」，還抱著肉鍋子放開了吃，那叫〈鼎〉，這很有意思。

下面還有兩個問題，一是問從釋迦牟尼佛以後，假定不戒葷能不能成佛？覆巢之下無完卵，〈旅卦〉第六爻：「旅人先笑後號咷，喪牛于易。」損失慘重，成佛不必想了。老師不甘心，再問：退而求其次，成菩薩可不可以？有可能成菩薩，因為就是不變的〈節卦〉。照這樣發展下去，不知道過幾世幾劫，你們就看到吃素的同學成佛了，吃葷的老師成菩薩，我還要伺候他，當他的助教。

契入金剛法門

接下來我們先看《楞嚴經》第一卷，阿難憬悟前非之後跟佛表態的一段話。在熊至誠編印的《金剛經淺釋》裡，他把這段話當作是進入金剛法門的導引，很有深意。

「阿難白佛言」。這是《楞嚴經》上的，擺在最前面，作為一個楔子，為調伏其心作準備。阿難過去有很多煩惱、疑惑，突然得到頓解，他很感動，就站起來跟佛祖說：「自我從佛，發心出家……。」出家是要發心的。阿難跟佛是堂兄弟，有佛加持，覺得一定會比較佔便宜，所以就有些不成熟的想法，他說：「自我從佛，發心出家，恃佛威神。」仗恃著佛的威跟神。佛有威，這個威不是靠武力，而是自然的威儀；還有神，陰陽不測之謂神。「恃」就是仗恃，因為跟佛有親戚關係，佛不照顧我，誰照顧我？不管是要成佛還是要修道，都應該可以佔些便宜，等於保障名額。我們先講「威」。《易經》有哪幾個爻特別強調「威」？〈家人卦〉上爻「有孚，威如，終吉。」爻變是〈既濟〉。這個「威如」跟「有孚」有關。〈家人〉上爻，要防止往〈睽〉滑動，一定要有「威」。還有〈大有卦〉第五爻也有「威」，稱「厥孚交如，威如，吉。」這個「威如」不是靠〈同人卦〉的「大師克相遇」，而是靠著「易而無備」的威儀，並沒有武備。佛也沒有聘保鏢，但他那種威，佛經裡面歌頌佛的威儀，行住坐臥，有三十二相。

佛有威，還有神，「陰陽不測之謂神」，「神無方而易無體」……。〈繫辭傳〉講「神」講得可多了，也講得很高。孟子也說，神比聖的境界還高：「聖而不可知之之謂神。」窮神知化德之盛，那叫神；陰陽不測，沒有固定方所，也沒有一定的應世法門，那叫「神」。所以他不會有時空的種種拘礙，「神無方而易無體」，「無定在，無所不在」，也沒有固定的形體，若執著去找，當然找不到，用「豐其屋」來供養，就沒有了。怎麼辦？這裡我們只提一個底，以前講〈渙卦〉的時候提過，既然要以《易》通佛，就要特別重視這個卦，「渙王居」，「神無方而易無體」。要去找王、找佛住在哪裡，「渙王居」，他住在每一個人的心裡，盡虛空、遍法界都有，所以一念觀音，觀音就來了，他坐什麼交通工具可以同時去那麼多地方？因為眾生自己裡面就有觀音，碰到災難一逼，慈悲心就被喚醒了，這是「渙王居」。「渙王居」是〈渙卦〉的君位，「渙汗其大號，渙王居無咎」。從下面往上看真是不得了，匪夷所思，真有本尊跟分身，化身億萬；「渙其群，元吉，渙有丘」，然後「匪夷所思」。這是〈渙卦〉第四爻，再進一步就「神無方，易無體」了，這就是「渙王居」。〈渙卦〉裡面也有不少內容跟《金剛經》的主軸是一樣的，無我相，是第三爻「渙其躬」，我執化掉了。第四爻再進一步「渙其群」，無人相。「渙有丘」，眾生相也沒有了；等到「渙王居，匪夷所思」，時空相（壽者相）都沒有了。四相通通化掉了，這是〈渙卦〉。我們講〈艮卦〉的止欲修行，不是也有無我相，無人相，無眾生相，無壽者相？它的卦辭就直接告訴我們，「艮」的結果會是什麼？「艮其背，不獲其身」，身相沒有了；「行其庭」，跟群眾接觸，「不見其人」，是不是「無我相，無人相」？〈艮卦〉是《法華》成佛的法門，〈艮卦〉在《易經》卦序排在第五十二，〈渙卦〉排第五十九，〈渙卦〉再下一卦就是〈節卦〉第六十，氣數就滿了。

〈渙卦〉的功夫，在《易經》裡面比〈艮卦〉的功夫還要精深得多，化解的方式也不一樣，你看〈艮卦〉是用什麼方式？〈渙卦〉是用什麼方式？而且〈渙卦〉講「渙王居」，真正是「神無方」，是一種純粹精神性的存在，沒有物質、軀殼的束縛。〈萃卦〉就不是。「萃」是聚，「渙」是散，所以盡虛空、遍法界是「渙」。「萃」得聚在一起，我們就是「萃」，精氣聚在一起就活著，「精氣為物」，但不會太久，到最後就「遊魂為變」，不就「渙」了、散了嗎？「精氣為物，遊魂為變」，一聚一散，這是宇宙常理，聚散無常，因緣相聚則姤萃。那「萃」裡面有什麼？是不是有精神，有物質，有軀殼，有心智？「王假有廟」，當然還是心靈掛帥，可是後面必須「用大牲吉」，是不是要有物質供養？這樣才能「萃」。就像〈鼎卦〉的肉鍋不也是軟體硬體都有嗎？還得「大亨以養聖賢」。先軟體後硬體都得有，才能成「萃」跟「鼎」的事業。可是「渙」是純精神的，〈渙卦〉也是利涉大川，但沒有用大牲。〈渙卦〉就說「王假有廟」，精神的絕對有；然後「利貞」。什麼「利貞」？利涉大川，一樣渡彼岸，但不必用大牲。這是〈渙卦〉不一樣的地方。

佛教不是講布施嗎？財布施是層次最低的，在《金剛經》當中一直貶抑財施，告訴你法施最重要。一般人都會執著，我捐了錢，就是什麼什麼榮譽理事；捐一百萬，就能買到什麼什麼東西？那就是對財施太執著了。在〈萃卦〉跟〈鼎卦〉裡頭就需要財施，而且是必要的一部分，但是在法施之後。可是〈渙卦〉有沒有大牲一點都不重要。〈渙卦〉的另一面就是〈節卦〉，這個我們提一下。

阿難說：「自我從佛，發心出家，恃佛威神」。佛有威神，阿難就認為他有靠山了。「常自思惟」，這個小阿難也會自作聰明，童觀、闚觀；「無勞我修」，我跟佛關係深厚，你們要苦修，我何必苦修呢？「將謂如來惠我三昧」，他自己就認為，如來當然會照顧我。「不知……」，後來發現這個想法太幼稚了，佛怎麼會專門照顧呢？有這個想法，他就完了。頤卦稱「舍爾靈龜，觀我朵頤」，「亦不足貴也」，要「自求口實」才行是不是？頤養的大原則都搞錯了，還修什麼呢？照講六爻這個靠山，「由頤」，立即「利涉大川」，他不照顧三爻照顧誰？不是相應與嗎？結果三爻的下場最凶：「拂頤，貞凶。」「十年勿用，道大悖。」這就是恃佛威神的結果。佛如果私心專門照顧你，不照顧別人，他還叫佛嗎？甚至他還要特別避嫌呢！「無勞我修，將謂如來惠我三昧，不知身心本不相代。」人的身心怎麼可以互相替代呢？個人的修是個人的事，佛修的跟我們有什麼關係？不能我替你、你替我，夫妻、親子都是愛莫能助，沒辦法替代。「失我本心」，想法錯了，當然就離開本心了；「雖身出家」，雖然我出家變成阿難了，但是「心不入道」，心根本就沒入門。「譬如窮子，捨父逃逝。」窮人家的小孩，逃家去流浪，因為一直在「迷復」，現在曉得要回家了。「今日聽佛的道理之後，「今日乃知，雖有多聞，若不修行，與不聞等。」阿難就是多聞第一，雖有多聞之名，什麼名校博士，如果完全不修，那又何必繳那麼多學費，修到哈佛畢業呢？「如人說食，終不能飽。」吃飯要吃飽，也得自己去吃，如人飲水，冷暖自知。這個道理在《論語》中孔老夫子也有類似的說法。他說：「誦詩三百，授之以政，不達；使於四方，不能專對；雖多，亦奚以為？」《詩經》三百篇全部都會背了，可是內政辦得一塌糊塗；做外交也做不好，不是書呆子嗎？「雖多，亦奚以為」，背那麼多書有什麼用呢？

這段話雖然是《楞嚴經》裡面的東西，但熊至誠老先生認為值得把它收錄在《金剛經》前面，當作是進入金剛法門之前的導引。這一段讀完，我們就可以進入《金剛經》了。

易解金剛經

「如是我聞」揭開序幕

我們開始看《金剛經》吧！最前面的〈開經偈〉大家都知道是武則天的手筆。「無上甚深微妙法，百千萬劫難遭遇」，這不是天風〈姤〉嗎？「我今見聞」，誦詩三百沒有用，「見聞」之後一定要「受持」。「持」，就要修、要落實，不然多聞是沒有用的；「若不修行與不聞等」，所以要「解如來真實義」，還真不容易，〈中孚〉之後還要〈小過〉，才得〈既濟〉，絕沒有背幾句經就成佛的。前面也講了，《金剛經》是「剛健中正純粹精」，這是核心的核心，它可以幫你斷一切惑。這跟《易經》的〈彖傳〉是天下第一傳一樣，「彖」就是「斷」的意思，「彖」是傳說中的一種野獸，牙齒很利，所以用牠來象徵當機立斷。把整個卦爻的結構分析完，做出最好的判斷，就是〈彖傳〉。它跟〈大象傳〉、〈小象傳〉的風格不同。大象雖然體積龐大，但個性平和、溫馴，是素食者，所以〈大象傳〉講的都很雍容，教你怎麼修德，怎麼在逆境之中包容因應。通篇都是「君子以」、「先王以」、「上以」、「后以」、「大人以」，什麼境界都可以修行。彖就不是了，所以〈彖傳〉很多是教我們怎麼突破萬難、怎麼成功，在錯綜複雜的卦爻結構中怎麼當機立斷，該斷就斷，不斷則亂，是斬釘截鐵的。

《金剛》能斷一切惑，而我們難斷的東西太多了。般若是指佛家的妙智慧，跟一般的世俗智慧不一樣。這個名詞確實是不要翻譯比較好，也沒法翻。般若波羅蜜，大智慧渡彼岸，涉大川，〈既濟〉〈未濟〉的「濟」，慈濟、道濟的「濟」，但慈濟是慈濟的概念，道濟是《易經．繫辭傳》的概念，「知周乎萬物而道濟天下」。「濟」就是齊水而過，不會滅頂。管它什麼水，我都能過，表示能夠成功渡彼岸。「未濟，征凶，利涉大川」。不戒葷有沒有前途？抱著一個〈鼎〉的肉桶，心齋坐忘，不在乎口齋，那是「酒肉穿腸過，我佛在心頭」。等到〈未濟〉最後一爻：「有孚於飲酒」，是抱著一個酒桶。《易經》這些象的酒肉人生，很有意思！

《金剛》要大掃除，凡所有相皆是虛妄，《易經》偏偏搞這麼多象，會不會有衝突？《易經．繫辭》上傳最後一章說：「書不盡言，言不盡意，然則聖人之意，其不可見乎？」「聖人立象以盡意」，「象」是立的；「設卦」，那是假設的。「設卦以盡情偽，繫辭焉以盡其言」，是不是？然後呢？「變而通之以盡利」，那是指行動的境界，才談得上變通，通變之謂事；然後還是群體行動，不是一個人行動，「鼓之舞之以盡神」。不是要得意忘象，得象忘言嗎？誰叫我們去執著那個象？怎麼會衝突呢？

好，那就開始了，首先是〈法會因由分第一〉：

如是我聞，一時，佛在舍衛國祇樹給孤獨園，與大比丘眾千二百五十人俱。爾時，世尊食時，著衣持缽，入舍衛大城乞食。於其城中，次第乞已，還至本處。飯食訖，收衣缽，洗足已，敷座而坐。

「如是我聞」，以前講佛經的，這一句就可以講幾個月。這跟學《尚書》一開始就講「曰若稽古」一樣。在東漢鄭玄的時代，因為在秦始皇焚書之後，《尚書》遭劫嚴重，後來漢武帝獨尊儒術，一直到東漢，道家也壓下去了，佛教還沒正式進來，講儒家經典很受重視。鄭玄不只有千二百五十常隨眾，他一開講，經生就有兩三萬人，束脩收不完。「曰若稽古」這四個字就可以一連講幾個月，寫文章談「曰若稽古」，一寫就是十數萬言，就像現在很多學術論文一樣，寫了半天不知道在講什麼。「曰若稽古」的「曰」也有寫成「粵」的。這是尚書開章，就像佛經一開章就是「如是我聞」。因為堯舜的時代太遙遠了，一定要提出考古查證，要不然誰會相信呢？所以「曰若稽古帝堯」、「曰若稽古帝舜」，就是告訴我們是有憑有據的。就像阿難為了取信於人，也要經得起同儕和後世人不斷的嚴格檢驗，所以每部佛經一開頭就講：「如是我聞。」表示他是真的聽過佛講，不是偽造的，也沒有摻雜自己的想法。

「曰若稽古」的「曰若」是發語詞，四千多年前的事情，沒錄音，沒錄影，怎麼知道堯舜那個時候幹什麼，而且還有對話呢！當然要慎重其事、認真考實，所以光是「曰若稽古」就可以講很久。「如是我聞」就是「我聞如是」的倒裝句。「聞」不是只用耳根聽，從這個耳朵進來，那個耳朵出去，就是口耳之學了。而且那個時候沒有錄音錄影設備，也沒有紙筆，書寫工具絕對不像我們現在這麼方便，可是四書五經也傳下來了，佛經也傳下來了，所以那時候的人是很花工夫、很認真的。等到佛涅槃之後佛經集結時，還得召集同門師兄弟，大家討論討論，最後才有一部部佛經出現。據說老佛在世時就交代過阿難，因為他多聞，將來寫經書，怕人家不信，就寫「如是我聞」四個字，就好像蓋了一個認證章。佛經要闡述那麼深奧的哲理，文學性又很高，譯筆很美，負責漢譯佛經的大德，漢學的底子確實很好，很不簡單。「聞」是「知」的境界，不只是「聽」的境界。我們看新聞、聽到傳聞，那只是聽，但是這裡的「聞」是聽了之後悟了、懂了，所以佛教講「聞思修」。「聞一知二」，這是子貢的本事，所以他一定精通錯綜的關係，看到這個卦，馬上知道另外一個卦，舉一反三。顏回更厲害，聞一知十，錯綜交互變都會了，觸類旁通，這是好學生。我們的學生只能聞一知半，還有一半要老師提，這就很辛苦。另外，社會上不是有很多聞人嗎，諸葛亮說什麼？「苟全性命於亂世，不求聞達於諸侯。」「聞」是有名望，大家都知道；「達」是通達。

兩千五百年前沒有錄音錄影，連記筆記都很麻煩。千二百五十人俱，那麼多學生，假設每個人都記筆記，或者有的記、有的不記，最後大家聚集討論，能夠完全百分之百復原嗎？佛當時講的每一個字都會一樣嗎？是不是很難？所以最後的定稿，一定要經過切磋討論勘訂，但絕對不會每一個字都完全對。因為真懂了之後，道理就活了，道可道非常道，文字不必拘泥，但是，我聞如是，絕對都把佛的意思講出來了。

佛教講真如，講如如不動，「如」的境界可不得了。《易經》也常用「如」，「屯如邅如，乘馬班如。」「突如其來如，焚如，死如，棄如。」「賁如皤如，白馬翰如。」……，雖然不像佛教的「如」有「究竟」的意思，但《易經》的「如」特別美，也叫我們不要執著，不一定很精確，或一定是什麼樣子，它只是一個象，而且這個象最後會不會落實，還看我們怎麼應對？君子就吉，小人就凶。佛教的「如」就涉及到本體了，如法不如法，不能亂講的。然後「是」也不得了，「日正為是」，真理的基準，大是大非，都有究竟。〈未濟卦〉第五爻就顯現了那個境界，「君子之光，有孚，吉。」太陽的中心，已經遠離坎水了，所以爻辭才那麼雍容、那麼究竟，因為那就是「是」的境界，日正當中，還發光，像天堂，像極樂世界。然後「君子之光，其暉吉也。」可是日正當中能有多久？馬上就太陽西斜，變成〈未濟〉最後一爻，抱著一個大酒桶，最後「有孚失是」，因為飲酒濡首，「亦不知節也」。《易經》最後一爻講的不就是「是」嗎？這個東西好容易有了，但無法常保，所以又引起沒完沒了的因果循環。《易經》從「是」談到「是」。〈文言傳〉就告訴我們，〈乾卦〉第一爻「潛龍勿用」，在開天闢地的時候，「是」所象徵的真理、自性就已經存在了，只是它隱藏不顯，必須加緊用功，把它挖掘出來，讓它「見龍在田」。所以「見龍」是從「潛龍」來的，「不見是而無悶」。什麼時候才能讓「潛龍勿用」的「是」變成「見龍在田」的「是」，讓它發光呢？如果〈乾卦〉第二爻「見龍在田，利見大人」爻變，下卦就變成〈離卦〉了，整個六劃卦變成天火〈同人〉，那個「是」就顯現出來了。而且〈同人〉〈大有〉，真理是人人所共有的，那是「見龍」；原先沒有開發出來，那個潛藏的自性、真理，就是「潛龍」的狀態。

〈乾卦〉的「潛龍勿用」爻變，下卦就是〈巽卦〉，〈巽〉無形，是「申命行事」，當然看不見了。「不見世而無悶」，要怎麼才能開發出來呢？是不是要有緣法、要有機緣？〈乾卦〉初爻爻變，六劃卦變成天風〈姤〉，不是要有機緣嗎？要「有隕自天」，「姤之時義大矣哉」；不然「潛」的東西永遠是「潛」，無法「見」。一旦「見」了，就像六祖歡欣鼓舞：「何期自性，能生萬法。」因為他的「潛」已經「見」了，我們的「潛」還在「潛」，沒有「見」。所以《易經》的「是」是貫徹終始的，真理只是看得見或看不見，絕對不會沒有。「道不可須臾離，可離非道也。」沒有碰到、沒有看到，不代表它不存在。

「如是我聞」的「是」，意義是很深的。如是如是，實事求是，開國是會議，開完了全部歸檔，大家又各行其是。「是」並不容易。

「我」呢？「童蒙求我」的「我」，這個是真我，不只是阿難的肉身，「觀我生」的「我」，也是「觀民」、大我小我真我，不是我執我障的假我。〈蒙卦〉啟蒙不是要找到真我嗎？佛教「常樂我淨」的「真我」，不是我執的假我。「如是我聞」，為什麼佛經能夠永恆？因為每個人內在都有真我，只是在「潛龍」狀態，所以要應機、要心心相印，各方面都對了，還得真心去求；「童蒙求我」，真我迷失了，如果不求，它不會自己實現。所以是「童蒙求我，非我求童蒙」。「初筮告，再三瀆，瀆則不告，利貞。」就是那個「我」。

正因為我們還在「蒙」，所以「如是我聞」，接觸佛經或參加法會，就是要挖掘那個還沒出來的「我」。假定有些人已經開發出來，那個「我」能不能把我們也引導出來？能不能心心相印？「志應」也，我心跟佛心、道心、跟金剛心相應，它才能啟發出來。所以《金剛經》就講，當我們在「蒙」的時候，真我尚未彰顯，真的苦死了，像罪人一樣，身上背了很多桎梏。所以〈蒙卦〉第一爻就要我們「用說桎梏」，還得「利用刑人」。所以有個目標、典範很重要。第二爻就藉著「包蒙，納婦，子克家」把它挖出來，再不然就用「擊蒙」，當頭棒喝，把它打出來，然後第五爻就得「童蒙」去求。要是第四爻「困蒙」，我們的「獨」就「遠實」了，它出不來。到第三爻，那就糟糕了，「見金夫」就「不有躬」，看到錢、被美女所迷，缺乏反躬自省的能力。所以要求把丟掉的東西找回來。但《金剛經》說，人都會執著、著相，如果「以色見我，以音聲求我」——要求的是真我、如來、自性——以色相、音聲是求不到真我的，所以「世人行邪道，不能見如來」。「如是我聞」，四個字就揭開了金剛法門的序幕，每一個字都有千鈞之重。然後「一時」要怎麼翻譯？這不是歷史上某一個特定時間，它是永恆的，這個「一」就是「道生一」的「一」、「萬法歸一」的「一」，「王侯得一以為天下貞」的「一」，是任何時間，沒有說固定哪一個時間。印度人本來也不習慣記事，也沒說是哪一個王，那時候小國林立，是西元前的哪一年也不知道，佛誕也沒有精確的歷史記錄，所以就說「一時」。我們現在其實也是一時知道嗎？「如是我聞，一時……」；如果別的地方在講，那邊也是「一時」，可以很多地方同時都是「一時」。這就是「湙王居」的概念，沒有固定的時間，也不是一個歷史事件，而是一個具有永恆意義的法會，會一直在講，遍虛空、盡法界，千年萬年，這就叫「一時」。所以這個機緣十分難得，何況剛好佛在，又是「姤」，有隕自天，而且是聚眾，千二百五十人俱，大比丘眾，算是將官班，大概至少羅漢以上的資格。如果真的「萃」，用心聽法，大家的境界通通提升，每一個都往上升格。

「一時，佛在舍衛國」，舍衛國應該在北印度偏西邊，這倒是有歷史可考的。「舍衛國祇樹給孤獨園」，給孤獨是一個長者，因為樂善好施，專門賑濟鰥寡孤獨廢疾者，時間久了，人家就叫他「給孤獨」。總會有些人要財施，有錢出錢，有力出力，然後跟政治勢力也有結合。最後這個園子就變成釋迦牟尼二十幾年的道場了。在舍衛國的祇樹給孤獨園，「與大比丘眾」，這就不是一般的凡夫俗子了，是受過比丘戒的比丘。比丘是翻譯詞，原意是要乞食、化緣的，上要乞求佛法，自求口食，下要眾生供養，因為他不能花太多時間去謀食，要全心全力去謀道，這就發展出幾千年來托缽化緣，需要眾生供養的傳統。千二百五十人俱，大家都在場。這裏講的東西都很平易，不像《法華經》或其他佛教經典，動不動就有無量神通，天上下蓮花，六種震動，大光明……等等。《金剛經》從頭讀到尾談的就是一般常民生活，也要吃飯，化緣，洗腳，打坐，謀食完了要謀道。我們看到佛講經也要吃飽飯，要帶著大家去化緣，到城裡遛一圈再回到給孤獨園。所以這是《金剛經》難得之處，等於《易經．繫辭傳》第一章，他沒有神通，最大的法完全用在日常生活之中，平常心就是道，挑柴打水都一樣。佛領著大家這麼辦，沒有炫耀神通，易簡而天下之理得矣。所以用《金剛經》和易簡的標準，去看那些炫耀神通的，就知道那絕非高境界，甚至是魔道；要是受到神通的迷惑，那就完蛋了。修道絕不是為了神通，神通算什麼！《金剛經》很平易，而且很從容！「世尊」，為世所尊，就是指佛。中國道家叫什麼「元始天尊」，就是受到他們的影響。

「爾時，世尊食時，著衣持缽，入舍衛國。」不是要到城中去嗎？因為給孤獨園大概就像雍正奶媽的園邸一樣在城郊外，要進到城裡才討得到飯。「於其城中，次第乞已。」僧團是有序的，而且也隨緣。「乞已」，大家都要到了，「還至本處」。這不是〈復卦〉嗎？回到道場，就像是回到心靈的故鄉。「復，德之本也」，流浪到紅塵十丈的城裡，還要跟人家討飯，我們現在在外面工作，不就是為衣食奔波，跟老闆討飯嗎？「次第乞已」，謀食完了，然後謀道，回到本處。這都不要著相，不必一定要去考古研究到底是回到哪個園子，他就是「回到本處」。繞了一圈，不就是「復」嗎？大家都安心吃完飯，把衣缽收了，洗腳、行腳，〈震〉為足。我們以前碰到張三豐第七代的法脈東北居士，在休士頓辦了如是禪中心。東北居士就是修金剛法門，認為金剛是至大之法，所以他把早年學的道家道教全部拋掉不要。他的如是禪中心特別推崇走路的修行方式，而且他認為這個修行方式是從佛經中出來的。〈震卦〉是「帝出乎震」，我們內在的生命主宰，跟怎麼走路有關。「震為足」，這個道理跟《易》理可以通，〈震卦〉另一面就是〈艮卦〉的止欲修行，所以走路的方法很重要，但是我實在懶得學，學也學不會，我走個半天也不像一回事。所以老實走路也能成佛，也是個修練法門。出門繞一圈回來，不是染了塵嗎？當然要先把腳洗乾淨。「滄浪之水濁兮，可以濯我足」，現在要謀道了，腳洗乾淨，才能安坐；「敷座而坐」，把自己的坐墊仔細鋪好，就盤起腿坐下。

而這個千二百五十人俱，這能把孔老夫子羨慕死了，大比丘眾就有一千二百五十個，孔子搞了一輩子才有七十二個大弟子，三千個飯桶裡面有七十二個大比丘眾，二．四%的成功率，後來還死了兩個，這表示釋迦確實有福德。

還至本處，觀我生

上回講到佛陀帶著一千二百五十個大比丘，在祇樹給孤獨園舉行金剛法會。法會之前，他們在城中托缽，然後還至本處，也就是祇樹給孤獨園。我們特別提醒「還至本處」這四個字，就是〈復卦〉德之本的概念。「本處」就是出生之前的本來面目，他們先去化緣，講道之前得先吃飽肚子，謀食之後謀道。我跟老同學提過，長達十幾年每年新春開占，我都會算算自己全年總和的狀況。一般分為兩大宗，一個是謀食，一個就是謀道。《金剛經》不也是這樣嗎？不管要追求什麼，都得先把生活安頓好。當然，這些大比丘跟著佛祖，生活要求不多，可能日中一食就足夠了，後來就發展為過午不食。晚上睡覺大概也因為印度冷天很少，樹下一宿就可以安眠。生活要求特別簡單，但是再簡單，也要先謀食，再來謀道。修行人謀食就得化緣，有什麼吃什麼，所以不會有葷素的分別心。他們挨家挨戶，次第行乞。「乞」字講得真妙，上乞真理下乞飲食，既謀道也謀食。人總要討生活，這就是「乞」。不管做老闆還是做夥計，都是在討生活，因為還是有所求，只是營生的方式不一樣。

日本在幾十年前整個社會都在流行拚命工作，後來也有人對這種無晨無昏拚命幹的職場生活有所反省，就把「上班族」改成「上班奴」，全面貶抑為「乞食」。不管生活要求多高多低，反正都要對付，對付完了，就回到本處，開始追求真理。所以大道也不離日常生活，挑水打柴，當下即是。易簡而天下之理得矣，所有的成就位乎其中。這也是《金剛經》有別於其他佛教經典的地方，沒有神通，也不放光，也不談六種振動，更沒有大到匪夷所思的佛像出現。《金剛經》很平實，完全融入平實自然的生活中。《楞嚴經》則在飲食後面加上一個男女觀，《金剛經》沒去處理這個問題，但吃飯是絕不能少的。吃完飯之後要收心開始謀道了，就洗好腳，那個動作也很重要。〈易經．觀卦〉談終極關懷，觀我生，觀小我，觀大我，觀婦孺，觀國，觀民，觀世音，觀自在。〈觀卦〉卦辭第一個字就是「盥」，端個盆子，裝上乾淨的水，好好洗一洗。我們到日本神社要洗手，到清真寺全身都得洗，齋戒沐浴。〈繫辭傳〉提到「洗心退藏於密」，心到底能不能洗？有人說絕對不是「洗」的意思，而是洞燭機先的先。可是因為跟〈革卦〉上爻的「君子豹變，小人革面」組成「洗心革面」這個成語，就算錯也將錯就錯了。不管是「先心」還是「洗心」，都是以清淨心去見上帝、見祖宗神明。再看「盥而不薦」，所有的道場、宗廟、神壇，「薦」的儀式絕對不可免，但是從卦辭看，似乎更看重「盥」。所以，清淨心最重要，至於上供的供品都其次。觀的時候一定要心思清淨，無私無染，才能觀得透徹。《金剛經》這裏講洗腳，因為他們出去繞了一圈回來，腳一定弄髒了，佛祖帶頭洗腳，然後開始打坐，把心安定下來，才開始講道。講道之前是乞食、工作、生活，「飯食訖，收衣鉢」。那個鉢就是討飯的工具，已經溫飽了，就收起來，然後洗腳靜坐傾聽。

講到這裡，順便提一下。孔老夫子〈文言傳〉用「元亨利貞」四德俱全的概念去分析《易經》的卦象，似乎有一個等級的劃分。〈乾〉、〈坤〉、〈屯〉、〈隨〉、〈臨〉、〈無妄〉、〈革〉

七個卦，元亨利貞全德，屬最高檔次。上經闡發天道，就佔了六個，各有修行步驟與條件。下經剖析人間世，嗜欲糾纏，不易究竟圓滿，只有〈革卦〉四德俱全。下面逐一檢討只有「亨利貞」而沒有「元」的幾個卦，例如啟蒙的〈蒙卦〉，還有很多談感情的卦，像是少男少女的〈咸卦〉、長男長女的〈恒卦〉、第二春的〈萃卦〉……都是「見天地萬物之情」；還有〈離卦〉、〈遯卦〉、〈兌卦〉。佛經對這方面多有提醒，認為情欲過重會蒙蔽「元」德，所以得啟蒙。這些卦被歸入第二檔次。還有一個特殊的〈蠱卦〉也是三缺一，可是欠的不是「元」，而是「貞」，所以幹蠱就是撥亂反正；「貞者事之幹」，把「貞」德找回來，恢復「元亨利貞」。如果成功，「蠱，元亨而天下治」，放下屠刀立地成佛，在極度不正的情況下，重現本來面目。這些具備三德，接近全德的卦，都值得重視。

再往下衍繹，就是只有二德的卦。例如〈大壯〉是「利貞」，欠「元亨」。〈大有〉是「元亨」，欠「利貞」。〈鼎卦〉「元吉亨」的「吉」字肯定是衍文，「元亨」欠「利貞」。〈升卦〉有「元亨」，無「利貞」。再往下找，只有一德欠三德的，又該怎麼看？如果是這樣，又陷入執著了。「元亨利貞」的判斷固然可以幫助初學或學到一定程度的人，對這些卦有八九不離十的概括瞭解，但這也只是其中一個法門，觀象的方式多得是，不可為典要，唯變所適。如果太執著，碰到卦辭中「元亨利貞」一個字都沒有，豈不是最低劣、離標準態最遙遠的？那〈觀卦〉怎麼解？〈觀卦〉重要不重要？整個《易經》就從「觀」開始的。〈觀卦〉為什麼不談「元亨利貞」，反而強調「有孚顒若」，而且重視「盥而不薦」？就是教我們保持無私無染的清淨心，這樣才看得清楚，當然不會有「元亨利貞」。有「元亨利貞」，就有生老病死、榮枯盛衰，就有成住壞空、春夏秋冬，那還看得清楚嗎？所以要「洗心」。道家也有「洗」的概念，老子說「滌除玄覽」，不把一些該洗的東西洗乾淨，怎麼看得清楚想得透呢？曾國藩號「滌生」，能做國之干城，讀書人很少像他能在功業上有這麼高的成就。再看基督教的洗禮、密教的灌頂，都是這個意象。用一個象徵性的動作提醒我們，在外面打滾打混弄了一身泥巴，怎麼能直接就去「觀」呢？好歹也得洗洗，甚至齋戒沐浴。

談過「洗」和〈觀卦〉的「盥而不薦」，再來看〈艮卦〉。〈艮卦〉也沒有元亨利貞，只有無咎。《易經》不是追求「終始無咎」嗎？〈艮〉就是終而復始的象。後天八卦走到東北方了，終萬物者，始萬物者，莫甚乎〈艮〉。〈艮〉下面又接〈震〉，靜極又轉動了。〈艮卦〉是止欲修行、止觀法門。〈觀卦〉就有大〈艮〉之象，〈艮卦〉卦辭跟《金剛經》的無我相、無人相剛好接上，稱「艮其背，不獲其身。行其庭，不見其人，無咎。」我、人皆空，裡面也沒有「元亨利貞」，所以才能心如止水。不止就觀不了，所以止觀兩大法門的〈艮卦〉跟〈觀卦〉都缺德，沒有「元亨利貞」，也不會有吉凶悔吝。吉凶悔吝生乎動。〈艮卦〉如如不動，怎麼會有吉凶悔吝？

既無吉凶悔吝，也無「元亨利貞」，這兩個卦重要不重要？太重要了！我們反而可以從這裡看出卦辭的精密。再來就是〈井卦〉，卦辭也沒有「元亨利貞」，但這個卦特別重要，是要把前面的〈困〉解開的。人生種種要命的困境，如果紓困成功，開發出新資源，就是〈革卦〉，下經唯一「元亨利貞」的卦，正是從〈井卦〉中出來的，「井洌寒泉食」，大功告成以後，才有「元亨利貞」的創造力。如果〈革卦〉是元亨利貞四個燈，〈井卦〉是零個燈。〈井卦〉如果開發到第四爻，還是零個燈，但若開發到第五爻，再往第六爻挺進，就四個燈了。從零到四，那這個零要怎麼看？當然不能說離標準態很遠，〈井卦〉很重要，說穿了就是「開發自性」。

自性如汪洋大海，是生命內在生生不息的根源，太值得去鑽探挖掘了。自性生萬法，與生俱來，若沒開發出來，就等於沒有。玉不琢，不成器，是不是？所以要深入開發，才能突破人生的困局。〈井卦〉是開發自性，從〈繫辭傳〉談憂患九卦、憂患九德去想，「改邑不改井」，改朝換代，天翻地覆，邑都改了，井卻恆存，生命的基本根源還在那裡。〈困卦〉是講人在困局中看到自己的天命，設法突破困境，「致命遂志」。

我們講過命跟志的關係，例如〈姤卦〉第五爻「有隕自天，志不捨命也」，爻變就是〈鼎卦〉的「正位凝命」，逮住那個千載難逢的時機，馬上大徹大悟，當下成就。如果按照卦序慢慢來也可以，〈姤卦〉後面是〈萃卦〉，稱「順天命也」。再後為〈升卦〉，「南征吉，志行也」。第一爻「上合志」，志氣沖天，到第五爻「大得志也」。換句話說〈升卦〉的志完全順〈萃卦〉的天命進行，順命行志便能得志。可是「升而不已，必困」，命運轉壞，還得拚搏，堅不改志。接著〈井卦〉開發自性成功，就是〈革卦〉。原先困倒人的舊天命，被強大的創造力顛覆了，開出新的天命。再到〈鼎卦〉，就是「正位凝命」。〈井卦〉的卦辭寫那麼長，叮囑那麼多，風險那麼高，一不小心，取水的瓶子就碰壞了。再不然，取水的繩子不夠長，臨時到哪裡去找繩子？因為計畫有誤，不知道井口的深淺。「改邑不改井」，裡面還有一句很重要的話，「無喪無得」，生命內在的資源取之不盡，用之不竭，根本不必擔心；那正是《心經》講的「不垢不淨，不增不減」。自性圓滿，「無喪無得，往來井井」，千百代的人不斷從這裡面開發挖掘，還是取之不盡，用之不竭。只有這樣的東西開發出來才能革，才能自己去創天命。《中庸》裡面也有〈井卦〉開發自性的象，叫「深造自得」，我們現在讀書，要去留美、留法，讀博士，是不是叫「深造」？〈井卦〉有沒有深造的象呢？它的下卦跟內卦不是〈巽卦〉嗎？低調深入，沉潛鑽研。〈巽卦〉稱「申命行事」，「重巽以申命」，又跟天命有關。〈井卦〉風險很高，功虧一簣，半途而廢，掘井不及泉的，比比皆是，真能「革」成功的人少之又少。

《中庸》原文是「君子深造之以道，欲其自得之」，任何人愛莫能助，只能自得；然後是「資之深，居之安，左右逢其源」，取之不盡，用之不竭。「左右逢源」就是這個概念。但〈井卦〉、〈革卦〉之前，一定要先紓解人生之困，這在「佛易參證」的課程裡也是很重要的概念。卦辭中沒有「元亨利貞」的還不只有〈觀〉、〈艮〉、〈井〉三個卦，大家依此類推，當有深悟。

要下工夫，不要因復成迷

我們再回到《金剛經》。剛才簡單講了〈觀卦〉、〈井卦〉、〈艮卦〉，都提醒人在即將有大創造的重要關口，把執著妄想徹底洗乾淨。《金剛經》就一直在洗，洗完粗的再洗細的，洗完細的還有更深更細的，要是不洗乾淨，究竟成佛就很困難。「革故鼎新」的〈鼎卦〉第一爻「鼎顛趾，利出否」也是在洗鍋子，剩飯剩菜沒洗掉又煮新飯，如何能成？「火風鼎」的下卦跟內卦也是深入低調無形的〈巽卦〉。唯有申命行事的內在工夫，才能產生〈鼎卦〉上面的熊熊烈火。正位凝命，要靠「重巽」，低調再低調，深入再深入，鑽探再鑽探來的東西。

過去很多大德是帶藝投師的，不同的階段有不同的老師，他去拜新老師的時候，新老師很霸道，要他恢復到「觀」的狀態，過去學的通通不算。要是覺得自己學得還不錯，動不動就想起過去那個老師怎麼講、熟悉的經典怎麼講，怎麼再進階？師父領過門，不同階段有不同的門檻，一門深入，就是〈巽卦〉的象，不要貪多嚼不爛。學再多沒學通，是最慘的事情。一法通，百法通；一經通，百經通，六祖惠能不就是這樣嗎？他哪需要看那麼多書，人家讀了幾千遍，也沒有他通。所以，把一部重要的經典，下個幾年工夫，十年乃字，就過門檻了，老師哪會限制你們去各方參學呢？這樣去參學，會發現不管什麼東西大概都差不多。如果基礎不夠，這也學，那也學，博學卻沒一樣通，不是太可惜了嗎？

上次講到「不家食吉」的〈大畜卦〉有出家意味。「多識於前言往行，以畜其德。」上爻「畜極則通」，爻變就通〈泰〉了。「何天之衢，亨。」「道大行」。但前面五個爻的磨練，由內而外，由下而上，真的是辛苦備至，即使是千里馬之才，也得加強磨練，一旦融會貫通，才可以真正自主，老師才會放手讓他到處去參訪，完全不受約束。為什麼？因為「何天之衢」之後，下面就進入「自求口食」的〈頤卦〉了。「食」不一定是吃飯，精神糧食也是。禪悅如美食，法喜充滿，自求口食，孟子不也說過嗎：「義理之悅我心，猶如芻豢之悅我口。」有時候一些人生至理，真的比什麼牛排都好吃，就是這個意思。

〈大畜卦〉的錯卦是〈萃卦〉，兩個卦性質很像。〈大畜〉是「多識於前言往行，以畜其德」，〈萃〉也是博學多能，出類拔萃，萃取各家精華而成大器。可是〈萃〉修到最後一爻是什麼？「齎咨涕洟」，一把鼻涕一把淚，「未安上也」。爻變是〈否卦〉，根本就沒學通，雜八湊兒。兩卦相錯，一是〈大畜〉的方法論，一是〈萃〉的方法論，看著都是像蜂蜜一樣各方面去汲取，有什麼不同？〈大畜．彖傳〉稱：「剛健篤實輝光，日新其德。」融會貫通出師。〈萃卦〉學了個半天，沒出師，不通，在那邊哭也來不及了。因為〈萃〉是立足於〈姤卦〉緣生的基礎上，初爻是虛的；〈大畜〉則建構在〈無妄〉跟〈復卦〉一陽復始的堅實基礎上，「剛健篤實輝光」，與「升虛邑」大不同。所以〈萃〉跟〈大畜〉看著很像，結果可能不一樣。有人什麼都學，樣樣學，樣樣鬆，那太笨了。因為沒有十年磨一劍的扎實基礎，哪來的判斷力？學什麼就被什麼轉。假定學的是有厚度的東西，學到一定的基礎，就有判斷力，不會陷入邪門歪道。如果見異思遷，不肯下扎實的工夫，就像〈蒙卦〉第三爻，「見金夫不有躬」，找不到自我，「無攸利」。學的東西都會敗壞、臭掉，因為〈蒙卦〉第三爻爻變是〈蠱卦〉。

其實講這些東西也是有感而發，因為和我們關係很深的老同學拜錯佛，多年下來，她跟從的上師也出事了，這早被我料中，可是弄到工作也沒有，全部都投進去，到頭來一場空，這就是缺乏辨識力。末法時期，山精水怪都出籠，邪魔歪道絕對比佛多，要是誤認了，不是因復成迷嗎？她前些年還放話要度老師呢，覺得我這個老師佛典也不懂，還在搞那個落伍的《易經》。因復成迷，見金夫就不有躬，其實《金剛經》這個寶貝就是這樣，稍稍讀一點，建立一點基本觀念，就不會迷復了。那些外道碰到《金剛經》通通都被掃光，根本就站不住腳。《金剛》除了具有〈乾卦〉「剛健中正純粹精」的質地，還一個就是「堅」。假定這是古印度的某種礦石或珠寶，現在已經沒有了，也不是現在的金剛鑽，《金剛經》就取為象徵，因為無堅不摧，道心堅固。第二個特質就是它鋒利無比，二人同心，其利斷金。斬妖除魔，破無明，都要靠《金剛》。還有就是會發光，修煉有成，光明無量。「含弘光大」、「君子之光」、「時止則止，時行則行，其道光明」、「剛健篤實輝光」……這麼多光。《易經》裡面好多爻都是「未光」，那一定是出問題了，要趕快修煉《金剛》。

往下是〈善現啟請分第二〉：

時長老須菩提在大眾中，即從座起，偏袒右肩，右膝著地，合掌恭敬而白佛言：「希有世尊，如來善護念諸菩薩，善付囑諸菩薩，世尊，善男子、善女人，發阿耨多羅三藐三菩提心，應云何住？云何降伏其心？」

佛言：「善哉善哉，須菩提，如汝所說，如來善護念諸菩薩，善付囑諸菩薩。汝今諦聽，當為汝說。善男子善女人發阿耨多羅三藐三菩提心，應如是住，如是降伏其心。」

唯然。世尊！願樂欲聞。

按《西遊記》來講，須菩提就是孫悟空的師父，《金剛經》的引言人。其實不見得都是須菩提的問題，他是代眾生發問，因為他境界已經很高了。這些問題都很精彩，就藉著佛的金剛法會，趕快提出來問。《易經》也是從問答展開的。須菩提拋出的第一個問題，就是大家都想問的基本問題，下邊《金剛經》就是從這個問題帶動而展開的。

問對問題很重要，「初筮告」、「原筮元永貞」，真心誠意提出自己不懂的根源性問題。師者傳道授業解惑，問題高明，老師覺得棋逢對手，回答也精彩，像撞鐘一樣，大扣則大鳴，小扣則小鳴。如果不問，他當然以為懂了，不扣則不鳴，因為「非我求童蒙，童蒙求我」。《論語》裡有很多精彩的問題，就逼出了孔老夫子很多精彩的答案。我們占卦如果能設計些精彩的問題，《易經》就會有精彩的答案。我教《易經》二十幾年了，上千學生提出來的問題恐怕有數萬，但大部分是垃圾問題。老師不回答就是不慈悲、傲慢；如果回答，要怎麼回答呢？所以有時候碰到好問題，就如獲至寶。孔老夫子也是，一聽到好問題，就說：這個學生啟發了我，下面可以跟你談詩、談什麼了。我們問占時，問題的設計很重要，通常一個重大的問題，要是問對了，大概有一半可以解出答案。如果問題設計錯誤，恐怕再千萬劫還是沒有答案。因為「其受命也如嚮」，答案會直接跟著問題轉，心中想什麼，答案就是什麼。〈繫辭傳〉不是說「至精至變至神」嗎？又說「君子將有為也，將有行也」。問出很精彩的問題，「無有遠近幽深，遂知來物」，過去未來通通知道，「寂然不動，感而遂通天下之故」，這些話都不是落空的，所以，怎麼切入，問個有水準的問題很重要。

須菩提的問題就很精彩，不是廢話，把老佛的壓箱寶都逼出來了，所以就有了這部佛經流傳下來。「時長老須菩提在大眾中。」前面「一時」，這邊「時」，大家都坐下來了，謀食完要謀道了。長老須菩提是不錯的大弟子，並沒有特殊的位置，眾生平等。我們說那個場合很有意思，一定在戶外，要不然怎麼裝得下一千兩百五十個大比丘？祇樹給孤獨園，大家就在室外席地而坐。當時沒有錄音機，又沒有擴音器，怎麼記下來？一千兩百五十個，你們這裡幾個？幾倍？因為《金剛經》不炫神通，所以不像阿彌陀說法一萬多人在聽，或者全宇宙都在聽，一千兩百五十人也是不得了的大法會了。須菩提其實就是扮演助教，負責引言的。「即從座起」，恭恭敬敬的；「偏袒右肩」，「偏袒」這個名詞到了中國，就變成特別喜歡誰，照顧誰，偏心，在這裡是表示致敬。「右膝著地」，這是半跪的姿態。「合掌恭敬而白佛言」，這個「敬」字非常重要，佛經喜歡用「白」字表示對話，在《論語》等中國問答體的經典則不用這個字。須菩提就說了：「希有世尊！」釋迦牟尼佛為世所尊，他能修到這個境界真的很不容易，所以當然是世間稀有的了。「希」這個字，老子《道德經》裡面也常出現：「大音希聲」、「夷希微」，都快聽不到了，很難琢磨，無形、無聲。「知我者希，則我者貴」，希，稀罕，稀少，希有世尊，確實稀有，多少人才能出一個，大家都很尊崇。「如來」並不限定是佛，眾生皆有自性，與生俱來，但未必會開發成功，就叫「如來」。佛是因為開發出來了，所以我們就稱他世尊，稱他佛，稱他如來。但「如來」是大家都有的，良知良能，眾生皆有佛性。因為恍恍惚惚，惚惚恍恍，所以叫「如」，究竟來了沒有？好像來了。七日來復，〈復卦〉是德之本，來就很親切，來得慢一點沒關係。「不速之客三人來」，〈需卦〉到最後等到了是不是？因為是眾生皆有的，稱佛、稱世尊，就是指那個如來的因，已經修成正果了；蒙卦稱「果行育德」，究竟圓滿成就。我們也有如來，但不能擔保一定能成就；有那個「因」，未必能成「果」。〈屯卦〉是新生的苗；〈蒙卦〉就要設想將來能不能開花結果。一路下去，到了山火賁的〈賁卦〉就開花了；到了〈剝卦〉「碩果不食」，就結果了；到了〈復卦〉，果子裡面有了種子，又生生不息。〈屯卦〉的苗其實也有「元亨利貞」，如來自性俱足，可是能不能修到後面的〈復〉，還不一定，更別談接下來還要像〈離卦〉的「繼明照四方」、利益眾生，那就更難了。成長歷程中可能夭折，可能開了花不能結果，可能結了果，種子又被吃掉了。所以，從植物的生長看這些卦的變化、修行的步驟，都是一樣的，絲絲入扣。《論語》中就很感慨：「苗而不秀者有矣夫！秀而不實者有矣夫！」〈屯卦〉剛開始是清新的幼苗，可是不秀，沒到開花階段就可能夭折。「秀而不實」，好容易開花了，卻沒結果；沒結果，怎麼會有種子生生不息呢？在修道、修學、拚事業的歷程中，很多人在起點時都是前途看好的苗，到最後卻未必能開花結果，這個意思很深。孔老夫子有三千弟子，有很多苗，可是後來都沒秀，秀了還不一定實。「可與共學，未可與適道；可與適道，未可與立；可與立，未可與權。」「權」是最高境界，一關一關淘汰，到最後真正成就的，越來越少，因為要很多機緣與努力。

我們光看〈復卦〉的閉關修行，就充滿凶險；三爻六爻，都練到岔氣了，走火入魔，因復成迷，變成明夷之心。等到出關要去弘道，利益眾生、化育萬物，就是〈無妄卦〉。出關後的艱險考驗更多，六個爻中，無妄之災、無妄之疾，急功近利，天災人禍並至。所以入關有考驗，〈復卦〉三爻六爻；出關了，〈無妄〉四個爻都是考驗，災啊、疾啊什麼都來了，只有初爻、四爻還勉勉強強穩住不犯錯。所以到〈大畜卦〉，才真要下工夫，經過第一爻到第五爻的艱苦磨練，最後才能「道大行」，有了自主能力，然後進入〈頤卦〉。

「希有世尊！如來善護念諸菩薩」。「無所從來，亦無所去」叫如來。到底來了沒有？好像來了，七日來復的「來」。「來」，就很有親近感，道成肉身，自天佑之。可是到底有沒有把握？凡是這種東西除非親證，不然都模模糊糊的。「惚兮恍兮，恍兮惚兮。」老子也是這麼講。道無法明確指稱，所以加一個「如」字最好；其中有象、有什麼什麼……。如來自性一發揮，佛心的大慈大悲真是不得了，真心誠意、提攜後進，很感動人。菩薩因為還有一念無明，還有最細的執著沒去除，就像觀世音、大勢至、普賢、文殊……，那就還不是佛，所以他們還是要念佛，還是要求無上甚深的法門。諸菩薩是修得很不錯的大弟子，佛對他們當然要多多提攜照顧，如來在這一點上做得特別好，所以有「善護念諸菩薩」、「善付囑諸菩薩」；要交付責任的、切切叮囑，佛經不是有

〈付囑品〉嗎？通常要交代遺言，或者經講完了，問底下懂了沒有？懂了就把責任交付，趕快去實踐。越能承擔，就交付越多艱難的任務，「何天之衢」，道大行，可以承擔天大的責任，可以傳衣缽。這是何等大事，萬萬不能感情用事，需要認真考核，必要時還得拉他一把。

〈晉卦〉的「自昭明德」，不是還需要王母娘娘嗎？所以到了第二爻就「受茲介福，于其王母」，就得「晝日三接」了。他是有善根器的；「康侯用賜馬蕃庶」，還得選「康」的時候；「賜馬」，這個善根不是與生俱來嗎？「蕃庶」，發展得不錯了，還得晝日三接，還得有人接引。佛接引菩薩天經地義，因為他已經行百里半九十了。所以如來善護念諸菩薩，也沒有特別偏心誰，平等對待每一個。「善付囑諸菩薩」，看看這些菩薩，大勢至、文殊、觀世音、普賢……，每一個都各有所長，於是弘法的責任，荷擔如來家業，就可以交託給他們，還要囑咐注意這個注意那個。這一點佛處理得特別好，不像很多政治領袖或大企業找接班人，就不見得成功；或者有私心，或者選錯人。一旦所託非人，就會搞得禍國殃民、傾家蕩產。如來不會犯這個錯，因為他已經究竟圓滿，所以他對諸菩薩是善護念、善付囑。我們看所有重要經典，包括儒家經典在內，講到最後都在「付囑」，通常在經典的最後一個章節，要特別注意。

孫中山的遺囑：「余致力於國民革命，凡四十年……」就是「善付囑」。據說是汪精衛寫的，寫得太好了，一字廢話都沒有，非常務實。寫蔣介石遺囑的人，才華見識就差太遠了。〈離卦〉、〈震卦〉都有繼承之意，要想得很遠，處理得宜，做大事業者以培養接班人為第一要義。〈頤卦〉稱：「聖人養賢以及萬民。」〈鼎卦〉得聖以養聖：「大亨以養聖賢」，前聖養後聖，因為〈鼎卦〉下一卦就是〈震卦〉的交班，所以一定要從諸賢、諸菩薩中培養出一個佛來，出身如何不重要，「得妾以其子」，是不是？上一代選出下一代的領導人，不知道誰是聖，就要從諸賢之中去找，當然得全心全意，善護念，善付囑。

「如來」可以是先行者、先覺者，也是我們內在的良知良能，舉頭三尺有神明、慎獨。我們如果發現自己的言語、行為，起心動念有點不對了，會突然覺得良心不安，好像內在有一個自我警示的標準。這也叫「善護念」、「善付囑」；走歪了，趕快扶正，再克己復禮，不二過。顏回「有不善未嘗不知，知之未嘗復行也」，「復以自知」，這就是金剛心，就是〈復卦〉第一爻的「不遠復」，錯得還不遠就回頭了。文天祥的〈正氣歌〉也是，他會做出那個選擇，是因為「顧此耿耿在」，「典型在夙昔」。「耿耿」，一件事掛在心上，會輾轉反側、睡不安枕。

「世尊，善男子，善女人……」。須菩提先推崇如來眾生自性，或已經修成的釋迦牟尼佛是這麼善於付囑、護念諸菩薩，所以他認為，不論提出什麼樣的人生重大疑難，佛祖一定不會讓他失望。「善男子，善女人」。佛經也喜歡用「善」字，善男信女。有說佛教排斥女性，認為女人業障深，要成佛得先修成男身。可是我們在《金剛經》上並沒看到這個觀點。「善男子，善女人」，「男有分，女有歸」。這個「善」字，道家祖師也喜歡講：「上善若水」、「善人者不善人之師，不善人者善人之資」。還有「一陰一陽之謂道」，「繼之者善也，成之者性也」，繼善成性。「元者，善之長也」。「明明德，新民，止於至善」……。所以儒釋道都在講「善」，但這個「善」不是一般相對的善惡，而是本體的自然之善。「元者善之長」，既然根源都是「善之長」，還有什麼善惡分別？這是絕對的善，繼善成性，發展到不同的專業，也還要追求「善」的境界，不然不白弄了嗎？《孫子兵法》一天到晚在提：「善用兵者」如何如何，兵法最後的境界也是「善」；不戰而屈人之兵，和平解決問題，這是兵法的最高境界，稱「善之善者也」。不管學、術、道，都在追求「善」，所以要「遏惡揚善」，「順天休命」；不懲忿窒欲，不把那些妄念分別執著有效的遏制，「善」是不容易出來的。這就是下面須菩提的問題。

「善男子，善女人，發阿耨多羅三藐三菩提心」。「阿耨多羅三藐三菩提」經常在佛典出現，直接音譯而沒有意譯，因為怎麼意譯都有點走味。我們說過，我們不在解釋名詞上面浪費時間。我學佛起步也並不晚，但我就討厭看名詞解釋，越解釋越糊塗。直接看經，書讀百遍其義自通，看久了，不懂也懂了，不必背定義。「阿耨多羅三藐三菩提心」，就是「無上正等正覺」。因為有所見而自覺，就成為羅漢；自覺覺人就成菩薩，覺行圓滿就是佛。先知覺後知，先覺覺後覺。發心追求究竟真理，男女都可以。發什麼心呢？發無上正等正覺，要修就修到究竟，至少是心嚮往之，雖不能至沒有關係，九死而不悔。善男子、善女人都發無上正等正覺的心，下面須菩提就直接問佛：「應云何住？」

我們是不是提過江味農居士因為磨了一輩子《金剛經》，所以他的《金剛經講義》也做了精細的校正。《金剛經》是在昭明太子的時候把五千多字經文分成三十二品，在第十七品，須菩提又提了一個問題。命題形式跟這裡完全一樣，比較粗心的人，就以為佛經拖泥帶水重複，其實它是從淺入深，越探越精深。剛開始掃一個大概，後來再把旁邊沒掃乾淨，或者藏得很深的通通理清楚。所以問題看著是一樣，形式、內容則不完全一樣。前面問的是「應云何住，云何降伏其心？」後面問的是：「云何應住？云何降伏其心？」一方面是問題的深度不同，再方面就是在文辭校正後認為，第二次問的「云何應住」，意思是「為什麼還要住呢」？既然無所住而生其心，行住坐臥的

「住」，到一個點就停頓、止住、控制住，不會亂蹦亂跳。我們怎麼定心呢？我們要追求真心、要發大心，但這個心真的讓我們很困擾，動不動就要祖師幫我們安心，那要怎麼樣才能讓心定住？知止而後有定，而後能靜，而後能安，而後能慮，而後能得。可是這絕不容易，因為有很多妄想妄念的干擾，習氣欲望貪嗔癡，「云何降伏其心」？這兩個問題是不一樣的，「應云何住」，在初發大心時，重點是怎麼留住、怎麼讓心安定下來。「揚善」之前一定要「遏惡」，「云何降伏其心」就是「遏惡」。「應云何住」，就是怎麼才能「揚善」。「其心」，就是那些妄念、習氣，跟別人沒有關係，完全是自己的。〈咸卦〉憧憧往來、朋從爾思的心，必須「貞吉悔亡」。通過《易經》來看其實很簡單，我們隨便舉幾個卦象，大家就明白了。

萬法唯心

下經人間世的修行，在最艱困的高峰，身心的干擾全部出來了。第一卦〈咸卦〉第四爻就說，不正之位的憧憧往來，惹了好多的麻煩。〈艮卦〉二爻、三爻痛苦之極，「其心不快」，所以得「降伏其心」。為什麼「其心不快」呢？因為在小腿肚處「不拯其隨」，救都救不回來。小腿肚是肉身，心不是身，但身心不相離，絕對互相干擾。理智告訴我們要這樣，但欲望不聽，天人交戰，那還是小的難過，到三爻可是劇烈的難過了。由內而外，由下而上，由小乘到大乘，由小我到大我，「厲薰心」，烈火燒心。身體好像要裂開撕開一樣，「列其夤」，還會蔓延、牽扯開來，因為「艮其限」，很不容易超越那個限制。爻變是〈剝卦〉，好多的刀都往身上砍，很難熬過。二爻是「其心不快」，快感跟〈夬卦〉有關，心夬為快，心裡憋了很多，水庫中裝滿了水，不洩出來難過，洩出去就覺得很痛快。心不快，就是有好多顛倒妄想，又抗拒不了誘惑；想做，又不敢做，難過死了。〈艮卦〉二爻爻變是〈蠱卦〉，致命的誘惑，而且中了毒還會傳染，風落山，女惑男。心中想做的跟理智不搭調，結果其心不快，做了也不快，不做更不快，〈艮〉中有〈蠱〉象。這還不是最痛的，三爻變為〈剝卦〉，「厲熏心」，由輕痛變重痛。如果占卦占到〈艮卦〉二三爻齊動，兩爻齊變是山水〈蒙〉，是不是根本找不到出路？

止欲修行的〈艮卦〉，想要登峰造極，下卦爬的還是小山，就有這麼嚴重的衝突！再看火山〈旅〉，〈旅卦〉飄飄蕩蕩，沒有安心立命，「旅而無所容」。第四爻也是「我心不快」，明明已經「得其資斧」，「旅于處」了，各方面都有些安頓，但心裡不快，精神很痛苦。第四爻爻變剛好又是〈艮卦〉。〈艮卦〉要求心要定，要得到楞嚴大定，不然就不能「敦艮吉」，登峰造極。這都是「云何降伏其心」的問題。《金剛經》提出來，因為眾生都是被這些問題困住，痛苦死了，不知道怎麼辦好。〈旅卦〉第四爻很值得玩味，雖然「我心不快」，至少「得其資斧」，而且「旅于處」。但這些也不能久，很快就會「喪其資斧」了。〈旅卦〉的下一卦〈巽卦〉，第六爻就叫「巽在床下，喪其資斧，貞凶。」「正乎凶也」，完蛋了。〈旅卦〉第四爻付出「我心不快」的代價，爭到「處」，爭到「資斧」，也不可長保，金玉滿堂莫之能守，才過八個爻就「喪其資斧」。《易經》多玩味幾次，得失、吉凶、輸贏、成敗，常常是一轉瞬間，失而復得的有，七日來復，爬到高山上再下來；得而復失的更多，而且很快。

〈旅卦〉喪失真心，喪失資斧，淒淒慘慘，「應云何住」？旅無所容，飄飄蕩蕩，除了第五爻，沒有一個真正安心立命，都是暫住。五爻「射雉一矢亡」才徹底解決。〈旅卦〉山上有火，是不是森林火災的象？什麼時候種植的森林，到〈旅卦〉一把火燒光光呢？〈漸卦〉「山上有木，君子以居賢德善俗。」要累世積德，花多久的時間，一代一代才育林成功，十年樹木百年樹人。〈漸卦〉所培育的，到〈旅卦〉全部燒光了，才花幾個卦？〈漸卦〉後面是〈歸妹〉，〈歸妹〉後面是〈豐〉，〈豐〉後面是〈旅〉？多可怕！佛經把人生比喻為燒火的房子，是不是「旅焚其次」？還有就是火燒功德林。〈漸卦〉一代一代累積的功德成林成片，要是不小心，可能付之一炬，上爻「鳥焚其巢」，那就更慘了。

還有修〈觀卦〉到第五爻當然究竟圓滿，修到第六爻的「觀其生，君子無咎」，看著很不錯，可是〈小象傳〉說：「志未平也」。因為老是跟第五爻較量，不懂得「是法平等，無有高下」。這一較量就完了，誰比誰高，誰比誰好，這種較量的心，也是某種層次的「其心不快」，心沒法定，還在那邊起嗔念較高下，這就下地獄了。一個志未平，一念之轉，下一卦就是〈噬嗑卦〉，阿修羅地獄，腥風血雨都來了。〈旅卦〉是火燒功德林，〈噬嗑卦〉就不知道會摔到哪裡去了！要修到〈觀卦〉上爻多難啊！可是就這麼一下，一看到五爻，一個不服氣，就馬上摔到〈噬嗑卦〉的無間地獄。所以心非常重要，心力不可思議，萬法唯心造，心要是出毛病不就完蛋了？「無妄之疾，勿藥有喜」，因為是心病，無藥可醫。「無妄之藥，不可試也」，根本沒法救，隨時可能滑到〈無妄〉最後一爻，天災人禍，不利有攸往。

應如是住，如是降伏其心

「善男子，善女人」，「善知識」，《論語》也有一個「善人」的概念，跟一般講聖人、賢人、君子通通不一樣。孔子給「善人」的定義很有意思，他說：「不踐跡，亦不入於室。」前人走過的路他不走。像惠能就沒有走前人走過的路，他不識字，但是他成佛，因為元者善之長，為什麼一定要走人家的路呢？「亦不入於室」，也不拜師，不做入室弟子。孔子的學生有的是登堂的，有的是入室的大弟子。登堂入室，可是善人不走這條路子。如果照武俠小說的講法，張三豐創太極拳，他拜誰為師？沒有。他本來心裡也很執著，一定要拜郭靖為師，但最後沒有找到大師，反而造就了他的太極拳，這叫「善人」。換句話說。人性本源的善，自性生萬法。

《論語》中還提到「善人為邦百年，可以勝殘去殺。」讓他管理這個世界一百年，就沒有戰爭了。《華嚴經》裡面還有一個很有名的「善財童子五十三參」，就是我們剛才講的，老師有一段時間不讓學生去學這學那，因為基礎未穩；等到基礎穩了，就鼓勵遊學，各行各業都是請教學習的對象，連魔鬼也不例外。五十三參，就是「多識於前言往行，以畜其德」，因為德行已有基礎，可以四處參訪學習。要發揮本性的善，金剛心，一定要先擺脫種種與生俱來的桎梏，要發蒙。其中最重要的就是親近善知識，這叫「利用刑人」。所以〈蒙卦〉第一爻就告訴我們，剛開始一定要有人或經典的帶領，開蒙之後，就要走自己的路。這就是「蒙以養正」，「以正法也」；老師的「正」已經開發出來了，就像如來會帶菩薩，菩薩的「正」還沒有圓滿，所以需要善護念、善付囑。有時需要言教，沒法用言語教的，就需要用身教。所謂「言語道斷，心行處滅」，就得用身教示現。

佛言：「善哉，善哉。須菩提！如汝所說：如來善護念諸菩薩，善付囑諸菩薩，汝今諦聽！當為汝說：善男子、善女人，發阿耨多羅三藐三菩提心，應如是住，如是降伏其心。」

唯然。世尊！願樂欲聞。

接下來，須菩提又緊追著問了：如何降伏其心？如何能安住那個真心？這麼迫切的問題，老佛怎麼回答呢？他說：「善哉善哉！須菩提！」這個問題好啊！大哉問，真是問到核心了！大叩一定要大鳴啊！「須菩提，如汝所說」，老佛對自己的得意弟子說：「就像你講的一樣，如來善護念諸菩薩，善付囑諸菩薩。汝今諦聽！你好好聽、仔細聽了！」這個「諦」字很重要，我們要掌握宇宙真相，問題的真諦，「諦」字左邊是「言」，「帝」是至高無上的主宰。佛教如果面對像惠能或須菩提這種大菩薩、善根器，就直接講「真諦」；如果碰到根器不夠，可是有求學熱忱，可能就得隨緣講「俗諦」。不然講太深了，他沒法接受，就講天堂地獄，輪迴果報，老太婆聽了都受用。這就是〈觀卦〉講的「省方觀民設教」。「諦」分「真諦」與「俗諦」，得因材施教。「汝今諦聽」，〈說文解字〉解釋「觀」字，就是「諦視也」。視、觀、察，一步比一步深，「視其所以，觀其所由，察其所安」。「眇能視」，獨眼龍都能看，只是看得不準。「觀」就比「視」要深透、全面得多，像高空中的鷹眼俯瞰，鉅細靡遺。所以光靠肉眼，看不到的東西太多了，《金剛經》後面就有天眼。其實修到天眼通也沒什麼了不起，往上還有慧眼、法眼、佛眼，那就不只是眼根的問題了。「觀」要看出真諦，就要仔細看、仔細思量。「省方觀民設教」，是教我們走透透、想透透，讀過萬卷書，還要行萬里路，才能「風行地上」。諦聽，若不這麼仔細聆聽、用心思維，怎麼能夠掌握真理呢？為了要把浮躁的心定下來，所以要「盥而不薦，有孚顒若」。

佛肯定須菩提的問題之後說：「當為汝說」，既然你問得這麼好，我一定要給你圓滿的答覆。師者，傳道、授業、解惑。善男子、善女人發阿耨多羅三藐三菩提心，無上正等正覺的發大心了，應如是住，如是降伏其心。你們讀第一遍《金剛經》，會覺得佛好滑頭，他把人家的問題重複一遍，沒講答案。他說：「應如是住，如是降伏其心。」其實他的回答可能就在「如是」之中。「是」就是怎麼樣，從言教上看不出來，但是「利用刑人，用脫桎梏」，須菩提代表眾生起來，半跪在那裡問問題，佛則是一直都坐在那裡。他的法相莊嚴，就是如來修行的結果。如來的行住坐臥，就已經做到了「應如是住，如是降伏其心」，不像我們整天「憧憧往來」，「其心不快」。所以這是肢體語言顯示的身教，看他怎麼坐那麼穩？蚊子咬他，他都不動，怎麼我在這邊一下就動來動去？這就是我們還沒有「如是」。當時在佛的法會上，須菩提和一千多個大比丘都看到了佛的法相，問「云何降伏其心」，佛就示現出「降伏其心」的樣子，讓大家看到他「敦艮吉」的莊嚴靜定。所以佛並沒有迴避問題，而且他還有深意，問這麼重大的基本問題，以為像易開罐一拉答案就出來了？你們得降伏其心，慢慢聽我道來，先給你們看一個究竟成就的相，他的節奏是很從容的。

「唯然」，須菩提也冰雪聰明，馬上就懂了，他說：「好啊！是的，世尊，願樂欲聞。」大家都很歡喜來聽您教誨。佛告須菩提：「諸菩薩摩訶薩應如是降伏其心。」下面就提到佛教對眾生的分類，這跟植物學、動物學、或儒家的分類都不大一樣，你們可以自己去看注釋。「若卵生」，〈中孚卦〉是卵生。「若胎生」，「果行育德」的「育」是胎生。「若濕生，若化生，若有色，若無色」。層級分得之細，三界都談到了。我們都在欲界裡頭，然後還有色界、無色界，到了無色界還是在三界的輪迴中，還得再突破。「若有想，若無想，若非有想非無想。」這是他所謂的「一切眾生之類」，這裡可能有的有形，有的無形，這就是「乾道變化，各正性命」，也叫「雲行雨施，品物流形」。分類很細，甚至把死後到投胎前的中陰身歸納成化生，雖然無形，但屬於業力成就的生命狀態。老佛有信心，形形色色不管哪一種眾生，我都有辦法讓他們進入無餘涅槃，成就究竟圓滿。有「無餘涅槃」，表示還有「有餘涅槃」，還沒洗乾淨的。「而滅度之」，一般人剛讀佛經時會覺得恐怖，看到佛經動不動就談「滅」、「滅度」。其實這是說，我們有很多貪嗔癡慢疑，不滅，怎麼度？「我皆令入無餘涅槃而滅度之。」不管是哪一種生物，他都有把握度到彼岸去。「如是滅度」，《金剛經》的智慧下面就層層推出。這了不起，不管有靈性、沒靈性，一個都不落，曲成萬物而不遺，「如是滅度無量無數無邊眾生」。下面就精彩了，「實無眾生得滅度者，何以故？」一般人當然會問了，您把他們通通都拯救，都度過去了，怎麼又說其實一個也沒有，這是怎麼回事呢？「何以故？」他自問自答。「須菩提，若菩薩……」，這只是其中一個回答，卻拋出了千古傳誦的命題：「若菩薩有我相，人相，眾生相，壽者相，即非菩薩。」有了我相，自然就有人相，有了人相就會有眾生相，有了眾生相，時間延續就有壽者相，自然就有種種癡心妄想，動不動就想天長地久。「即非菩薩」，滅度了無量無數無邊眾生，如果認為做了很多功德，就著了我相，人相，眾生相，壽者相，就不是菩薩了。

易經論生死問題，犀利且通透

接下來我們想利用最後一點時間，把幾個占象跟大家提一下。第一個是我們剛才講到化生裡面包括中陰身的部分。我們一位老同學往生後，其他同學就問他的生命精魂跑到哪裡去了？答案是〈乾卦〉第四爻，或躍在淵。〈乾卦．文言傳〉不是說：「上不在天，下不在田，中不在人」，不就是中陰身嗎？爻變〈小畜〉，密雲不雨，卡在中間，七七四十九天，七日來復。當時我們就發現，《易經》出入三界，論到生死問題是很犀利的，可以做到精確定位。

最近又有一個因緣也跟這個爻有關，也是有人問了類似的問題。這是學生一個好友的親弟弟，做了五年的植物人，家人面臨安樂死的抉擇，很難處理，幾乎都被拖垮了。只是父母親，尤其媽媽放不掉，整天在病榻前以淚洗面，期待兒子能恢復，但是從醫學觀點幾乎沒有奇蹟。來問的是姊姊，五年來他們各種宗教都問過了，也做過各個門派的心理諮商，最後才找到《易經》。我說我沒有神通，就看《易經》怎麼說了。第一個問題就問他那具有生命意義的精魂，現在到底在哪裡？結果就是〈乾卦〉三爻四爻，點在四爻。就類似中陰身那樣，〈小畜〉密雲不雨，不能生，也沒地方可去；而且弄得大家都辛苦，因為正好落在三爻四爻的人位上，三多凶，四多懼，終日乾乾，朝乾夕惕。然後兩爻齊變是〈中孚卦〉，〈中孚卦〉講的正是親子之愛，所以放不掉、想不開；〈大象傳〉稱：「澤上有風，中孚，君子以議獄緩死」，是不是有議價空間，跟上帝談條件，想要他緩死？但現狀實在是生不如死，去又去不了，卡在中間一卡就是五年；既不是真的生命形態，又受到〈中孚〉親情愛眷的繫念，苦了活人，也苦了半死的人，怎麼辦呢？從理性上來講，是應該處理了。是不是乾脆拔掉呼吸器讓他往生算了？但她媽媽就不願意，還是希望孩子有一天能突然活過來。所以第二個問題就問，到底有沒有再活過來的機會？結果就是〈小過〉的卦象。〈小過〉就在〈中孚〉之後，是兌宮的遊魂卦，兌宮歸魂是〈歸妹卦〉，「征凶無攸利」，「永終知敝」。從這個角度講，遊魂比歸魂還慘，牽絆住了，沒有最後的歸宿。〈中孚〉〈小過〉，如果肯放手，不就〈既濟〉，讓他過河算了，這就可以定下來了。可是現在〈小過〉階段有大坎之象，就是菜鳥練飛。幼鳥折翼，連因果都講出來了，當時為什麼會變植物人？就是「飛鳥以凶，不可如何也」，誰都救不了，也許是業力吧！遇劫遭災。然後第三爻「從或戕之」，〈小過〉幾乎沒有好爻；第四爻，謹小慎微，爻變〈謙〉，天地人鬼神，宜上不宜下。第五爻是徒勞，「密雲不雨，自我西郊，公弋取彼在穴。」爻變是〈咸卦〉，是不是有真感情？好好的兒子，一下子變成這樣，整個人生就沒了，當然不甘願，但還是「公弋取彼在穴」，不可能突破的。四個爻齊變之後的〈屯卦〉是什麼意思？是突然奇蹟復原嗎？不是，那就是往生的意思，讓他去吧。

所以這個象其實很清楚，姊姊是聽懂了，下面就看他們要怎麼處理。這兩個例子是從化生，中陰身卡在半路說起的。

最後兩個卦象，若以佛教的說法，消業往生，幾乎是不可能的。帶業往生呢？不是說「萬般將不去，惟有業隨身」？「將」就是帶走。也就是說，定業、共業都很難消，這很嚴重！那我們就問：「業」到底是什麼東西？〈同人卦〉第三爻，爻變是〈無妄卦〉。自己去參吧！「伏戎於莽」，深伏在裡面；「升其高陵」，然後貪心想要佔據不該有的東西。還有一個佛教的專有名詞，十二緣生。《易經》的〈姤卦〉，輪迴就是在十二緣生裡反反覆覆。起點是無明。要是不能破無明，就一直在裡邊轉。甚麼是無明呢？占出大過第二爻，這個回答特別好。〈大過〉後面是〈坎卦〉，前面是〈頤卦〉。〈大過〉第二爻有續生的能力，「枯楊生稊，老夫得其女妻」，「過以相與」，爻變是〈咸卦〉，人皆有之。提供大家參考。

若菩薩有我相人相眾生相壽者相，即非菩薩

之前講過的這裡再做些補充。「降伏其心」的「其」字到底是什麼意思？這個字在儒釋道的經典特別多，可能有少數的例外，但絕大多數都是講「自己」；不管從正面、反面講，都跟別人絲毫不相干，一定是「自強不息」、「自昭明德」。所以「其心不快」、「降伏其心」，都不是別人，而是自己。我們有那麼多妄念，就要想該怎麼降伏。「其」字在中文本來也是一個半虛字，中文經典又非常精簡，所以即便是程度不錯的同學，稍不細心，或者不認真看注解，有時候也會誤讀。有位同學就問了個問題，他說〈蠱卦〉幹父之蠱的初爻「有子，考無咎，厲終吉」，在《論語》中孔老夫子說過「父在觀其志，父沒觀其行，三年無改於父之道，可謂孝矣。」這句話幾乎就是「幹父之蠱」的注腳。三年之喪以前會這麼定，跟這也有關係，不是三十六個月，是跨兩年，二十五個月就可以了。父親訂下的規矩不要隨便改，就算落伍了，也得過三年再改。〈隨〉從而〈蠱〉改，父親那一代的影響剛過去，大概有二十五個月的時間，剛好是在三年之喪的服喪期內，得完全因循舊制。這都有深意的，如果上一代剛死就急於改革，一定會惹起老臣反彈。想要政權穩固，和平過渡，一定得慢慢來。「父在觀其志，父歿觀其行」，「其」都是指自己。父親還在的時候，輪不到兒子作主，但還是要有自己的「志」，雖然沒掌權，想法未必能行，但是看著父親的執政作

為，可以在心中琢磨，為將來接位做準備。等父親過世，接掌政權，可以作主，「觀其行」，就看怎麼做了。有的人急得不得了，沒等三年之喪過去，馬上就幹蠱，第一不知道會招惹多少老臣的反彈，第二欲速則不達，也沒禮貌；如有一段緩衝時間，自己再深入思考、琢磨一下，先甲三日，後甲三日，等到權力漸漸鞏固，再動手不遲。當然也有特殊狀況，像乾隆剛死，嘉慶就幹蠱，因為他老早就看和珅不順眼了。乾隆也已料到，知道他在一旁虎視眈眈、磨刀霍霍，所以勸他稍安毋躁，先留著繼續陪太上皇，畢竟老年人太寂寞了。換句話說，乾隆對和珅的壞不是不知道。乾隆剛死，嘉慶就抄和珅的家。「父歿觀其行」，觀的就是這個。中國人做事，有一定的想法脈絡，要幹父之蠱，改革談何容易！所以要先甲三日，後甲三日，中間這段，是給從容籌備的時間。《易經》在前，《論語》在後，四書五經裡面很多東西看著是創見，嚴格講都源於《易經》。像〈同人〉〈大有〉，就是《禮運大同》思想的來源，類似的例子很多。「其」就是講自己，但我們那位同學誤讀了，以為要觀察父親的思想、志向；那父親死後，怎麼看他的行事作為？很荒唐。「志行正也」，〈屯卦〉第一爻、〈臨卦〉第一爻，不都是強調「志行正」嗎？「志」跟「行」，從想法到做法，所以不能誤解「其」的意思，不然就整個錯了，變成孔子非常重視父之志，蕭規就得曹隨，那就完蛋了。

想要平天下，一定要治其國，想要治其國，一定要齊其家，想要齊其家，一定要先修其身，「其」都是指自己。可沒有講「其天下」，天下為公，不屬於任何國家或個人。欲修其身者，必正其心，就是降伏其心，免得其心不快。再往裡面推，欲正其心者，先誠其意，意在心先。意承考，聖人之意，佛祖西來意，立日心為意，起心動念都是活活潑潑的！誠其意再往上推，就是格物致知，那是《大學》的關鍵，朱熹、王陽明解釋不同，後學爭訟不已。「欲誠其意者，先致其知」，再下面的修辭就轉了，說「致知在格物」，而不是說「欲致其知者在格其物」。而且強調「在」，飛龍在天、見龍在田的「在」；致知「在」格物，絕對不在別的地方。關鍵是，什麼是格物？

我們學生都會拿很多書跟錄影帶給老師看，老師很聽話，都看。有時候一心四用，一邊看淨空法師的錄影帶，一邊還要做點家事，看洗衣機響了沒有，還順便做些卡片搞半天。這是學周恩來的一心好幾用，不是那麼虔誠。雖然這樣，他若講錯我都聽到了。淨空法師講「格物」就是「格殺物欲」，這是用〈艮卦〉止欲修行的方式來修道，但中國的「格物」是這個意思嗎？其實「格物」包含太多了，可以包括格殺物欲，止欲修行，懲忿窒欲，但絕不只是有這個路數。佛教沒有辦法治國平天下，那麼多修為有成的大德，哪一個和尚辦到了？淨空是很值得尊重的大德，也很淵博，我的佛學還是受他啟蒙的。但是他解釋儒道精華的一些觀念，幾乎都有問題，因為確實很難，沒法深入，難免泛泛。印度佛教傳到中國主要是大乘佛法，本來在印度是修完小乘再修大乘的，但中國不需要，因為中國儒道的基礎比小乘還要高，可以直接接上大乘。所以淨空處理儒道思想，就像〈大過〉第二爻，非法移花接木，「枯楊生稊」。有些比較容易的還可以，但遇到比較精深的思想，他就掌握不到位，很多觀念出問題。

我們講佛經，越講就越覺得我沒有佛緣；假定真有極樂世界，我還選擇不想去。佛經確實可以幫我們消掉很多東西，但是第一，我才具沒那麼高，不可能參禪就去想去的地方。念佛法門，我們占出「飛龍在天」，真的殊勝，淨空主張越早老實念佛，越早大徹大悟，我就不能同意。你們想想看，這個說法落實到娑婆世界，如果頗有慧根，剛生下來就會覺得真倒楣，怎麼又來了？然後就要趕快找到一個可以覺悟的法門，之後就天天花八個小時念佛，或打坐參禪，希望一心往生淨土。生命才剛開始，就想走了。下這麼多工夫，如果真能去到淨土也好，可是幾十、百萬之中也不會有一個真去得了。再則花那麼多工夫，所有世間的事都不管、不做了，這樣不合理嘛！把念佛的時間留下來，不是可以做很多事嗎？談戀愛也比較轟轟烈烈一點。這跟佛入中土之前的中國傳統文化是格格不入的。如果是這種方式，我對淨土真是一點也不嚮往。

所以你們看老師是不是越來越走火入魔了？其實這就是〈觀卦〉。就像蘋果日報創辦人黎智英，他這些年在臺灣，甚至以前在香港的作為，什麼壹傳媒、動畫、狗仔隊，新聞內容就是渲染屍體加裸體……。他搞的這些東西，本質上絕不是民主自由，而是〈大壯〉四爻陽氣盡消變〈坤卦〉，對整個人類社會絕對是負面的。最後搞到讓自己「羝羊觸藩」，觸犯眾怒，真的逾越分寸；就像〈臨卦〉的濫用自由，成了「八月之凶」。我們占卦問什麼叫「無明」？就是不變的〈大壯卦〉。「無明」是根本惑，衍出生老病死，還一直輪迴不絕。〈大壯〉有大〈兌〉之象，是與生俱來的情欲本能衝動，就是無明。

〈大壯卦〉從經到傳都警惕人，不要衝動行事。卦辭「大壯利貞」，發情的公羊一旦突破藩籬，造禍無窮，而且傷人傷己。大壯有大〈兌〉毀折之象，〈大象傳〉稱：「非禮弗履」。非禮勿視，非禮勿聽，非禮勿言，非禮勿動，視聽言動，莫不如此。〈雜卦傳〉的結論：「大壯則止」。第三爻「羸其角」，爻變是〈歸妹〉，「征凶無攸利」。

《易經》很活潑，聖人亦然，〈臨卦〉只是提醒不要過火，以免「八月有凶」，大部分的爻還都不錯，像是「甘臨」、「至臨」，調整一下就好，最後還是「教思無窮，容保民無疆」、「元亨利貞」。〈大壯卦〉則是禍源，一動就不得了，何況用傳播來激化〈大壯〉的情慾衝動，對象還是血氣方剛的年輕少壯，就貽害無窮！像我們這種老人家，看了還不免有一絲激動，何況是下一代的青壯年，那還不全面衝動！當然不可以！

本來這是不想講的，因為跟佛還是有點兒關係。我們問「無明」，就說是不變的〈大壯〉。〈大壯〉就要用他的錯卦〈觀卦〉才能對治。之前講到淨空法師把「格物」濃縮成「格殺物欲」，這樣會誤導信眾，三世諸儒要是知道了都要喊冤。真正要讀懂中國的這些東西，尤其在博學廣參的情況下，要會通儒釋道，談何容易！

我們拉回來。這就是「降伏其心，應云何住」。要安定真心，也是為了揚善；想要有個安心立命的基礎，首先得去掉妄心妄念的干擾。問題是，該怎麼排除這些干擾？怎麼遏惡，怎麼揚善，怎麼順天休命？

往下是〈大乘正宗分第三〉：

佛告須菩提：「諸菩薩摩訶薩應如是降伏其心！所有一切眾生之類：若卵生、若胎生、若濕生、若化生；若有色、若無色；若有想、若無想、若非有想非無想，我皆令入無餘涅槃而滅度之。如是滅度無量無數無邊眾生，實無眾生得滅度者。何以故？須菩提！若菩薩有我相、人相、眾生相、壽者相，即非菩薩。」

接下來，佛就順著須菩提的話講，直接現身說法，把如如不動的法相莊嚴示現給他看，讓他明白，如果真是發無上正等正覺心的善男信女，就應該如是住，如是降伏其心。

「佛告須菩提，諸菩薩摩訶薩」，上次我們也提了，「摩訶」也是譯音，就是「大」的意思，大哉乾元的「大」。這個大菩薩離佛其實很近，再精進一點就成佛了。只要把最後的一點執著或無明點透，他就上去了。「諸」，表示還不只一個，就像五爻對四爻，飛龍對那些躍龍講話一樣，都已經到這個地位了，「應如是降伏其心」，只要把這一關看透，沒有任何一點細微的干擾，真做到「無妄」了，由〈復〉到〈無妄〉到〈大畜〉，再到〈頤〉養眾生，修行之路就很順了，然後佛的抱負心量就出來了，充滿自性，也充滿洞見與智慧。

「所有一切眾生之類」，這就不是只有人。佛教這個類比的舉法，不同於科學、植物、動物的分類學，但他觀察得很細膩，就像佛教的宇宙觀就廣闊得不得了，所謂的「三界」就包括欲界、色界、無色界等。所以「一切眾生」就有「卵生、胎生、濕生、化生」等等，其實這個卵生、胎生，幾乎就把一切動物的生命形態涵括了。《易經》〈中孚〉的「孚」是卵生，「果行育德」的「育」是胎生。「濕生」，例如水族，「包有魚」，「包無魚」的魚也都是。其實按我們現在來分，可能會把魚分作「卵生」。「若化生」，這就有點麻煩。上次也提過，連中陰身都歸成化生。

循著三界一直往上升，都還是一切眾生，還沒出三界。按照淨土宗末法時期的念佛法門，出三界比登天還難，如果沒有念阿彌陀佛，老實修行，帶業往生的話，一個都去不了。「若有色，若無色，若有想，若無想」，這也是一種眾生的形態；還有「若非有想，非無想。」佛教的品物流形分得很細，乾道變化，各正性命，從卵生，一直到若非有想，非無想，所有這些東西佛都有把握，絕對保送上壘，一定渡彼岸。「我皆令入無餘涅槃而滅度之。」佛說「我」，是指那個常樂我淨的真我、大我，因為他正道已成，圓滿了。有無餘涅槃，就有有餘涅槃。真正無餘涅槃，就是該滅的東西通通灰飛煙滅，乾乾淨淨了。而且三界六道的一切眾生全部都渡過去了，一個都不落。〈既濟卦〉的「既」不只有「已經」的意思，還有「盡」的意思；全部都渡過去了，沒一個留下。「曲成萬物而不遺」，「佛氏門中，不捨一人」，這是慈悲，不隨便放棄人；包蒙，一個都不落。〈泰卦〉第二爻也告訴我們那種企圖心，它說：「包荒，用馮河，不遐遺。」不管離多遠，都要想辦法幫他過河，不要放棄，這叫「盡濟」。如果丟了幾個留在這邊，就代表度化的能力不足，慈悲心不夠，有分別心。佛沒有分別心，一個覺悟者，他說我都可以讓他們入究竟的無餘涅槃。如果有餘就麻煩了，《易經》說，積不善之家必有餘殃。現在是要掃掉那些分別執著妄想，如果沒掃乾淨不是很麻煩嗎？一般的關口過得了，到了致命的關口，因為有些東西沒清乾淨，就過不了關，就出事了。

既然要把人渡過去，就得渡得乾乾淨淨，全部都渡過去。他說不管是哪一類，「我皆令入無餘涅槃而滅度之」。「滅」字一般人不喜歡看到，以《易經》來講，〈大過卦〉裡面「滅」的陰影就籠罩全卦，因為〈大象傳〉就叫「澤滅木」。〈剝卦〉頭兩個爻就說「蔑貞凶」，「以滅下也」。〈噬嗑卦〉真是人間地獄，六個爻有三個爻都「滅」，眼耳鼻舌身意，滅膚、滅趾、滅耳，殺孽太重，造成六根都不靈通，有跟沒有一樣。佛經裡，滅是非有不可，因為要「滅」的正是不該存在的東西；那些虛妄的象，分別執著與業障，不滅怎麼行？剝極才能復，把果皮果肉一層一層剝開，掃除障礙之後，裡面那個果實的核心才自然顯現。滅掉那些東西一點都不可惜，沒什麼恐怖，而且要滅得乾淨，等到五蘊都空了，才能真正度一切苦厄，這叫「滅度之」。一般人剛接觸佛法，看到

「滅」就心生恐怖，這種恐怖的心態，可能正代表執著太甚，把假的當真的、虛的當實的，所以才怕滅。無有顛倒夢想，才能到達究竟涅槃；才能無有恐怖，無有罣礙。

佛說把眾生通通渡過去了，下面馬上翻出金剛的智慧，開始一步一步尋幽訪勝，進入般若的妙境。

「如是滅度無量無數無邊眾生，實無眾生得滅度者。何以故？須菩提！若菩薩有我相、人相、眾生相、壽者相，即非菩薩。」如是，就像我前面講的這些，無量無數無邊眾生都滅度了，可是實無眾生得滅度者，根本就沒有任何一個被滅度，因為真能度人的，絕不會想著我度了哪些人，還計算額度業績。從一般語言邏輯等各方面來說，這個說法好像違反常識，佛也知道聽的人會覺得疑惑，所以他說：「何以故？」前面說我通通把他們帶過去了，後面又說：一個都沒有！這是當下就掃掉，不然又生出新的執著、新的分別心。這個分別執著心只要一冒出來，稍微偏一點，其匪正有眚，不利有攸往，下面就越錯越遠。所以履霜的時候，馬上察覺到堅冰將至，當心走火入魔，陷入更大的執著，覺得自己很偉大，度化眾生。這個念頭一起，要是不馬上處理，還洋洋得意，自以為是大菩薩、大善人，霜就會變堅冰，遲早又是龍戰於野，其血玄黃。所以現在馬上就掃除，免得積重難返。問題是，看到霜就想到後面堅冰的人畢竟太少。

「何以故？須菩提，」老師知道學生必有疑惑，就很剴切的告訴這個大弟子，「若菩薩有我相，人相，眾生相，壽者相，即非菩薩。」這個精彩的命題出來了。大家都聽過《金剛經》，都曉得裡面講「四相」，因為他一再重複，從淺到深，要人念念不忘。這裡是第一次講，作為菩薩，已經到這麼高的修行果位了，如果不自覺，心念中還是有我相我執，就糟糕了。你們學過〈謙卦〉，勞謙就不會這樣。顏淵說他「願無伐善，無施勞」，既說願，表示還沒做到。勞謙正是「勞而不伐」，度盡眾生，功勞很大，真有無限慈悲跟神通，可是絕不驕傲。「勞而不伐，有功而不德，厚之至也。」才叫「勞謙」，才叫「萬民服」。「有孚惠心」〈益卦〉第五爻「有孚惠心」，不可以有目的、有分別心的行善，更不可以行善之後還沾沾自喜，說我在哪裡做志工，別人都沒有。

最怕就是剛開始是發心要修，只是加入組織，難免就有爭奪，就有派系，看看〈萃卦〉、〈漸卦〉吧！更糟糕的是，要是修到第四爻，到諸菩薩摩訶薩的地位了，可能就要升第五爻，準備接佛位，大家爭執最多。另外有句話，淨空也常講：「地獄門前僧道多」，聽過沒有？想超脫凡俗，卻做不到，嗔念一起，火燒功德林，前功盡棄。

「地獄門前僧道多」，這話不曉得是誰第一個講，這人一定去過地獄。他到那邊一看，怎麼都是穿法衣的，號稱有神通的人。哪天在臺灣也下地獄看一看，哎呀！發現都是律師。這要得罪人了！「有孚惠心，勿問元吉，有孚惠我德。」利益眾生，自然而然，沒有矯揉造作；不然，就是有目的行善。道家不也講嗎？「生而不有，為而不恃，長而不宰，是謂玄德。」「玄德深矣遠矣，與物反矣，然後乃至大順。」「功成不居」、「居德則忌」。不管儒、釋、道，對這一點的辨別都很清楚，就差這一點，就是佛魔之辨，很可惜！然後勞謙也是，面對天地人鬼神都經得起考驗。如果說行善，或者度化眾生，自己覺得了不起，一念之間就掉下來了！就在這關鍵之處，佛對須菩提要講清楚，還不能一次講完，必須層層化解修行中可能面臨的執著，挑明了告訴我們，不能犯錯！

所以他下面就講「若菩薩有我相、人相、眾生相、壽者相，即非菩薩。」馬上剝奪菩薩資格，不知會掉到哪裡去。因為還有執著，不管那個執著是多細。其實要破四相真是太難太難了，而且根本還是在我相，有了我相就有人相，這是一定的；一執著我，我以外就是人。然後眾生不是只有人，要是一直都有人相，就會忘掉其他眾生的福利。剛剛提到的濕生、卵生都不是人類，何況還有無量無邊眾生。要是執著人相、眾生相，馬上就有孰輕孰重的分別執著，還有對永生的期待，這輩子過得不錯，最好還有下輩子、下下輩子，再不然就是到極樂世界後擁有一個非常大的蓮花座。從另一個角度看，這些都可能是更深的貪念。希望永恆，對〈恒卦〉的時空相有嚮往，就成了壽者相的執著。死而不亡者壽，這是老子的定義，換句話說生死是指肉身，一定有生有滅，但存亡卻可以永恆，讓子子孫孫都記得。換句話說，這些都是從我相的執著來，我相沒破，當然就有人相，眾生相，壽者相。有這些貪念，即非菩薩。

剛剛講到〈益卦〉「有孚惠心」的觀念，想到一個占例。這個占例跟《金剛經》的法脈禪宗六祖有關。惠能跟《壇經》的故事，你們都曉得了，那個爭奪簡直是驚天動地，而且很難化解，就算是師兄弟之間不再計較，跟在師兄弟旁邊的人還放不開，一直要追回衣缽。惠能已經是六祖了，神秀的弟子還堅持神秀才是真正的六祖，這就執著了。所以六祖的聰明就在這裡，到此為止，不再傳衣缽；否則大家在衣缽上執著，該修的都不修。北宗的神秀跟南宗的惠能，好像都活了蠻久。神秀是武則天的國師，頗受尊崇。武則天是一邊殺人一邊念佛，她的佛學底子算是不錯的，佛經前面的〈開經偈〉就是出自她的手筆。但她遇到更高深的佛法疑問，例如般若，還是要請教神秀。神秀謙虛，自認不在行，請皇帝派人到南方去找惠能。惠能如果當時應召到京城，那就破功了，這不是他個人的問題，一旦立下這個規矩，那還得了！頂著皇家的權勢，一招我，我千里迢迢就去了，那我還叫六祖？神秀一直受到皇家豐厚的供養，但遇到皇室召喚，他也不可能去，只是會跟來人講些法，讓他帶回去覆命。反正我看他們這些故事，就想看看他們的修行境界。他們一個漸修，一個頓悟。六祖這套法，是為最上根器講的，不落文字，直接就通了。神秀這邊修了半天，不過就是帝王旁邊的一個宗師，下面還有一群不成材的弟子。看看到底是北宗後來出的人才多，還是南宗的人才多？畢竟離富貴太近不是好事，就算修真的，也像是假的。我一占卦，疑惑就得到解決。神秀的境界，雖然他的徒弟想不開，還要找師叔麻煩，但師父好像修得還不錯，有時候還會派一些人跟師叔請教請教。神秀到底修得如何呢？結果發現他的境界還早得很呢！只是沒離群而已，「夫征不復，婦孕不育。」他是漸修派的，〈漸卦〉第三爻爻變是〈觀卦〉，確實在修，可是距離登峰造極的五爻還很遠，連第四爻都沒到，他就是風山〈漸〉內卦的山頭，是唐朝都城某個派系的頭頭，「夫征不復，婦孕不育」，最後勉勉強強，「利用禦寇，順相保」，也就只到這裡了。修一輩子，搶一輩子，爭一輩子，結果只到〈漸卦〉第三爻，只有「鴻漸于陸」，到一個比較低階的平台，第五爻的高台根本上不去，當然就影響後續法脈的流傳。

六祖惠能是不變的〈益卦〉，「利有攸往，利涉大川」，利益眾生，而且靈活得不得了。內卦〈震〉，絕對有內在的主宰和自覺，外卦是〈巽〉，申命行事，教化眾生。

從易經看「破四相」

我們再回到《金剛經》。從《易經》去看「破四相」，首先會想到什麼卦？〈艮卦〉是不是？

「艮其背，不獲其身」，不是「無我相」嗎？「行其庭，不見其人」，不是「無人相」嗎？這講得很簡略，然後就可以「無咎」了。一般認為〈艮卦〉是成佛修行的法門，所以佛教特別喜歡〈艮卦〉，因為一開始就對味：「艮其背，不獲其身，行其庭，不見其人。」無我相，無人相，因為一切都是從「不獲其身」開始的。老子也說，只是說法不太一樣：「吾之所以有大患者，為吾有身。」是不是這個意思？「及吾無身，吾有何患？」所以人生的「患」，憂患、禍患、麻煩、業障、煩惱，都是從身來的。〈艮卦〉要修，就是要「不獲其身」，無我相，把它徹底去除，再進一步推廣到無人相，然後就無咎了。這是〈艮卦〉的止欲修行，落實在六個爻中，就是我們上次檢討的，中間還有「其心不快」的欲火煎熬，過了最痛苦的階段，到了〈艮卦〉第四爻，就叫「艮其身，無咎」。「不獲其身」還不是究竟，所以他說「止諸躬也」。然後還得到第五爻、第六爻才圓滿。〈艮卦〉確實是修行的法門，最後的成就叫「敦艮吉，以厚終也」。「勞謙」是「厚之至也」，「敦艮吉」是「以厚終」；厚德載物，在〈坤卦〉的廣土眾民之中修行是最圓滿的。第六爻變剛好是〈謙〉，天地人鬼神。正因為這樣，下面才能登峰造極，攀登自家的靈山；突破內卦、外卦千重萬重的阻礙，登上極頂。登上極頂之後千萬別忘了下來，才能帶動下面的〈漸卦〉，一代一代的都要度眾生，要建立叢林，成立僧團。所以從兼山〈艮〉到風山〈漸〉。風山〈漸〉上卦的風不正是教化的意思嗎？誰有資格教化眾生？修到敦艮境界的大德。

〈漸卦〉跟〈歸妹卦〉相錯，都是要讓眾生到一個究竟圓滿的境界。〈漸〉跟〈歸妹〉都追求有終，就是「永終知敝」的「終」。假定〈艮卦〉是無我相、無人相、無眾生相、無壽者相，而修行的綱領是從無我相開始，切斷誘惑，還有哪一個卦是更徹底、更細膩的破四相？是不是〈渙卦〉？《易經》中，〈渙卦〉比〈艮卦〉談得更細，境界也更高、更自然，算是進入化境了。「王假有廟，利涉大川」，〈渙卦〉跟〈萃卦〉不同，幾乎是純精神性的，不需要「用大牲」；即使有廟，也不需要跟企業募款，就可以渡彼岸。〈萃〉是立了廟之後還得去募款，組織什麼什麼之友會，因為要「用大牲」，不然怎麼能〈萃〉之後〈升〉呢？〈渙卦〉之後是〈節卦〉，這個再談，我們先把〈渙卦〉破四相的部分處理完。風水〈渙〉上卦是風，是教化，教化的對象是什麼？風行水上，跟〈觀卦〉的風行地上有什麼不同？〈觀卦〉在上經，是第二十卦，因為風行地上，上巽的教化對象是一切眾生，是〈坤卦〉的廣土眾民，所以要「省方觀民設教」。〈渙卦〉不同，是要救地獄眾生。不管有形無形的地獄，因為教化對象是〈坎卦〉，是深陷在坎險中的眾生。當然坎水也是坤地的一部分，象徵受苦受難的眾生，迫切等待救援，慢了不行。所以〈渙卦〉第二爻「渙奔其機」，幾乎是用匪夷所思的神通辦到的，迅速建立一個救難的平台，「用拯馬壯吉」。人在精神渙散無依無靠時，需要打強心針，「馬」就是心，所謂「心猿意馬」。心亂了，可能馬上就完蛋，所以要用最快的速度跑過去，渙奔其機，快若奔馬，把初爻穩住，初爻爻變就是〈中孚〉，母鳥帶小鳥，先救過來，提供資助和愛心的照顧。因為在第一時間趕到現場，事情處理得不錯，然後就「得願也」。大慈大悲，救苦救難。〈渙卦〉第二爻的做法，就是觀音菩薩的做法，任何地方有生死恐怖，只要心持觀音法門，觀音菩薩瞬間就到了。〈渙卦〉第二爻爻變不就是〈觀卦〉嗎？大慈大悲，尋聲救苦，反應快得不得了。「其受命也如嚮，無有遠近幽深，遂知來物」。

〈渙〉是急救的象，所以上爻是針刺放血，因為不能等血液循環慢慢來，弄到最後救不了，得用非常手段，渙其血，否則就錯過救命的黃金時間了。初爻二爻穩住了，下面就是三四五爻，開始要破四相。因為不能每次眾生遭遇痛苦都去救，最終還是要他能夠自救；師父領過門，修行在個人，自覺還要覺人，這才叫菩薩。一定要想辦法分勞，教化眾生使其精進。自救的第一關就是第三爻。爻辭是「渙其躬」，就是「無我相」。「渙」是「化散」，風吹水上，散掉積滯。〈小象傳〉：「志在外」，不能只到「無我相」，還要繼續往前推進到外卦更高深的境界。下一步就是最精彩的第四爻。「渙其群」是去掉「人相」，消弭群跟群之間的鬥爭，而獲「元吉」。將自性發揚光大，故稱「光大也」。人群不鬥了，人跟眾生間還有紛爭，導致整個生態隱伏許多危機，光是從人類立場去想，合乎人類利益的未必合乎眾生的利益，也未必合乎天地人鬼神自然環境的利益。所以從〈同人〉〈大有〉解決了人間世的紛爭後，還要再往上推進到〈謙卦〉，到「萬物與我並生」的境地，民胞物與，化育萬物。「渙有丘」，就是「無眾生相」，「丘」即「眾」。有丘、有廟、有眾、有家，注意這個筆法，「丘」比「群」還大。修為至此，甚難想像，故稱「匪夷所思」。再往下是「無壽者相」，第五爻在「渙汗其大號」之後，還要「渙王居」；沒有企業總部，沒有神廟，沒有塔寺堅固，沒有廟產，怎麼爭呢？「王居」是宣化的總部，不是在哪個固定的地方，而是散在天下四方，散在人心深處。〈渙卦〉是純精神性的，無形無相，可以永遠不被摧毀。如果是有形的廟，再高再大，都有被毀的一天，那叫「豐其屋」，〈豐〉極轉〈旅〉，有形就著相。

自古以來，人都會有一種期待，想要留名千古、流芳百世，或者完成什麼偉業之後，再來一個諾貝爾和平獎，這還是「妄」。在「渙王居」的時候，爭什麼呢？德高鬼神驚，完全不著相，根本找不到王居。所以，把一個人救起來之後，讓他從渙其躬，渙其群，渙有丘，再渙王居，終極成就，可以振聾發聵，「渙汗其大號」。這就影響深遠了，然後就真正「無咎」，這才叫「正位」。四相全都破了，是不是比〈艮卦〉更細、更完整？而且注意，以《易經》的修行來講，〈艮卦〉是在第五十二個階段，〈渙卦〉是第五十九個階段，功夫更精細。下面就是第六十卦〈節卦〉，這是《易經》修行的結論。

〈艮卦〉確實會有少數人登峰造極，例如弘一、玄奘等，但眾生有幾人能夠修到「敦艮吉」？〈艮卦〉幾近絕欲，人生在世，第一個出來的就是〈咸卦〉，情欲是自然湧現的，也沒有什麼不對，問題就是會給我們帶來麻煩。所以經過〈咸〉、〈恒〉、〈遯〉、〈大壯〉、〈晉〉、〈明夷〉、〈家人〉、〈睽〉、〈蹇〉、〈解〉，一路受盡情苦，到第四十一卦〈損〉，決心「懲忿窒欲」。「山澤損」是移山填海，可是內卦是兌為澤，欲壑難填。〈艮卦〉那座大山，硬是壓下去。這得有愚公移山的精神，精衛填海的毅力，很不容易。道家「為學日益，為道日損」，塞住情慾，免出紕漏。顯然不是一時辦得到，否則就不會講「損之又損」；損到最後乾乾淨淨，「以至於無為」。牽絆都沒有了，自由自在，什麼都可以，這就叫「無為而無不為」。所以〈損卦〉下一卦就是無不為的〈益卦〉，怎麼做都對。但是這樣是不是能保證究竟成功呢？尤其真正的大道不是只針對少數人，是希望普及一切眾生都可以依循這個法門。懲忿窒欲這種法門，可以永遠持之有效嗎？如果是，就不會有〈損〉、〈益〉後面那些卦了。

〈損〉、〈益〉、〈夬〉、〈姤〉、〈萃〉、〈升〉、〈困〉、〈井〉……。看那些卦象即知，內心中的〈兌〉光靠〈艮卦〉不見得壓得住，澤天夬、澤地萃、澤水困、澤火革，外卦皆為〈兌〉，情慾外湧難以抑制。經過一番肆虐之後，〈困〉、〈井〉、〈革〉、〈鼎〉，又得從頭下工夫思考人的問題。〈震卦〉後又出現〈艮卦〉，內外皆艮，乾脆更走極端，要把〈兌卦〉都掃乾淨，〈咸卦〉以降的〈兌〉，與生俱來的情欲，到了〈艮卦〉確實連影子都看不到了。可是並沒有搞定啊！所以〈艮〉之後不是又一堆問題了嗎？〈漸〉之後為〈歸妹〉，外卦又是〈兌〉，縱情不顧一切。最後發現還是不行，〈艮卦〉不是結論，沒辦法成為人人能行的大道。〈豐〉、〈旅〉、〈巽〉、〈兌〉，內外皆悅，情何能止？〈兌卦〉朋友講習，開始說法，講到大家法喜充滿，就要建立新的學說，試行新的修行方法。〈兌卦〉開始是跟少數人講，講得大家都認為不錯，就廣為散播，就是〈渙卦〉。

〈渙卦〉風行水上，風吹過水面的中心點就是〈巽〉、〈兌〉的突破口，想通了，從這個點開始擴散，無遠弗屆。〈渙卦〉的破四相，跟〈艮卦〉的破四相不一樣，〈渙〉如果真的都做到了，洗得乾乾淨淨，連王居、神廟都沒有了，然後自然產生《易經》修行的結論〈節卦〉。水澤節內卦還是〈兌卦〉，潛藏的欲望沒辦法壓抑，斷不了。為什麼非要斷呢？搞得那麼苦，有時候還逼出一些問題。斷不了就不要斷，但一定要有所節制。《中庸》稱：「喜怒哀樂之未發，謂之中；發而皆中節，謂之和。」情發中節，恰到好處。節欲而非絕欲，依此訂立社會共守的規範。〈大象傳〉：「君子以制數度，議德行」。

〈節〉是第六十卦，甲子循環滿氣數，承認本然慾望的合理性，只是要下「節」的工夫。其實「節」比「斷」難，「斷」是走極端，「節」是走中道，有而不過火，才會有下一代。其後為〈中孚〉，一代傳一代，建立學派、道場、教堂。新一代摸索歷練為〈小過〉，最後才能〈既濟〉〈未濟〉，這是不是比較完整？以孔子來講，「四十而不惑」，把欲望克制住了，再修十年，「五十而知天命」。再十年，「六十而耳順」，你們怎麼理解「耳順」？〈鼎卦〉的〈彖傳〉：「巽而耳目聰明」，可以養聖，「大烹以養聖賢」。注意「聖」字是不是有一個大耳朵？表示革故鼎新，很有火候，金丹煉成，最後「七十而從心所欲不逾矩」。這是孔子的修行記錄，以過來人的經驗告訴我們，值得再三體悟。

講到這裡，我又忍不住把我的謬論搬出來。如果孔子再活過八十、九十、一百，以十年乃字的標準，他每十年都要進步，不然這麼老，活著就沒有意思了。還好他只活了七十三、四，不然我們又要參他後面的境界到底有多高，結果有位同學就用占卦問出來了。我們講淨土的修，各方面是在〈無妄〉下工夫，其中四個爻滿佈地雷，充滿風險，只有初爻、四爻是正。假定孔子再活十年，或再活五、六年好了，就可以修到〈無妄〉的初爻和四爻動，齊變有〈觀卦〉之象。初爻就是初發心，第一念絕對正，稱「無妄往吉」。第四爻，中間遭遇了一些狀況，懂得「可貞無咎，固有之也。」守正不阿。觀想省察都無妄，純淨無比。另一位同學問佛教講的「自淨其意」是什麼意思？結果也是〈無妄〉初、四爻動有〈觀卦〉的象。「自淨其意」是必修法門，得靠自己，靠別人都是假的，完全沒用。〈渙卦〉為什麼把人家救起來之後，要讓他將來能自救，這才是根本解決之道。迷時師度，悟時就得自度。所以「諸惡莫作，眾善奉行；自淨其意，是諸佛教」，這是佛教的特色。有些宗教不講自淨其意，只要把自己交託給神就好，保證幫你辦到。

佛教入中土後特別受到中國文化的歡迎，因為自強不息，自我致寇，一直是這個路數，絕對靠自己，自天佑之，吉無不利。換句話說，天命觀在中國文化系統中不是最高的，那只是孔子五十歲的境界，君相造命。我們講《易經》開始就下結論，三分天意，七分人事，是有一點勉強，但在理論上絕對要堅持這一點。

凡所有相，皆是虛妄？應無所住，行於布施？

昭明太子把五千多字的《金剛經》分成三十二段，三十二分，又標出一個小標，對後世的影響很大。我們前面講到「滅度無量無邊眾生」，又說「實無眾生得滅度者」，馬上就掃掉，完全沒有「度眾生」想法，這又涉及四相的問題；如果菩薩度了眾生，還一天到晚想著自己度了那麼多眾生，那就著相了。所以昭明太子把這一段總結為「大乘正宗分」，最後得出「破四相」的結論，石破天驚。再下面呢？他又叫我們不要執著，因為整個論點都是從須菩提問「應云何住」帶動的，後面就說怎麼打消妄念，怎麼降伏心魔。不過「應云何住」的「住」，大家總覺得要安身立命，安定可靠，像〈屯卦〉初爻所稱「磐桓，利居貞。」把假的東西降伏，這可以理解，真的東西一定要找一個安頓的地方，所以才會問出「應云何住」這樣的問題。可是這個問題也是執著，為什麼這種真的東西，一定要找一個可靠的地方來安頓它呢？像我們前面講「渙王居」就不是這樣，哪裡有固定的王居？「神無方而易無體」，「陰陽不測之謂神」，為什麼一定要「定」呢？像〈艮〉就在追求「定」，他可不可以動一動，可不可以更靈活機動？忽而在這兒，忽而在那兒，無定在又無所不在？

《易經・繫辭傳》裡有句大徹大悟的話，我們講過好幾次了，「不可為典要，唯變所適」。

〈隨卦〉就沒有定在哪裡，第二爻「係小子，失丈夫」，第三爻「係丈夫，失小子」。一旦有了「住」的想法，就是掛礙、執著，所以下面一段就是〈妙行無住分第四〉。真做了很多事，布施、做事業，去掉妄想執著，達到真空妙有的境界。因為佛法在世間，不離世間覺，既然不可能離開「世」，得隨時隨地隨遇而安，當下即是。所以我們觀空，卻並不妨害「妙有」；用「觀空」的心境，面對現實世界的一切，在短短的一生中，在三百六十行裡，還有很多精彩的創造。有些人就否定現實世界，一心嚮往「空」，這是可怕的陷阱，《金剛經》力批這種極端的心態。一般人都執著「有」，爭逐「有」，盲目鬥爭只得到無限的痛苦，參不到後面的「空」。所以，妙有不礙真空，真空不礙妙有，兩頭都不住，才是金剛的般若智慧。這在邏輯或平面語譯上常會造成困擾，《易經》同樣會遇到。人生都想追求永恆，所以「壽者相」很難參透，如何把〈恒卦〉的追求落實在日常生活？不講卦，我們看爻，三爻、五爻就把我們困死了！三爻說，要追求永恆，當然要修，而且不能隨便，「不恒其德，或承之羞」，還會搞到「無所容」。三爻是人位的修行，不恒其德不行。那就恒其德吧，可是到第五爻又說「恒其德，婦人吉，夫子凶」，如果是夫子，碰到〈恒卦〉，不憋死了！「不恒其德」也不行，「恒其德」還凶，而且還罵：「夫子制義，從婦凶也。」〈恒卦〉這兩個爻變就是〈困卦〉，〈困〉就逼出〈井〉、〈革〉、〈鼎〉的般若大智慧。兩頭掐死，這邊執著也不行，那邊執著也不行；「恒其德」也不對，「不恒其德」也不對，那到底誰對？結果是兩頭都不住，最後就逼出般若智慧來了。

復次，須菩提！菩薩於法，應無所住，行於布施，所謂不住色布施，不住聲香味觸法布

施。須菩提！菩薩應如是布施，不住於相。何以故？若菩薩不住相布施，其福德不可思量。

須菩提！於意云何？東方虛空可思量不？不也，世尊！

須菩提！南西北方四維上下虛空可思量不？不也，世尊！

須菩提！菩薩無住相布施，福德亦復如是不可思量。須菩提！菩薩但應如所教住。

我們先看本文，〈妙行無住分〉，這是第四分。「復次」，這是學生沒問，佛主動加話，因為場子熱起來了，學生也進入狀況了，前面那句話已經講出來了，以後還要重複講好幾次呢。佛說菩薩一旦執著四相就非菩薩，須菩提還沒有反應過來，佛就接著說了。這就叫「善咐囑」，諄諄教導，也不要學生問，就順著這話再說：「須菩提！菩薩於法，應無所住，行於布施」，我每次念到這個地方，都覺得真好，《金剛經》的文辭美，意境也高，很多人布施就有很多執著，老算計著有多少布施功德。其實自然界「雲行雨施，品物流形」，不會覺得在布施，一切自然而然、元亨利貞。「勞謙」就更不用講了。布施的心念若不正，《金剛經》罵得最慘的就是財施，一般人認為捐一點錢、蓋廟、做護法，就可以取得某種地位，買到了諾亞方舟的票，保證有蓮花座等著，有那麼容易嗎？《金剛經》就講得很誇張，即便是全世界的億萬財寶，還不如老師跟你們講一堂《金剛經》，因為法施遠遠大於財施。他會這麼講，是因為印度那個時代，一直到我們現在，多數人對財施都很執著，以為那是不得了的功德，所以菩提達摩說梁武帝蓋了再多的廟也全無功德。尤其有人在財布施時，還一天到晚想這個月捐了一千萬，下個月捐多少就是排行榜冠軍了，可以掛個什麼頭銜來顯擺顯擺……。那是〈萃卦〉「用大牲」的想法。〈萃卦〉後面是〈升〉，〈升〉後面就是〈困〉了。〈升〉裡面是「凡所有相皆是虛妄」。法施就不同了。這些在《易經》裡面都有相應的卦象。

「菩薩於法應無所住」，不一定要找一個安頓點，把它奉為金科玉律，奉為典要，緊緊抱著不放，這不是更深的法執是什麼？「菩薩於法」，已經是菩薩了，不要那麼糊塗，「應無所住，行於布施」，他是真去做了，可是不能被卡死，也沒有一定的方法，〈觀卦〉講省方觀民設教，哪裡有定法呢？〈夬卦〉也講布施，水庫蓄滿水再流出來。〈大象傳〉說：「澤上於天，夬，君子以施祿及下。」我們那麼多，人家缺，當然要施祿，而且要及下，善款不要在中間被弄走了。〈中孚卦〉稱「信及豚魚」，〈夬卦〉說「施祿及下」。但是後面更重要，「居德則忌」，一旦認為布施是德，就全部破功了。下面就細講，「不住色布施」，色、聲、香、味、觸、法，這都是基本功。六根六塵十八界，都要能夠「不住色布施」，色相是指物質世界，不能著這個相。「不住聲香味觸法布施」，色聲香味觸法都是相，老子不也說嗎？「五色令人目盲，五音令人耳聾，五味令人口爽，馳騁田獵令人心發狂。」這些都是著相，都迷在相裡頭，所以那些布施都是有障礙的，菩薩不能這樣。佛對須菩提諄諄告誡：「菩薩應如是布施」。怎麼「如是布施」呢？不住於所有的相，因為他能參透表象裡的實質。「何以故？」若菩薩真做到了不住相布施，「其福德不可思量」。匪夷所思，那個福德大了；如果住相布施，為了某些目的，那就完了。〈益卦〉第五爻的「有孚惠心」，跟六爻的「莫益之，或擊之」，就只有一個爻的差距，無私的利他心跟深層的利己心，馬上就分高下。「有孚惠心」，是菩薩心、佛心，勿問元吉。上爻「莫益之，或擊之，立心勿恒」，利他心不能持之以恆，馬上就佛變魔；「偏辭也」，走偏了，不正了。

「一日心為恒」，「立日心為意」，還真是難搞！一段時間做對了，不代表下一段時間還對。如果真能做到不住相布施，其福德不可思議，不可思量。「須菩提於意云何？」你認為如何？接下來佛又舉譬喻了：「東方虛空可思量不？」這個「不」字，要念成「否」，有一點像語意詞，並沒有要拒絕幹什麼的意思，是商量的語氣。「東方虛空」，還專門從東方來講，「可思量否」，這無形無象的虛空，從人的思維可以去思量它到底有多大、多深嗎？它的本質是什麼？沒有辦法。「不也世尊」，須菩提承認了，這個虛空是不可思量的。接下來佛又擴充了：「南西北方」，這就四方了；「四維上下」，這就十方了。八卦方位，除了東南西北四個正的，還有四個角隅就叫「四維」，不是禮義廉恥，是東北、東南、西北、西南，這就補足了八方的概念，還有上下，就是十方。所以十方來十方去，十方三界，他就把這個架構拿出來，問這個虛空可思量否？當然也不行。佛就是拿這個做比喻，說菩薩如果無所住，神無方，不拘泥於是哪一方。菩薩如果無住相布施，福德亦復如是，無窮無疆，不可思量。所以下面就做結論了：「須菩提，菩薩但應如所教住。」你不是問應云何住嗎？你就照我前面教你的去「住」——這個「住」就是「無住之住」，它是圓融無礙的，是神無方而易無體，要破除所有的執著，才提出來就馬上把它掃乾淨。

所以《金剛經》跟一般其他宗門，還有世間法的修行方式真的不太一樣，他是剛剛講出來，就把它掃掉，免得萬一沒掃乾淨，我們又認真、執著了，將來就會長出一個什麼怪物。隨說隨掃，就像我們說〈既濟〉，般若波羅蜜，是要引領人過河的。很多法門也會告訴你，從此岸到彼岸不容易，一旦天崩地裂時，花了十億歐元買了諾亞方舟的票，家人、寵物也上去了，然後可能漂到非洲，渡到彼岸，要重建家園。在一路行程中，都想著我目前是在大船上，到達彼岸後，這個船就用不著了。這是一般修的，所以他叫我們不要執著，等過了河，就把船拋了，不要再想。金剛般若不是，他要我們一上船，就不要有船的觀念，當下就有清淨心，才能解脫、自在。

金剛法門是兩頭不住，執著任何一邊都有問題，《易經》最後的大高潮〈既濟〉、〈未濟〉也在闡述這個道理，包括「伐鬼方」，既是〈既濟〉，又是〈未濟〉，兩個卦根本就分不開。執著任何一個都不行，不管我們認為是在此岸還是彼岸，或是在河中船上，這些念頭都很危險；最上根器的人，當下即是，過去心不可得，現在心不可得，未來心也不可得。如果一定要等上了岸，或者到哪個階段才拋掉，那就是把自己困住了。聽到這裡，是不是覺得有點格格不入呢？怎麼剛才給我一條船，現在船又不見了？其實《金剛經》本來就是給最上根器的人講的，最上根器的人就會說：「哪裡有船，根本沒船。」我們一般凡夫卻還在四處找船呢！所以我們就是打鴨子上架，勉為其難，把自己當作是最上根器的吧。

須菩提！於意云何？可以身相見如來不？

不也，世尊！不可以身相得見如來。何以故？如來所說身相，即非身相。

佛告須菩提：「凡所有相，皆是虛妄。若見諸相非相，即見如來。」

這一段很重要，要引入最重要的命題了。「須菩提於意云何？」佛越講越懇切。我們教書的人就很想學這種溫柔的語氣，可是學不像，我們一講話就辣辣的，笨、呆、傻，要學的地方還很多。

緊接著佛又拋出一個逗趣的問題，這個問題其實不難，以須菩提的冰雪聰明，簡直易如反掌。但是他就是用這個東西，引出下面的命題。：「可以身相見如來不？」這個「身相」不是如來的三十二相，而是一般人都有的身相；「艮其背，不獲其身」的「身」；「吾之所以有大患者，為吾有身」的「身」。人人都有身相，有臭皮囊，一般人對身相都過分在意，無論男女，就養活了好多產業，這邊要拉一拉，那邊要衝一衝、吊一吊；這個產品那個產品，都是為了維持身相。世人這麼執著身相，可以身相見如來嗎？「如來」不是專指釋迦牟尼佛，而是指每個眾生皆有的自性。因為每個人都有身相，也都有如來，只是如來能不能開發出來，實現圓滿？身相就是〈剝卦〉要剝掉的果皮果肉，如來則是天地之心的核仁，除非特別有經驗或洞察力，否則只能看到水果被果皮果肉包裹的重重假象，怎麼能看到裡面的核仁？有些人吃過虧，他一眼看到重重色相，就知道那是吃人的妖魔，知道下面馬上就是陰剝陽的局面。我們學《易經》不一定要吃過虧，卦象提供了許多現成的教導，讓我們多一點機會見到如來。

「可以身相見如來不？」這是接著前面的「無我相」來的，這個問題實在太容易了，所以須菩提回答說：「不也，世尊，不可以身相得見如來。何以故？如來所說身相，即非身相。」身相是虛妄的假象，怎麼可能從假象中看到如來呢？「如來所說身相即非身相」，這已經是在為《金剛經》往下的命題開始鑄型了。你們看師生的對話真有意思，他也不急，一句一句把正題引出來。佛把須菩提這句話引出來之後，馬上就接著說：「凡所有相，皆是虛妄。若見諸相非相，即見如來。」不只是身相見不到如來，所有的相，都見不到如來。〈升卦〉的味道又來了。它其實是緣生的東西，是〈姤卦〉後面的〈萃〉，因緣聚會才有了〈升卦〉的虛象，看著蠻像回事，其實是假的、空的。

「若見諸相非相」表示突破了，有洞察力。「凡所有相，皆是虛妄」，這個重大議題就提出來了。

像〈坎卦〉上爻那麼淒慘，從佛教講就叫「相縛」。被重重虛妄的假象綁得死死的，還被丟到荊棘叢中刺得渾身流血，痛苦不堪，無法掙脫，「繫用徽纆，寘于叢棘，三歲不得，凶。」而且是「失道凶也」。為相所縛，而那個相居然是假的、是虛妄的，那不是太冤了嗎？

另外，上次講了〈升卦〉的虛相，講容易，要參透諸相非相談何容易！「凡所有相皆是虛妄」，這就是「升虛邑」對不對？他明明已經告訴我們是「升虛邑」了，〈小象傳〉卻說「無所疑也」，因為大家都對它深信不疑。而且，這個虛相還真有創造力，像是真的，因為它的互卦就是〈復卦〉的天地之心，就是如來金剛心。從卦中卦來看，〈升卦〉第三爻「升虛邑」即是〈復卦〉初爻的象，完全像真的，充滿了核心的創造力，所以會有那麼多人相信它、追求它，很難分辨，所以你們看，有的魔還真是很像佛。然後我們講過，《維摩詰經》不就是自由開放的〈臨卦〉第二爻嗎？〈升卦〉第三爻就是〈復卦〉第一爻，也是〈臨卦〉第二爻，它兼具這些本領和本質。要再詳細分析，用所有卦中卦相應的爻位去檢驗〈升卦〉第三爻的「升虛邑」，真的好厲害，它的真偽好難分辨。爻辭只講「升虛邑」，是吉凶，是好壞，根本不做定論，因人而異，看怎麼利用，怎麼參透；它可以讓一大堆人忘勞忘死去追求，結果卻都是空的。「凡所有相皆是虛妄」，所以「一切有為法」，到最後，「如夢幻泡影，如露亦如電，應作如是觀。」《金剛經》就在這裡做結。我們也占過，最深層的第八識阿賴耶識，卦象就是〈升卦〉。哪有這個東西？那是一個方便法門，要把這個東西當成究竟就錯了，那是「升」，是吹起來的泡泡。只是它真的很難分辨，因為它就是有多重角色，要參破它不容易。人生的虛邑太多了，有時候人心自己也會構畫出一些虛邑；我們為某種理想奮鬥終生，我們要如何如何，可能實質上根本就沒有這個東西。但是，一方面積極奮鬥，一方面「若見諸相非相」，如果有那種大定力、大智慧，才能真正見到如來。不過，這個見到的如來還是有爭議性的，因為它的本卦畢竟是〈升卦〉第三爻，卻可以看成是〈復卦〉第一爻、〈臨卦〉第二爻。〈升卦〉第一爻就是「允升」，相信就有。「允」就是大家都同意。明明是一個陰爻，是〈巽卦〉下面的初爻。第二爻的成本也很低，只要「孚」就可以了。先「允」再「孚」，兩爻齊變，〈升〉中有〈明夷〉象。所以講很容易，真要辨別佛魔虛實，有那麼容易嗎？為什麼那麼多人一定要等到泡沫破碎之後，才發現：「啊！原來如此。」即使他熟讀《金剛經》，也不見得能參透。〈升卦〉第三爻我們在講義上也說過，我們問什麼是佛？就是「升虛邑」，無所疑也；有極可怕的創造力，是〈復卦〉的天地之心，是〈臨卦〉的未順命。值得好好詳參。

我們也問過什麼是大人？就不是〈升卦〉的路數，而是〈大畜〉。〈大畜〉就是〈升卦〉錯卦的綜卦，就是〈無妄〉〈大畜〉。所以大人的思維是從〈復卦〉來的，〈復〉然後〈無妄〉〈大畜〉，是不是？佛的思維不要在法相上執著，佛的思維是〈姤〉〈萃〉〈升〉，是從〈姤〉來的。他可以是方便法門，你們要老是覺得有佛的自覺，那就糟糕了，即非佛。這裡面很多東西不知道該怎麼講，只能期待你們是上等根器，才能理解這無上甚深的東西。

法尚應捨，何況非法

上次說到「凡所有相皆是虛妄」，這是《金剛經》有名的命題。任何一個東西，只要有相，《金剛經》就宣稱它「皆是虛妄」。只要懂得這一句，就具有這樣的法眼；看到任何東西，都可以直探大道的核心，也就是〈復卦〉的「見天地之心」。「復以自知」，可以完全瞭解自己；「小而辨於物」，心就能辨物。宇宙萬有都是物，能明察秋毫、悉知悉見。《金剛經》一直那麼自信，對宇宙時空的一切，如來悉知悉見，通通都能洞察；三千大千世界，沒有任何時空障礙，來去自如，心量不可思議。然而要探究到真實的核心並不容易，漂亮的果皮果肉把核心種子包得緊緊的，除非真能把它剝光了，裡面的核仁才能顯現出來。如果具備金剛法門的話，不管看見什麼相，都可以認定它根本是虛妄、不存在的，就可以直接看到真理的核心。所以說「若見諸相非相，即見如來」。這就是剝極而復，直接看到天地之心。但要實際修證，談何容易，因為真假莫辨，佛跟魔常常是一體的；尤其如老佛所預言，我們正處在末法時期一萬年，不管佛是三千年前，周文王之後沒多久的人，還是比孔子、老子早一段時間，佛涅槃後是所謂的正法一千年、像法一千年，現在所處的末法時期，據說將長達一萬年之久，真是萬古如長夜！而現在是末法時期才剛開始沒有多久，就算已經五、六百年了，放眼看去，還真沒幾個是真修行的，蓋大廟、搞鬥爭的很多，因為離佛日遠，都在爭逐表相的東西，那些都是我們一直在講的〈升卦〉第三爻。人為的造作，海市蜃樓，一個人用夢想編織出來的創意之作，然後吸引無數深信不疑的追求者，最後泡沫破碎了，怎麼不出事呢？所以到了〈升卦〉第六爻，所有的美夢都幻滅成泡沫，升而不已必困，最後進入〈困卦〉。會有第六爻的結果，他的「因」就在升虛邑的第三爻。我們要體會《金剛經》，透過揭示真實義的〈復卦〉和充滿虛幻相的〈升卦〉交相驗證，對開智慧很有幫助。升虛邑的吉凶未定，因為吉凶由人，尤其它的〈小象傳〉講得更是貼切——「無所疑也」。明明是一個不存在的東西，或者至少不確定是不是實有的東西，這個「虛邑」卻能讓很多人瘋狂追求，而且深信不疑。信仰能產生那麼大的力量，讓那麼多人忘勞忘死去追求。所以它也展現出類似天地之心那麼強大的核心創造力。根據《易經》卦中卦的理論，〈升卦〉上面四個爻剛好可以組成〈復卦〉，而〈復卦〉初爻就是〈升卦〉第三爻；也就是說，那個核心創造力，剛好就構成了〈升卦〉的升虛邑。可見人為編織的夢想裡有個重要的質素——例如金融風暴，或衍生性金融商品，都是很有創造力的，因為它根本就包含了〈復卦〉第一爻的特質。換句話說，如果升虛邑是讓很多人毀滅的魔相，它同時也擁有類似於佛的神通。這就不得不佩服了。可是，它有那麼大的創造力，在它還沒有露出破綻之前，有誰能辨識呢？若有先見之明看見它其實是虛邑，就不會被迷惑了。再說，升虛邑剛好又是君臨天下，自由開放，創意無窮的〈臨卦〉第二爻，叫「未順命」——人可以不順天命，先天而天弗違，這也是超強的開創力。剛好也是《維摩詰經》的宗旨，居士說法，菩薩都來聽；不必緊守著僵硬的規範，揮灑自如，咸臨，還充滿感情地全心全意面對世界，可是吉無不利，自天佑之，因為它類似〈臨〉二〈復〉一，把最根源的東西都藏在深山之中。升虛邑裡面就有這樣大的創造力，所以更加真偽難辨。如果根器不夠，或者時間不對，機緣不湊巧，就沒辦法看穿它，佛魔不辨，以迷為悟。所以《楞嚴經》講到後來，老佛就預言末法時期有五十種魔，人有心魔，有天魔，還會帶動魔王形成魔的眷屬。

儘管佛早就有預言，但他入滅後的兩千多年還是一場糊塗；雖然他早就給了我們「凡所有相皆是虛妄」的法門，但有辨識能力的還是少之又少。所以才有佛地魔、有穿著袈裟，很有魅惑力的佛皮魔骨。正信希有，我們看到的大部分都是邪信，尤其是末法時期，一不小心就上了賊船，認賊作父，陷入永劫的輪迴。所以要養成「凡所有相皆是虛妄」的見識，「若見諸相非相」，有了這樣的法眼，「則見如來」，碰到真實的東西，虛妄的東西就像冰雪遇到太陽，全都化掉了，無法再干擾我們，就可以通過重重魔考。

上次講到「凡所有相皆是虛妄」這個命題時，就有同學想針對這個命題，占卦問問是什麼意思？結果又是〈升卦〉初爻二爻，所以裡面藏了一個地火〈明夷〉的相，這不就是地獄嗎？可是外面的〈升〉多好，人們都相信，「允」就「升」了，還大吉，而且參加的門檻也不高，「孚乃利用禴」。換句話說，若能從〈升卦〉的美景中看到〈明夷〉的魔相，就見到如來了。

〈升卦〉六爻全變，成性質完全相反的錯卦就是天雷〈無妄〉。〈無妄〉全真，因為它是以〈復卦〉的天地之心為基礎而發展出來的下一卦，「復則不妄矣」。〈升卦〉跟〈無妄〉相錯，所以〈升卦〉充滿了虛妄的相。其實這也是人生的一個相、一個階段，若能在虛相中不為虛相所轉，甚至還可以巧妙運用，藉此創造一些東西，那也很了不起。所以「升虛邑」並沒有明確指出是吉是凶，道理就在這裡。跟同樣是人位的〈比卦〉第三爻「比之匪人」一樣，跟魔鬼暫時合作也未必是凶，就看有沒有更深遠的想法。〈隨卦〉第二爻的「係小子，失丈夫」，一般人認為「係小子」不好，但《易經》就不會有道德批判，也沒有說可不可以，這就可見〈隨卦〉的圓融。〈否卦〉最低檔的地方「包羞」，是在地獄深處，卻沒說它是「凶」。換句話說，是吉是凶，完全看如何面對；若能看透，不為境轉，甚至還能轉掉那個境，這才是功夫！因為有佛就有魔，有真就有假，洞察的智慧很重要。要明辨佛跟魔的差別，就要檢驗自己的身心，一念可以成佛，一念可以成魔；明夷之心，天地之心，一下就轉過去了，自己要審慎。我們看社會，看國家，看世界，看周遭都是一樣，凡所有相皆是虛妄。小而辨於物，這就是〈復卦〉，能掌握天地之心，就不會被假相所迷了。

下面我們看〈正信希有分第六〉。老子講「大音希聲」和「夷希微」。稀罕，稀有，值得讚歎。本來就要追求正信，但正信太少了。從《易經》來看，正信應該是〈中孚卦〉，「豚魚吉」，連最沒有靈性的東西都可以感受到，然後「利貞」。「利貞」就是〈中孚〉這種合乎中道的信仰，必須合乎元亨利貞的貞，那正是要求正信，有了正信，能夠感染到最基層的愚夫愚婦，讓小豬小魚都蒙佛恩，利涉大川，一定渡彼岸，這是〈中孚卦〉。甚至在生死關頭，都有解脫的可能，至少有議價的可能，是不是「議獄緩死」？所以正信的力量是很大的。可是這麼一個強調正道信仰的〈中孚卦〉，落實到每一個爻的操作，就不是那麼如意了，因為人的貪嗔癡慢疑，就暴露出許多瑕疵、許多醜惡愚癡。〈中孚〉裡面兩個非正信的爻，三跟六這對冤孽，就很發人深省。從爻看來，〈中孚卦〉的正信應該就是君位的第五爻，與他相應的二爻，甚至承乘的四爻，都有機會得到解脫。〈中孚卦〉的君位稱「有孚攣如」，是同體大悲的大愛，所以「無咎」。可是稍微偏一點，就變成第六爻的「翰音登于天，貞凶」。唱高調，很能迷惑人心；就像許多邪教一樣，對第三爻的人位很有吸引力。六三不中不正，這種信徒本身就有弱點，讓第六爻的邪魔歪道乘虛而入，把他折騰死了。而且屢次想要擺脫，都無法徹底切斷，這就是一個為邪信所轉的狀態。我們看那個爻真是寫得入木三分，剛好就是〈兌卦〉的情慾開口，儘管有「巽為風」的教化，還是過頭了。其實他們剛好互補，是天造地設的一對，有第六爻會胡扯的，就有第三爻會著魔的，因為他們互相需要。第三爻一口氣講了四個「或」字，這是三百八十四爻所未有的。我們看〈乾卦〉第四爻高處不勝寒，稱「或躍在淵」；〈坤卦〉第三爻的「或從王事」，也有一個「或」字。〈乾卦．文言傳〉說「或之者，疑之也」，因為「或」充滿了不確定，不信任，戰戰兢兢、戒慎恐懼。出現一個「或」字，就讓人活得膽戰心驚，不相信別人，別人也不相信我。〈中孚〉第三爻居然有四個「或」，可見搖擺不定，不論怎麼掙扎都跳脫不開。為什麼呢？因為「得敵」，碰到專門剋他的魔星了。第六爻就是專門收拾第三爻的；他再壞，都有一堆人迷他信他，無法掙脫。因為三爻需要，正信進不去，邪魔歪道就進去了，那是人生很大的業障。我們透過爻變的理論看〈中孚卦〉三爻，感慨就更深了。三爻明知道六爻不好，卻無法擺脫它，因為他們根本是一對生死冤家。〈中孚〉三跟六兩爻變，就是水天〈需〉。要是把六爻毀了，三爻就生不如死了。從前我們同門有人研究《春秋》很傑出，很有名的教授，最後卻去追隨什麼無上師，我們就無話可講了，只能說他需要，就是〈中孚卦〉的三跟六，拖都拖不回來。要知道人生也有信仰的需求，不是只有食衣住行、飲食男女。精神上對信仰的渴望如果不能滿足，就可能走偏，而且很難掙脫。為什麼？因為〈需卦〉跟〈中孚卦〉在卦辭上有共通點，都想渡彼岸。〈中孚卦〉說「豚魚吉，利涉大川，利貞」，要靠著信仰利涉大川。〈需卦〉不也是一樣嗎？〈需卦〉稱「有孚」，就是〈中孚卦〉的「孚」，信望愛，然後「光亨貞吉，利涉大川」。〈中孚卦〉三跟六的關係，這種現象到處都看得到，正信還真是不容易，所以是

「正信希有」。

你們若有興趣，不妨把《易經》那些卦爻辭中有「利涉大川」，或者「不利涉大川」、「不可涉大川」、「用涉大川」的，通通彙整起來，看它們之間有什麼關聯？像風水渙的〈渙卦〉不也是要「利涉大川」嗎？〈渙卦〉稱「王假有廟，利涉大川」，因為對現狀不滿，想掙脫現實痛苦，就想涉大川。其實從〈中孚卦〉第三爻可知，不管第六爻怎麼回應，第三爻本身就夠苦了。他過的是什麼生活呢？三爻變是不是「密雲不雨」的〈小畜卦〉？簡直悶透了。

往下是〈正信希有分第六〉：

須菩提白佛言：「世尊！頗有眾生，得聞如是言說章句，生實信不？」

佛告須菩提：「莫作是說。如來滅後，後五百歲，有持戒修福者，於此章句能生信心，以此為實，當知是人不於一佛二佛三四五佛而種善根，已於無量千萬佛所種諸善根，聞是章句，乃至一念生淨信者，須菩提！如來悉知悉見，是諸眾生得如是無量福德。何以故？是諸眾生無復我相、人相、眾生相、壽者相。

無法相，亦無非法相。何以故？是諸眾生若心取相，則為著我、人、眾生、壽者。

若取法相，即著我、人、眾生、壽者。何以故？若取非法相，即著我、人、眾生、壽者，是故不應取法，不應取非法。以是義故，如來常說：汝等比丘，知我說法，如筏喻者，法尚應捨，何況非法？」

「須菩提白佛言」，下一段就是「佛告須菩提」。從這裡可以看到，不論哪個社會、哪一個文化體系，講話用詞都是有規矩的。《論語》裡面學生跟老師、老師跟君王的對話用語都不一樣。有的用「曰」，有的用「對曰」。老師可以直接叫學生「小子」、「二三子」。我們來看《金剛經》的禮數。前面的「偏袒右肩，右膝著地，合掌恭敬而白佛言」，那是須菩提的禮數。這裡是「須菩提白佛言」，這就是下對上表白心志、說明疑問，恭恭敬敬，沒有任何隱藏，所以他用「白」。佛回答須菩提就用「告」，上對下，直接告訴你。「初筮告，再三瀆」也叫做「告」。告示的「示」本來就是拜拜的象，我們希望神明或尊者能給我們開示，所以擺張供桌，上面再擺塊肉，心意到了，祂就會有很多指示。所以是上對下，天對人。從這裡可以看得出來，他的修辭很嚴謹，絕對不會用錯，哪像現在年輕人這一代，學生動不動就說「老師我告訴你……」。

「世尊，頗有眾生，得聞如是言說章句，生實信不？」他有點懷疑，沒那麼有信心，因為前面講的金剛無上法「凡所有相皆是虛妄」，大違常情，人要是沒有慧根，又缺乏實際的人生歷練，怎麼能懂？怎麼能接受呢？然後「若見諸相非相，即見如來」，這又更難懂了。要真能解、真能悟如來的真實意，才能信受奉行、改善人生，真的不容易！尤其佛又預言往後幾千年進入末法時期，人的根器更差，誘惑更多，魔相也更可怕。從真解脫到禪定，再到多聞炫耀學問的，每況愈下，佛學很發達，可是沒有一個佛。塔寺堅固，天天蓋大廟，豐其屋，鬥爭堅固。所以末法時期連蓋大廟都是為了鬥爭，這已經完全是在追逐虛妄的表相了。就算佛還在的時候，當時他們金剛法會，可能千二百五十人都還是慧根不錯的，可以親炙佛的教訓，所以必然會有信心。既然已經成為傳世的經典，將來再影響千秋萬世以後的眾生，那時候已經是末法時期，再讀《金剛經》，能夠悟入嗎？

能生出真實的信仰嗎？須菩提就不是那麼有把握了。他就提醒佛，「凡所有相皆是虛妄」，這麼決絕、透徹的話，會不會影響後來佛法的傳播？因為多數人無法接受，尤其是末法時期。所以他說「頗有眾生」，佛教講的「眾生」包括太多了，風吹雲走都叫眾生，不是只有植物動物。「頗有眾生，得聞如是言說章句，生實信不？」他們能生出真實的信仰嗎？他不見得是擔心當時參與法會的大眾，也不見得是擔心當時佛還在的時代，而是擔心後世。為子孫憂，覺得這個太難了吧！

和大怨，必有餘怨

「佛告須菩提」，佛有信心，他認為不必擔心。這也是《易經》常見的，「勿憂勿恤」，不要擔心到心都在滴血。像〈升卦〉就叫「勿恤有慶也」；〈豐卦〉就叫「王假之，勿憂，宜日中。」〈晉卦〉自昭明德，如旭日東昇，君位第五爻也叫「勿恤有慶」。「有慶」就是皆大歡喜，後世一定會有善根器的人，雖然生在末法時期，還是會感應道通，會進入佛門。所以不需要遷就，將「凡所有相皆是虛妄」的真理降格以求；要講就講真諦，不要講俗諦；真理不打折扣，也不必擔心，一定會有心心相印的人。所以他提醒須菩提「莫作是說」，叫他不要這樣講，否則會影響人，讓人起了疑心。疑就有惑，《易經》裡面凡是生疑的地方，就可能有大問題要發生。從〈乾〉〈坤〉兩卦就開始有了疑的麻煩。〈坤卦〉第六爻就講「龍戰于野，其血玄黃」，因為〈乾卦〉所代表的自然天道，跟〈坤卦〉所象徵的廣土眾民起了衝突，無法契合。然後〈坤卦．文言傳〉解釋為什麼龍會戰于野，乾坤會大戰呢？因為「理」和「勢」不能合，無法生生。他說「陰疑於陽必戰」。疑一生，就麻煩了，就是這麼慘烈的結果。〈坤卦〉的眾生沒辦法接受〈乾卦〉的佛法，因為疑，沒辦法生信，馬上就變成障礙，所以「障礙」的「礙」也出來了，是不是疑就有礙？然後疑就有很多假東西乘虛而入，「虛擬」的東西就進去了。看著是，其實不是，似是而非，「惡紫之奪朱，惡鄭聲之亂雅樂」，似是而非的東西最可怕。我們剛才也講了，那是「擬」，很像，其實不是。要是沒看透，著相了，就著魔了。密雲不雨的〈小畜卦〉，從第三爻的「夫妻反目，輿脫輻」，總算轉成第六爻的「既雨既處」，可是「疑」有消掉嗎？沒有。好的刀口藥，不如不拉口，夫妻雙方在暫時和解之後，心裡的疙瘩還是在的。這叫什麼？《老子》講「和大怨，必有餘怨」，事後再怎麼亡羊補牢，都不會完好如初。就像「積善之家有餘慶，積不善之家有餘殃」。很多東西一定有餘業，會造業，不可能勾銷的，隨時還會出問題。下面「婦貞厲。月幾望，君子征凶。」〈小象傳〉就解釋為什麼「君子征凶」呢？因為「有所疑也」。曾經那麼深的分裂吵架過，即使現在雙方都客客氣氣的，但有可能長久嗎？〈小畜卦〉還要經過下一卦〈履卦〉六個爻的考驗，能不能「履以和行」，才能真正到達〈泰〉，在沒有〈履〉之前，那只是暫時的狀況，彼此心中還是有疑慮。

三百八十四爻中，有一個真的是疑神疑鬼，而且是疑到快發狂了，那就是家人反目的〈睽〉。〈睽卦〉上爻不是疑神疑鬼，看到泥巴豬，看到一車子都是鬼？拿起弓箭就要射，「群疑亡也」。要知道「疑」的嚴重，一旦有疑，馬上就陷入僵局。「履霜堅冰至，陰始凝也」，一下就僵住了，很不活脫、很不圓轉，因為凝固了，那也是從「疑」推衍的造字。所以「疑」很消耗人，貪嗔癡慢疑，也算根本惑。

佛鄭重答覆須菩提：「莫作是說，如來滅後……」這個「如來」本來是指眾生皆具備的性德，只看有沒有讓它開發出來。當時漢譯佛典把這個字譯成如來，還真有味道，跟天地之心的〈復卦〉七日來復可以直接接上。《易經》中的「來」不是往外，而是往內心探求。往外追求叫「往」，往裡看是「下」和「來」。人都想往上往外，就是走〈升卦〉的途徑，可是他忘了〈升卦〉第一個爻是虛的、空的。〈復卦〉就專門經營最裡面那個爻，那是實的，稱「七日來復」。〈需卦〉最後涉大川，叫「不速之客三人來」，三人成眾，都來了，「來」就貼近生命核心的真理大道。〈升卦〉之所以會這麼麻煩，〈雜卦傳〉只說兩個字，叫「升，不來」，往而不返。因為來是往最根柢處探詢，所以七日來復；〈升卦〉的根柢有問題，只顧著往上升，所以就「不復」、「不來」。有些人真的修得不錯，羽化登仙了，往生之後就不來了，不像老師每次都七日來復，還要再來。〈解卦〉談解脫，卦辭明確告訴我們，要追求來復，才能真的遠離顛倒夢想，得到大解脫。「利西南，無所往」，無所往要等什麼？是不是就等「其來復」的狀態？然後「有攸往，夙吉。」有夙慧的就吉。所以一定要有一個「來復」的過程，一個參證內在生命的體驗。〈泰卦〉叫「小往大來」，〈否卦〉叫「大往小來」，〈蹇卦〉努力營造往來的通路，「往蹇來反」、「往蹇來碩」、「往蹇來連」……一堆。注意往來的象跟「來」，嚴格來講沒有內聖沒有外王，沒有來復的修為深深扎根，怎麼往都會有問題，因為根基不深，只是空中樓閣。所以不論求解脫、求赦過宥罪，還是消災解厄，都得「來」，都得練〈復卦〉七日來復的功夫。

眾生皆有佛性的「如來」，是「性德」；天命之謂性、良知良能、自在、自性都是「如來」，不一定是指佛。但在這裡講「如來滅後」是指釋迦牟尼佛，而不是講眾生的性德全滅了，那還得了！因為釋迦牟尼是修成正果、道成肉身的如來，但他的肉身還是有涅槃寂滅的時候。如來的肉身滅後，後五百歲，這裡提到兩個「後」是有特別意義的。過去有很多說法，例如有一種說法是佛祖涅槃之後五百年，其實不是，而是指過了正法、像法時期，到了長達一萬年的末法時期，在末法時期的最後五、六百年，這麼糟糕的時代，如果「有持戒修福者，以此章句能生信心，以此為實……」他信仰真實，能解如來真實義，我們不必杞人憂天，絕對有這種人中龍鳳，可以感應道交，不會覺得我們是在騙人，也不會覺得道理高深，無法接受。佛陀對幾千年以後的事還這麼有信心，並且提醒我們不要輕視後學。根據《春秋經》的記載，孔子也有這個信心，他寫《春秋經》，明知道沒幾個人看得懂，但他「俟後聖」，後世只要有一個人看得懂，春秋之義就能夠推行；焉知來者之不如今，所以不要放棄信心，對未來要有盼望，那就叫「孚」，信望愛。「當知是人」，這種善根器、大智慧的人確實稀罕。其實佛滅之後到六祖惠能，時間也很久了，惠能也不是真的聽到一句話就生出信心，並以此為實，他一定是廣植善根，而且不是短時期就修到的。所以說「當知是人，不於一佛二佛三四五佛而種善根，已於無量千萬佛所種諸善根。」種善根的講法影響中國民間太深厚了。有了善根，慢慢就會發芽，然後開花結果，最後才能聽到一句經文就馬上頓悟。所以佛告須菩提，我們還是要講真理，不必迎合，不必怕道理講得太高人家無法接受，因為真理本來就是這樣，凡所有相皆是虛妄，不能打誑語。

「聞是章句，乃至一念生淨信者……」因為這種大善根器的人已經在無量諸佛時代種下善根，「聞是章句」，聽到我們講的道理，乃至一念之間就能生淨信。「須菩提！如來悉知悉見，是諸眾生得如是無量福德。何以故？是諸眾生無復我相、人相、眾生相、壽者相。」馬上又強調他們的超悟勢如破竹，不只破除一般人都被綁縛的我相、人相、眾生相、壽者相，連讓他破四相的法門也都不執著，更不會因為不執著可以破四相的般若法門，就認為根本就沒有這個法，因而陷入空空的斷滅相。所以他是無所住生其心，無住，什麼東西也拴不住他，悟了就是悟了，解脫自在，也不會盯住任何一個東西起心動念，或者陷入更深的執著。不著空，也不著有，我們常人陷在四相的成見執著裡，他完全不會再犯，不二過，所以能夠得無量福德、身心大自在。「無法相」，就是不對幫助解脫四相的法產生執著。有時候我們得力於某些智慧，幫我們解除了人生一些現實的難關，我們就會對它寵愛迷信，當成萬靈丹，才離龍潭，又入虎穴，那又是一個更深的執著。無法相，不為法相所執，但也不會因為不執著這個法相，就去執著非法相，那更糟。

悉知悉見，感應道交

這裡還要談一下「如來悉知悉見」。其實這個「如來」就不僅限於釋迦牟尼佛，而是〈復卦〉天地之心的代表。「復，小而辨於物」，「復以自知」。如果真有〈復卦〉天地之心的創造力，是不是真能做到「悉知悉見」呢？顏回是復聖，「有不善未嘗不知」，稍微起一點惡念，不會自欺欺人，馬上就感知到了。一旦知道了，復以自知，「知之未嘗復行也」，就不會再犯同樣的錯。悉知悉見，不只是全面瞭解，連裡面拐彎抹角的細節通通洞察，這才叫「悉」。〈大有〉的第四爻：「匪其彭，無咎」，然後「明辨晢也」。所以我們講，長官批公文千萬不要隨便批個「悉」字，否則就要負全責，這意味著所有大大小小的細枝末節完全瞭解。從前李登輝在那個出事的軍購案寫了一個「悉」字，就怎麼都甩不掉了。悉是徹底洞察，眾生在相隔幾千年之後讀到這部經典就起了共鳴，有了感應，悉知悉見，如見其人。那個感通能力，如何能夠辦到？

我們花了很長時間講〈渙卦〉，如果從〈渙卦〉的邏輯來講，就一點也不奇怪。人人遭遇急難的時候都持觀音聖號，即使同一時間有幾萬人在持誦觀音，觀音也能滿足每一個人。觀音不是聞聲救苦嗎？「悉知悉見」，就超越了時空障礙；渙王居，無定在，無所不在，陰陽不測，神無方而易無體。是不是真有這種境界呢？比較粗糙一點講，我們占卦跟這個也很像。同一個時間點，在地球上，尤其臺北市，我們的學生一票人可能同時在占卦，結果那個「悉知悉見」的「如來」，是誰我們不知道——反正占卦總有一個交涉、對話的對象——他絕不會說等一下，好多人同時在問，要掛號，沒有，絕對是有求必應。不疾而速，不行而至，寂然不動，感而遂通天下之故，這是極高的境界，叫「至神」，神就陰陽不測，沒有固定方所，沒有固定形體。如果占卦的行為都可以給我們美滿的答覆，不管是問家國大事，還是問芝麻綠豆的小事，還有一堆七情六欲、貪嗔癡慢疑，奇怪了，他是怎麼感應的呢？是有一個宇宙大電腦、有一個天地之心在負責回覆這些問題，也不會塞車，那是怎麼辦到的？如來悉知悉見，剛才講是「至神」，起碼也是「至精」對不對？〈繫辭傳〉是這麼形容「至精」的：「是以君子將有為也，將有行也，問焉而以言，其受命也如嚮，無有遠近幽深，遂知來物。非天下之至精，其孰能與於此？」當我們開始認真問占，「其受命也如嚮」，心中想什麼、嚮往什麼，完全如意念所動的問題給答案。小扣則小鳴，不扣則不鳴，大扣則大鳴；問得愈精彩，給出的答案愈啟發人。到底是什麼機制辦到的？目前仍然沒有很好的科學解釋。大心理學家榮格對此也很迷惑，他就勉強提出「同時性法則」來解釋這個現象。

講了半天「復以自知」的「自性」，〈繫辭傳〉開宗明義第一章，「方以類聚，物以群分」，就提到「易簡而天下之理得」。口氣講得那麼飽滿，不像是空話；告訴我們宇宙的自然原理就是易簡，我們的修為如果也能易簡，就「天下之理得」，可以「悉知悉見」，然後就「成位乎其中」。

透過〈乾〉的正確感應，再透過〈坤卦〉的執行，就可以生生不息。〈乾〉以易知，無所不知，不是只有知識或智慧的意思，包括良知的自然本能都在裡頭。然後是〈坤〉以簡能，下面一步一步推導出宇宙根源的原理。〈乾〉〈坤〉是父母卦，〈復卦〉是小父母卦，〈乾〉以易知，〈繫辭傳〉說〈復卦〉是「復以自知」，玩味一下這是什麼關係？老子也講「自知者明」，知人者只是智，是一種世俗的智慧，自知最難，但〈復卦〉辦得到。〈復卦〉的能量是從〈乾〉〈坤〉來的，〈乾〉以易知，加上〈坤〉以簡能，這真是悟的問題，自性、自知、自見，如來悉知悉見，然後擺脫了我相、人相、眾生相、壽者相，還擺脫了法相，而且不執著於非法相，一破就全破。這種悟的境界，也是非這樣不可的，不能破得不乾淨，行百里半九十，功虧一簣，等於沒有破。〈井卦〉開發自性，說「汔至，亦未繘井」，鑿井不及泉，或是為山九仞，功虧一簣。然後最後一個卦，火水〈未濟〉，小狐狸過河，是不是「小狐汔濟」？下海了，只要沒有真的到彼岸登陸，沒有百分之百的終究圓滿，根本就是零，沒有一半的，就是這麼嚴格。〈井〉的目的是要〈革〉，〈未濟〉是要一償宿願。奮鬥一輩子，就是為了要過河，過河只有一種，就是登彼岸；沒過河就有很多種，但全部都是零，零點九還是零。所以不能只是不著四相，若還去著那個破四相的法執，那就不徹底。不執著於法相，卻又執著於非法相，那也還是零。所以要破就全破，勢如破竹，一刀砍下去，就得全部拋開，否則前功盡棄，未達究竟圓滿。

永遠都有新的可能

提到〈未濟卦〉，插一句閒話。你們要瞭解〈未濟卦〉到底在講什麼，占到不變的〈未濟卦〉是什麼意思？如果是問事業，當然不可能成功，可是長期來看也不一定是壞事。〈既濟〉是眼前的事多半可以搞定，但長期則未必，所以叫「亨小，利貞，初吉終亂。」〈既濟〉會往〈未濟〉轉。照這樣來推，〈未濟卦〉可不可能是初亂終吉？有可能。這次不行，下次可能就行了。如果不是要完成一件事情，而是修智慧、開智慧，〈未濟卦〉就有無窮無盡的意思，不可限量，永遠有新的可能。所以我占到這個卦就好高興！占什麼事情呢？那時候已經過五十七歲了，假定真的不小心活到一百零八歲，教、學、研這條路子再走下去，大約還有五十年的時間，也許將來我也可以吹吹牛，說什麼吾十有五又什麼，三十而什麼，四十而什麼，五十而什麼……。所以難免就想得遠些，我就問，窮敝人一生，在易道上還可不可能突破？結果是不變的〈未濟卦〉。易不可窮也，故受之以〈未濟〉終焉。任何人來問恐怕結果都是一樣，沒有人能夠壟斷《易經》裡面所有的東西，確實還有很多黑洞，我們一知半解、無法真正了悟。就像〈雜卦傳〉，就沒有人能解。所以我占到〈未濟〉高興死了，這樣才不會無聊，要不然搞半天都還在那邊重複，就沒意思了。如果是〈未濟〉，那可好了。不管小狐狸、中狐狸，像老師這種老狐狸，還是跳下水，繼續玩，永無止境。

如果把一個東西典要化、神聖化，認為真要做到止於至善，那就完蛋了，那叫〈既濟〉，是限定在一個封閉的範圍內。〈未濟〉就不一樣了。我當時問這個問題，也不只問《易經》的研究是否還可能有進益，還問了我在佛學上的理解。因為長期關心這個問題，最近開始講佛經，甚至膽子大起來批評佛教思想的某些缺陷，還批評法師——也不是批評法師，我很尊重法師的，只是批評法師講的東西太偏頗。這陣子逼著自己高密度的讀佛經、參佛法，還發表意見批評念佛法門，還拗說要我往生西方都不去云云。佛會不會怪罪我？假定禍害活千年，我即使再活一百多歲，大概也不可能破佛法，那我對佛的理解還會不會有精進呢？《易》是〈未濟〉，那佛是什麼呢？是完全不變的〈謙卦〉，天地人鬼神，謙亨君子有終，真是我佛慈悲，他不怪罪我！佛寺門中不捨一人，曲成萬物而不遺。這一下動力又來了，因為我們的心態本來就是法平等、無有高下，否則就是一條魔道，落到〈觀卦〉上爻，「觀其生」跟「觀我生」較量，就「志未平」，爻變是〈比卦〉。這就完全違反金剛的智慧，〈觀卦〉上爻修得那麼高竟白修了，因為心志未平，生出比較的念頭，結果下一卦就是〈噬嗑卦〉，墮入阿鼻地獄，宗教戰爭、意識形態、思想戰爭……什麼都來了。

其實相應的問題，連儒釋道，包括兵法我全部問了，再搞一輩子，還可不可能有更大的突破空間？這不是今天的主題，就不談了。有意思的是，《易》跟佛，一個〈未濟〉，一個〈謙〉，我們就從〈謙〉再講一下。因為臺北市長官邸的營運勢必要結束了，那裡的六十四卦班確定教不完，很多人就想轉到學會來上課，我當時就想到兩件事，一就是老師的慈悲心，如果我在學會開六十四卦的課，已經在學會開課的老學生，他的課要怎麼開呢，豈不是老師跟學生競爭，還卡住他了？第二就是再講六十四卦的課，好像在重複，所以就占了一卦問，不管現在或將來，我在學會重新再招六十四卦的初階班合不合適？答案是不合適，「震遂泥，未光也」，正是《金剛經》的教訓。《金剛經》說我們平常就是「震遂泥」，看著很高的位置，卻根本是在坎險中遂泥，而且未光。所以必須爻變，變成〈復卦〉的天地之心才金剛。那我就順勢想了，把剩下的時間心力資源整個轉到大陸去合不合適呢？「勞謙君子，有終吉，萬民服」，顯然「利有攸往，利涉大川」。

問：老師，您有沒有占一下，問我們這群學生在《易經》這個大法船裡，能不能夠一起〈既濟〉？

劉老師：那你們要勞謙啊！勞謙是最佳的服務團隊，「勞而不伐，有功而不德，厚之至也。」師母也得去勞謙，三人行則損一人，一人行則得其友。妙哉！我在臺灣自己學《易經》受啟蒙三十四年，在臺灣教《易經》是一九九一年四月開始的，一教就沒有斷，尤其到後來從職場退出，天天都在這裡面終日乾乾，到現在感覺上可能會是〈益卦〉第四爻「利用為依遷國」，見善則遷，有過則改。回顧過去，看看到底有沒有績效？還是白幹了？然後假定要到大陸去多花很多時間，會不會白幹，會不會有收成呢？過去在臺灣的各種機緣是〈遯卦〉上卦三爻全變，從好遯到嘉遯，到肥遯，不是越來越好嗎？而且從職場中遯，再投入這個事業，是三爻齊變為〈謙〉，還不著相，這就金剛了。天下有山〈遯〉是著相的，地中有山〈謙〉是不著相的。所以這十幾年就是從天山〈遯〉到地山〈謙〉，然後第五爻叫「嘉遯貞吉」，「亨者嘉之會」，一看不錯，好像還沒有白幹。然後就再問，接下來如果要到大陸講學，而且在一般人都要退休的年齡，未來不管多少年，可能十年乃字，可能二十年、三十年不知道，結果如何？又是山火賁，〈賁卦〉不是人文化成嗎？初爻「賁其趾，舍車而徒，義弗乘也」。連個車子都沒有，還要走去教學，那就是要腳踏實地幹的意思了。等到有一個據點之後，不知道幹了幾十年，最後是「白賁無咎」，功德圓滿，「上得志」。

兩爻齊變又是一個〈謙卦〉的象，「謙亨君子有終」。所以不但是我佛慈悲，伏羲也慈悲，軒轅黃帝也慈悲。

無有定法如來可說

剛剛提到這麼多「勞謙」的象，有一點還要特別提一下。我們講「升虛邑」，同時也是〈復卦〉初爻和〈臨卦〉二爻，所以它也具備了絕佳的創造力。其實「勞謙」也是很有創造力的，因為它也是〈復卦〉的初爻。從卦中卦來看，地山謙的〈謙卦〉上面四個爻就是地雷〈復〉，所以〈謙〉三就是〈復〉一，又是天地之心的核心創造力。如果再延伸一點，同時也是〈師卦〉第二爻，勞師動眾，「能以眾正，可以王矣」，正是〈師卦〉的大將，「在師中，吉，王三錫命，懷萬邦。」是不是一樣？

我們再拉回《金剛經》的「悉知悉見」。剛才提過，這話講這麼滿、這麼確定，因為佛教提出很多境界，包括多層次的宇宙時空，動輒就預言幾千年以後的事情，好像他親眼目睹一樣。即便是這麼平易，完全融入生活的《金剛經》，也不斷提出有關未來的訊息。當然，孔子也說過他可以推算三千年：「殷因於夏禮，其損益可知也。周因於殷禮，其損益可知也。其或繼周者，雖百世可知也。」釋迦牟尼也是一看就三千年，在《楞嚴經》裡甚至預言末法時期有五十種魔作祟。不忍眾生受苦，佛得派先頭部隊來降魔，所以讓他那些大弟子不要只圖自己解脫，要乘願再來，降生在幾千年後的末法時期。用《孫子兵法》用間的理論，這就叫「佛間」，利建侯行師，因為預測到未來要天下大亂了，光靠眾生不行，必須找一些助力。可是如果沒修到菩薩的果位，羅漢以下再入輪迴，有些人可能就忘掉自己原先是佛派來護法的，這個就叫「隔陰之迷」。轉世投胎後忘掉佛祖交代的任務，也跟一般人一樣背書包上學、奶瓶尿布，慢慢長大；然後散佈在各行各業、各個種族。一旦要用上的時候，這些人就莫名其妙的串在一起了。原來後面有一個降魔的間諜網。

中國人受這種說法的影響很深，像我們老同學都曉得，我教《易經》也有一段時間了，有些學員就開始怪力亂神，說老師《易經》之所以能這麼熟，一定是家學淵源，結果就把我派作周文王姬昌一百個小孩中的一個；因為早就看慣了家裡的書，雖然有「隔陰之迷」忘掉一大半，一旦拿起書來還是比一般人熟很多……。這個說法還真是有趣，想像力也太豐富，說得我都有點半信半疑了。那時候正面臨兩岸關係的低潮，兩岸要和解，避免再起噬嗑的殺業，誰能調解？如何調解？還真不容易，所以一定有一群身負上天使命的人。周文王不可能自己又輪迴來飽歷憂患，就派人來。我大概就是他派來的其中一個，然後我們那一百個兄弟也都來了；降生在臺灣的有七十二個，大陸有三十六個，怎麼多了八個私生子呢？不知道。大哥伯邑考被剁成肉醬，所以我不是老大，也不是老二武王姬發，或老四周公姬旦。我也不知道我是誰，但他們說我是。我是真忘掉了，兄弟見面都不認識，可是冥冥中好像就有一條線在牽引著大家，茫茫人海中有天風〈姤〉的機遇。等到時機成熟，兩岸開始交通，台灣的七十二個又跟大陸失散的三十六個兄弟串起來了……。越扯越離譜！但他們真是這樣講的。兩岸問題絕不是〈乾卦〉能解決的，一定要用〈坤卦〉，就是最後解決兩岸問題得靠女生，但一定要保持百分之百的純潔，就像聖女貞德。這就麻煩了，上哪兒找這種完全的人啊？像我們大部分都不完全了。而且他們說這人就在臺灣，大家拚命找，一看又不像蔡英文，也不像呂秀蓮。當然我是一邊聽、一邊笑。但他們講得活靈活現的，讓我也將信將疑，我到底是不是周文王的小孩呢？平常也不會那麼無聊，二〇〇三年帶三個學生到大陸安陽開會，剛好就到了羑里城文王廟，進了八卦亭，我就占一卦，問我跟周文王有什麼關係？還真像一回事！〈豐卦〉，天地人鬼神，如日中天，我是第一爻。〈豐卦〉外卦是〈震卦〉，內卦是〈離卦〉。〈離卦〉跟〈震卦〉都有「繼」的意思。〈離卦〉是文化、文明的「繼」，所以叫「明兩作，大人以繼明照于四方」，這是法脈。〈震卦〉則是嫡長子繼承，因為接在革故鼎新之後，這是血脈。山東大學劉大鈞教授的兒子就叫劉震。「震」就是「繼」的意思。所以〈震〉是硬體、肉身的「繼」，〈離卦〉是靈魂，或者是道統的「繼」。而〈豐卦〉這個卦象是「明以動」，不管是法脈還是血脈，看起來法脈的味道還是濃一點。

提這些，其實是要給「如來悉知悉見」做一個烘托。這種來去自如的本領，聽說凡是修得不錯的大德，基本上都能「預知時至」，知道自己什麼時候走，而且還可以分秒不差。我們學的〈豫卦〉就叫「不忒」。這怎麼辦到的？肯定不是算卦，好像也不是推理。但孔子講「其損益可知也」、「雖百世可知也」應該是跟推理有關，但是佛所透露的訊息，卻好像是親眼看到的。我們無法親眼目睹，怎麼能生信心呢？而所謂的親眼目睹，也不一定是肉眼看到，不是還有法眼、慧眼、佛眼、天眼嗎？而且是在甚深的禪定功夫中看到的，然後對我們描繪那些像是神話世界的宇宙時空結構。我們看中國很多修行精純的大德也是言之鑿鑿，說入定後脫離軀殼到天界玩耍開會去了，一不小心還撞到釋迦牟尼三千年前的法會呢。這也不是夢，是有清楚知覺的，出定之後就跟弟子說：「釋迦的法會還沒散呢。」這也許就是榮格講的「同時性」，也就是《金剛經》及很多佛經前面講的「一時」。當修為到一個地步，就可以「渙王居」了，無定在，無所不在。

不過，如來悉知悉見，他說末法時期一萬年，我們現在才剛開始，什麼時候才能熬出頭呢？照這樣講，就算他有佈置，有椿腳派來了，能護航到多久？假定我們真能熬過一萬年，熬到末法時期結束，世界是不是能開始變好？不是，那時候連佛法都斷絕了，因為佛法也會有成住壞空。所以在有限的時空裡，人身難得，佛法難聞，若修成人身，又遇到佛法，必要掌握「有隕自天」的良機，要「含章」，「以杞包瓜」，然後才能「天地相遇，品物咸章」。〈姤卦〉第五爻爻變是〈鼎卦〉，正位凝命。是不是這樣？可是我們這種凡夫俗子，就總想那一萬年之後是什麼狀況？他說五十六億年以後彌勒佛會來，可是那個時候已經沒有太陽系了，怎麼登陸？這是怎麼算出來的？還是真看得到？中國儒道經典的系統就不是這種論調，真正要參這個東西，我覺得《易經》的〈既濟〉〈未濟〉就足夠了。

好，我們再往下看。

「何以故？是諸眾生無復我相、人相、眾生相、壽者相。」他繼續一層一層往下談。「是諸眾生」，就是前面提到的那些卵生、胎生、濕生、化生等等眾生，包括蚊子！你們是不是聽過這樣的理論？說是蚊子不咬吃素的人？還是咬了之後沒感覺？二〇〇四年，就是陳水扁又連任的時候，我感覺很不好，去拜訪毓老師，他那個時候也一百歲了，跟我約好去他家旁邊的小公園。我等於一個人上了兩三小時的課，聽他談很多未來的事，包括兩岸未來的問題等等。那時候大約三四月吧！春天，蚊子正多的時候。老師坐在公園的涼椅上，我就坐在旁邊聽訓、提問題。結果我那天被蚊子咬死了，老師卻如如不動，心平氣和侃侃而談，我只能強力忍耐。老師那段時間吃素，那是因為吃素蚊子不咬，還是修為夠不咬？或者是修為加吃素，咬了也不痛？我已經是很有修養的人了，但我還是沒有辦法……功力還是差很多。

「是諸眾生若心取相，即為著我、人、眾生、壽者。」要是看到這些相自以為真，馬上就落到四相裡頭了。注意這個語法「即為著我、人、眾生、壽者」。因為反覆強調破四相，他就省略為「即為著……」，反正著相就會出問題。「若心取相」，心確實有攝取外相的能力。如果已經可以破四相，又執著於法相，那還是一種執著，取相的本質上沒有變，反而擴大了。是不是乾脆什麼都不要，什麼都不相信了？也不行，因為「若取非法相」也還是著相。真要擺脫桎梏，擺脫重重捆綁不容易。所以他說，不要取那個法，也不應取非法，兩頭不著。「以是義故」，就是因為這種無上的妙義；「如來常說，汝等比丘，知我說法……」，如來說法都是要幫大家般若波羅蜜，要濟，要涉大川；涉大川就一定要有舟船木筏。「如筏喻者」，他就比喻連佛法也沒有必要執著，因為它就是幫助我們渡河的；既然已經上岸了，還背著竹筏幹什麼？隨卦說「係小子，失丈夫」，「係丈夫，失小子」。它就是一個過渡，是方便法門，千萬不要死抱著它不肯放。背著包袱就是〈解卦〉第三爻「負且乘，致寇至」。自我致寇，因為放不下。「法尚應捨，何況非法」。非法就更不能執著了。

須菩提！於意云何？如來得阿耨多羅三藐三菩提耶？如來有所說法耶？

須菩提言：「如我解佛所說義，無有定法名阿耨多羅三藐三菩提，亦無有定法，如來可說。何以故？如來所說法，皆不可取、不可說、非法、非非法。所以者何？一切賢聖，皆以無為法而有差別。」

接下來是〈無得無說分第七〉。「須菩提，於意云何？如來得阿耨多羅三藐三菩提耶，如來有所說法耶？」佛問須菩提：「你認為如來已經證得了無上正等正覺嗎？如來曾經說過法嗎？」其實須菩提自始至終恐怕已經透徹明白，佛會這麼問，其實是幫參與法會的千二百五十人中一些根器較差的問，也幫著後世讀經典的我們問。所以從一開始須菩提就提出「應無所住」、「應云何住」，還有「云何降伏其心」……這些重要的問題，其實都是代我們問的，就像助教一樣。所以他一聽到佛這麼問，就懂了，他說：「如我解佛所說義」，如果我理解得不錯的話，您前面這些說法的深義是，這個宇宙根本就沒有固定的東西、固定的法。所以絕不能拘泥，「不可為典要，唯變所適」，「神無方而易無體」。無有定法，兵法都說沒有固定取勝的方法，所以說「戰勝不復，而應形於無窮」，上次戰勝用這一套，下次就不能再用了，因為時空環境、敵人對象，包括我們通通不一樣了。「道可道，非常道，名可名，非常名」，「阿耨多羅三藐三菩提」譯為「無上正等正覺」，是說明一種無上的悟境。佛在這裡是拿自己當靶子，當著大家的面問：「如來得阿耨多羅三藐三菩提耶？如來有所說法耶？」須菩提也很厲害：「無有定法名阿耨多羅三藐三菩提，亦無有定法，如來可說。」師徒之間一來一往的對話，就把下面的命題引出來了：「何以故，如來所說法，皆不可取、不可說、非法、非非法。所以者何？一切賢聖，皆以無為法而有差別。」「取」就執著了。不可說，這也沒有辦法說，言語道斷，心行處滅。非法，也非非法，什麼都不是。「所以者何？」這句話就很有意思了：「一切賢聖，皆以無為法而有差別。」雖然有人悟得深、有人悟得淺，但不能用有為法來衡量。這恐怕也不限於佛門，儒釋道回耶，或者其他世間法和各種思想體系，有為法居多，但有為法如夢幻泡影，如露亦如電，這是《金剛經》最後的結論。所以他在「有為法」上面要翻出「無為法」。

儒釋道都提無為，但意思並不完全一樣。佛教認為佛法包羅萬有，世出世法都在內，一切法皆是佛法。當然還是要有一個真理的標準，「一致而百慮，殊途而同歸」；但「乾道變化，各正性命，雲行雨施，品物流形」，一切賢聖可能包括耶穌、穆罕默德和孔子、老子等等。我們可以把自古以來那些偉大的宗教家、思想家所成就的境界，用終極的無為法作為究竟的標準，然後看他們的境界高下與適用的範圍。「皆以無為法而有差別」，用這個標準來印證，才能看得比較清楚，如果以有為法來印證，沒得比較。類似這樣判教、排序列等的作法，什麼上品、中品、下品，始終沒斷過。但是他剛剛講到「皆不可取」，尤其是心取法，我們只能在這邊剎住了。這有一點麻煩，因為在《易經》的系統中，下經第一卦〈咸卦〉，人身難得，但〈咸卦〉的卦辭就要取：「亨利貞，取女吉」。到了〈姤卦〉，卦辭：「女壯，勿用取女」。〈蒙卦〉第三爻遇到一個關口：「勿用取女，見金夫，不有躬。」爻變是〈蠱卦〉，都有「取」字。伏羲畫卦時，「仰則觀象於天，俯則觀法於地，觀鳥獸之文，與地之宜，近取諸身，遠取諸物，於是始作八卦，以通神明之德，以類萬物之情。」近取遠取，開始建立設卦觀象的系統。一定要有所取。人心一定會有所取，然後組織成系統。可是從《金剛經》看，凡有所取就有危險，就會生執著。〈繫辭傳〉最後一章也說：「是故愛惡相攻而吉凶生，遠近相取而悔吝生，情偽相感而利害生。凡易之情，近而不相得則凶，或害之，悔且吝。」這就是社會人群。愛惡相攻，遠近相取，承乘應與，親疏遠近，麻煩就來了。如何能夠取相而不執著於相？當然在中國的系統中，未雨綢繆都講過了，不要執著於相，相只是方便法門，是活的，因為「書不盡言，言不盡意」，所以「設卦觀象」，也是無可奈何不得不為，因此不要執著卦象爻象、卦名爻名。因為「立象」是為了「盡意」，「得意」就要「忘象」，「得象」還要「忘言」，一層一層丟掉。要是執著在「象」和「言」裡面，就走入歧途了。

《金剛》掃相，《易經》也是。對於這個相，他又要用，又不要執著，所以能用得很精彩、很靈活。所以各位也要把我們過去講過的《金剛經》全部忘掉。凡老師所教皆是虛妄，這就是《金剛》法，好不好？

金剛經三段論

上次講到第七分。昭明太子將整部《金剛經》分成三十二分，我們講完第八分也不過是四分之一，六堂課已經過去了，當時發心要講六部經，每部經暫定二十堂課，現在看也只能慢慢來不能急。今天先來一個收心操，因為《金剛經》的文字很美，漢譯佛典者都是飽學之士，也是章句高手。言簡意賅的文句，又美又有深厚的意思，確實是傑作。《金剛經》的譯者鳩摩羅什不算是漢人，但他的譯筆居然可以這麼好！我們前面花了六堂課十幾個小時，斷斷續續，夾敘夾議，除非你們平常就有誦讀的習慣，不然真辜負了這麼好的文字。所以我們前面花幾分鐘時間，從頭誦讀到上次講到的部分，一起體會一下它的文氣，尤其是理氣。

這一章為〈依法出生分第八〉，講到財施跟法施，這在《金剛經》大概出現過六七次，一次比一次誇張。

須菩提！於意云何？若人滿三千大千世界七寶以用布施，是人所得福德，寧為多不？須菩提言：甚多，世尊。何以故？是福德即非福德性，是故如來說福德多。若復有人，於此經中受持乃至四句偈等，為他人說，其福勝彼。何以故？須菩提，一切諸佛及諸佛阿耨多羅三藐三菩提法，皆從此經出。須菩提，所謂佛法者。即非佛法。

一般講布施，財施是最常見的形式，捐錢做功德主，做施主、護法，做什麼什麼之友，這是布施最基本的形態，但《金剛經》每到機緣成熟的時候，就花很大的篇幅破這個心態；說法施比財施實惠得多，其價值就像無窮大跟零的對比一樣。佛教凡是數量級的比較都講得非常誇張。

在有限的篇幅裡不斷強調這件事，應該是佛發現世間人一講布施，通常就想到財施，而且覺得功德無量，所以他才要一次又一次的揭破這個世俗常情常有的執著。梁武帝護持正法這麼多年，中國和尚還因為他提倡吃素全面改為素食，在他沾沾自喜時，印度來的高僧菩提達摩一句話就推翻了他的想法，告訴他過去所做的一切全無功德。因為他不是「有孚惠心」，不是無所住行於布施，而是典型的有所住行於布施，出發點根本就有問題。這是中國禪宗初祖眼光銳利的地方，也代表佛法一脈傳下來的看法。菩提達摩確實是眼光如炬，梁武帝儘管後來還集成《梁皇寶懺》，最後卻不得善終，在遭遇政變時絕糧而亡。佛要花這麼多時間破解財施的迷情，表示大家的執著很深。不是否定財施，畢竟財施是很基本的，道場寺院，軟體硬體，都非常需要護持。但如果初發心錯了，那就天差地遠，還不如通透經典，加上具體的持戒修福，知行合一，然後先知覺後知，先覺覺後覺，講經說法，普益眾生，那個功德就比財施大到無量無邊。

這是佛第一次提，後面還會出現好幾次。整個金剛法會上，根本就只出現兩個人，一個須菩提，一個釋迦牟尼，是佛跟第一離欲阿羅漢師生之間的對話。須菩提的角色像是助教，但以他的智慧，不至於還有些問題搞不懂，他其實是在幫我們問。

問：〈無妄卦〉稱「無妄之往」，《金剛經》稱「無所住而行於布施」，有沒有矛盾？

劉老師：不會矛盾，這是完全不同的意涵，「無妄之往」是指內卦的震，也就是〈復卦〉的天地之心和天雷〈無妄〉內在的〈震〉所象徵的生命主宰，那是從最內核的生命本性中自然流露出來的，所以是心之所主，利有攸往。「無妄之往」的內震核心，就是從〈復卦〉的一陽復始來的，然後再進一步——〈復卦〉是至日閉關，在地底下修；閉關之後要出關，走出地面，在天底下修，就得民胞物與，那就是天雷〈無妄〉。所以，在山上清修完，還得下山行道，就是從〈復〉到〈無妄〉。可是，閉關所修的天地之心，就是心有所主的「往」，就是「帝出乎震」、「萬物出乎震」；然後再用它來精進行道跟布施。所以說「天下雷行，物與無妄。先王以茂對時，育萬物。」

初爻「無妄，往吉」所講的是「無妄之往」，有了初爻所象徵的核心創造力，再去出關行道，那個「往」跟有意為之的「往」完全不是一個層次的東西。等到「無妄之行」，內心的主宰就迷失了。〈坤卦〉講「先迷後得主」，那還回頭了，要是執迷不悟，像「迷復凶，有災眚」，「至於十年不克征」，那就完蛋了。因為完全喪失了內卦〈震〉的生命主宰，不管做什麼都是「無妄之行，有災眚」，那跟《金剛經》講的「無所住」是自然無心，不特地為了什麼目的，是完全不同的層次，所以沒有矛盾。

從地雷〈復〉到天雷〈無妄〉，再到山雷〈頤〉，內卦都是〈震〉，一路延續下來。〈頤卦〉外卦止欲修行不動如山，跟內震的生命核心主宰合而為一，可以頤養利益眾生。這個中心的主宰，從〈乾〉〈坤〉之後就有了，水雷〈屯卦〉，「磐桓利居貞，利建侯」。凡是內卦為〈震〉的，大多是這個意義。內震的初爻都是從強大的生命能量發展出來的，人生有主宰，就不是遊魂般隨波逐流。外卦是〈艮〉的，上爻登到孤峰絕頂，就是修為到了極致，「敦艮吉」。〈頤卦〉上爻：「由頤，厲吉，利涉大川。」〈賁卦〉上爻：「白賁無咎」。這是儒通佛、易通佛的關鍵點，從〈剝〉一路下來，經過〈復〉、〈無妄〉、〈大畜〉然後〈頤〉。這個內在的生命主宰修成之後，真的可以「獨」立不懼，遯世無悶。「獨」一旦立了，它就可以帶著我們超越〈大過〉的生死關，然後在〈坎卦〉的險難中，淬鍊出〈離卦〉的智慧，「大人以繼明照于四方」。

「於意云何」這個句式可說是《金剛經》裡的套子，佛跟大弟子須菩提扮演金剛法會上的引言人。須菩提不但是為當時在場的千二百五十大比丘，也為後世讀到經典的我們向佛提出幾個關鍵問題，引出佛更精彩的回答。所以，直到現在，金剛法會的「一時」還未結束，它延續到現在、未來，啟發我們的金剛智慧，貢獻很大。

佛對須菩提非常包蒙，很看重也很溫存，總是說「須菩提，於意云何？」覺得這裡不容易搞懂，須菩提應該提問了啊！或者他會針對須菩提的提問再反問，一步步循循善誘。他不先講答案，只問：「你意下如何？」「你覺得怎麼樣？」所以我們這些有志講經的，也該學習一下，引導學生思考，讓學生有參與感，也覺得溫暖。

須菩提！於意云何？若人滿三千大千世界七寶以用布施，是人所得福德，寧為多不？

須菩提言：甚多，世尊！何以故？是福德即非福德性，是故如來說福德多。

若復有人，於此經中受持，乃至四句偈等，為他人說，其福勝彼。何以故？須菩提！一切

諸佛，及諸佛阿耨多羅三藐三菩提法，皆從此經出。須菩提！所謂佛法者，即非佛法。

「若人」，假設有這個人，「滿三千大千世界七寶」，用珍珠、瑪瑙等七種珍寶來布施。這簡直是無量數了，「是人所得福德」，這麼大的一個功德主，捐了無量數的金銀珍寶，可是他能得到多少福德呢？「寧為多不？」「須菩提言：甚多。」這話也沒有錯，以人之常情來看，他應該得到很多。但這不是〈噬嗑卦〉講的「日中為市，交易而退，各得其所」；〈同人〉〈大有〉也沒有說要回報，所以說「貨惡其棄於地也，不必藏於己；力惡其不出於身也，不必為己。」須菩提為什麼會這麼回答呢？他說：「甚多，世尊。何以故？是福德即非福德性。」因為這種表面的福德，不是福德的真正內在本質，凡所有相皆是虛妄，不要被騙了。「是故」，佛先順著人之常情把這個現象講出來，下面再講法施的功德勝過一切。「若復有人」，另外的例子是，有這麼一個人，他沒捐錢，但是「於此經中」，就是我們正在進行的《金剛經》。「受持」，知行合一，受，還有持。他懂得這部經的道理，就信受奉行，而且持之以恆。好，由「受」跟「持」，你們會想到《易經》哪兩個卦？不就是下經第一卦跟第二卦嗎？〈咸卦〉「君子以虛受人」，一聽感動了，放開心了，「聖人感人心而天下和平」。「山上有澤，咸。君子以虛受人」，「寂然不動，感而遂通天下之故」，「不疾而速，不行而至」……。〈咸卦〉是人皆有之，有所感應、有共鳴，就會很快接受，可是下面肯不肯持之以恆實踐出來呢？那就是「立不易方」的〈恒卦〉。在風雷動盪的考驗之下，還能夠立不易方，持之以恆行其道。「恒，久也」，「恒以一德」，一心一德，貫徹始終；「恒，德之固也」，固守不變。為什麼要固守不變？因為固守不變的東西，就是本來固有的東西；眾生固有佛性，固有良知良能。既然發現內在固有的東西，當然就要固守了。

「若復有人於此經中受持，乃至四句偈等」。《金剛經》的能量太高了，不見得五千多字全部都要實踐，那也不容易，裡面最高深的佛法是給準菩薩以上講的法。一般人只要將其中精華的四句偈實踐出來，像〈巽卦〉一樣「先庚三日，後庚三日」，有了深刻的體悟之後，脫胎換骨，參透天命，「君子以申命行事」，然後就進入下一卦〈兌卦〉，「君子以朋友講習」，為他人解說，弘法利生。剛開始只是朋友之間講講，同參道友小組討論，等到功力更高，下面就是〈渙卦〉，可以開始廣為傳道了。從一個圓心點的突破，慢慢將影響力散播到全世界，接著下面就是〈節〉、〈中孚〉、〈小過〉、〈既濟〉、〈未濟〉……。

金剛心不執空有，隨說隨掃

「偈」是佛教的哲理詩，《金剛經》的四句偈是精華中的精華。可是這四句偈到底是哪幾句？過去解釋《金剛經》的人頗有爭議，像「應無所住而生其心」一句話就讓六祖悟道了，是了無掛礙，大徹大悟之言。所以四句偈不一定是指經末的結論——「一切有為法，如夢幻泡影，如露亦如電，應作如是觀。」這部經到這裡才講到四分之一，經末那四句偈還沒出現呢，而佛是過去、現在、未來全無罣礙，所以他並沒有說四句偈一定是哪一段。其實，不論是哪四句，只要能夠悟通，好好發揮實踐，就功德無量了，比捐多少錢都有用。講得人家都心悅誠服，「其福勝彼」，勝過捐三千大千世界七寶。「何以故？須菩提」，下面就引出他為什麼會高度重視《金剛經》：「一切諸佛，及諸佛阿耨多羅三藐三菩提法，皆從此經出。」把《金剛經》推得多高啊！只要四句就夠用了。文貴精，不貴多，〈陋室銘〉、〈愛蓮說〉，不是這樣嗎？有時候千萬言全是廢話，人家四句偈就功德無量了，因為一切諸佛及無上正等正覺的法，都是出自這部經典。

但這麼一講，人之常情，可能很快就覺得《金剛經》不得了了，要把它看得很崇高、很神聖，開始天天抱在身上練，這就產生新的執著了。如果源頭懂了，其他什麼經，什麼道場，什麼法，不就都貫通了嗎？何必又執著一部經？所以金剛心是隨說隨掃，凡是破了一個舊的，立了一個新的，又怕我們對新的東西起執著，那不就違反《金剛經》的根本宗旨嗎？所以它立一個東西，馬上又掃掉，說：「須菩提，所謂佛法者，即非佛法」。「所謂」、「即非」、「是名」，這就是《金剛經》有名的三段論。《金剛經》這個般若智之所以難懂、難行、難修，因為它超過世俗凡情太多。一般人總是習慣依仗某些東西，所以一般要求不那麼高的法門，就是讓你從此岸渡到彼岸，他提供的佛法就是船，是風行水上的〈渙卦〉。船是我們遇到驚險狀況時的信心來源，是非有不可的工具，等到渡過彼岸了，就可以棄置不要。「法尚應捨，何況非法」，因為它只是一個方便法門，是必經的歷程。一般會非常看重它，抓得緊緊的。但金剛法門不是這樣，在船上的時候，它就告訴我們根本沒這個船，不要執著。如果以為真有那條船，就又落入波濤中了。這種隨說隨掃的態度有很深的意義，因為人其實都知道現在是有些問題，就像「比之匪人」一樣，這個朋友我知道不會長久，但我現在非要他不可，所以就得統一戰線，策略聯盟，先跟魔鬼握手，風雨同舟，上岸再說。這是世間法，金剛般若法根本不讓我們養成任何執著罣礙依賴的心，連階段性的妥協合作都不允許。所以它說了一個道理之後，馬上又說別太認真，在本質上，這個東西不是這個東西，但我們還是要名之為「這個東西」。空有兩不住，照樣行於布施什麼什麼，但是做的時候完全沒有罣礙。所以它要離的不是做法，而是人的分別執著，說到究竟，連此岸彼岸也並無不同。

為什麼要隨說隨掃？我們常會覺得，有些事應該盡早處理，但情勢不得已，那就先熬過眼前這個階段再說。聽過「履霜堅冰至」嗎？現在已經結霜了，我們覺得無所謂，想說等事情過去之後再全面清理，可是到時候如果已經變成堅冰，養成一堆習氣、一堆依賴與牽絆，往往就無從下手了。為什麼不趁剛冒出頭就把它掃掉？〈坤卦〉廣土眾民，順勢用柔，厚德載物，利永貞的第一個教訓就是這樣。〈坤卦〉第一爻前面是〈乾卦〉，〈乾卦〉有「剛健中正純粹精」那麼深厚的力量，為什麼腳都踩到霜了還姑息養奸，不以為意？應該踩到霜馬上除霜，隨說隨掃，隨立隨破，不是等船到了彼岸再說；沒得講究，也沒得妥協。因為這是究竟法，不可以執著，差之毫釐，失之千里。〈復卦〉的天地之心，第一爻沒問題，第二爻、第三爻就出問題了，如果拖到那時候，不是成本很高，就是無從下手，為什麼不現在就馬上處理呢？

好，一切諸佛跟諸佛的法皆從《金剛經》出，只要實踐其中四句就比捐多少錢的功德還大。這樣一個偉大的東西都不要執著，何況其他？所以說「佛法者即非佛法」，隨時隨地清安自在，布施就有住相布施，跟不住相布施。如果照這個套子造句，我們也可以說「所謂大易者即非大易」，這麼了不起的群經之王、群經之首，要是覺得它不得了了，行走坐臥，到哪裡都緊緊抱著它，那是發神經，被《易經》綁住了。

所以老師還要修，上課講到這部經跟那部經有什麼關係時，常常就忍不住讚歎：「一切智慧皆從《易經》出」，忘了所謂《易經》者即非《易經》，積久了就成為習氣，沒有在履霜的時候當機立斷。

下面是〈一相無相分第九〉，講四果羅漢。

須菩提！於意云何？須陀洹能作是念：「我得須陀洹果」不？

須菩提言：「不也，世尊！何以故？須陀洹名為入流，而無所入，不入色聲香味觸法，是名須陀洹。」

須菩提！於意云何？斯陀含能作是念：「我得斯陀含果」不？

須菩提言：「不也，世尊！何以故？斯陀含名一往來，而實無往來，是名斯陀含。」

須菩提！於意云何？阿那含能作是念：「我得阿那含果」不？

須菩提言：「不也，世尊！何以故？阿那含名為不來，而實無不來，是故名阿那含。」

須菩提！於意云何？阿羅漢能作是念：「我得阿羅漢道」不？

須菩提言：「不也，世尊！何以故？實無有法名阿羅漢。世尊！若阿羅漢作是念：『我得阿羅漢道』，即為著我人眾生壽者。世尊！佛說我得無諍三昧，人中最為第一，是第一離欲阿羅漢。世尊！我不作是念：『我是離欲阿羅漢』。世尊！我若作是念：『我得阿羅漢道』，世尊則不說須菩提是樂阿蘭那行者！以須菩提實無所行，而名須菩提是樂阿蘭那行。」

「須菩提，於意云何？須陀洹能作是念，我得須陀洹果不？」須陀洹、斯陀含、阿那含、阿羅漢是四果羅漢。從羅漢修到菩薩，小乘進大乘，就是〈觀卦〉內卦轉到外卦、下卦升到上卦的關口。阿羅漢就是所謂的羅漢道。佛法有概分佛、菩薩、羅漢的位階。佛有諸佛，菩薩和羅漢的位階也分得很細。佛家的名相很多，我們不可能在課堂上細講，你們自己看，看久了也就知道是什麼意思。阿羅漢在小乘再細分為聲聞與緣覺，緣覺比聲聞程度高。這裡講的是聲聞的四個果位，當然距離佛果還差很遠，但也發了善願，種了善因，最後修到這個果位。剛入門的是須陀洹，一階一階往上，二果就叫斯陀含，三果是阿那含，四果是阿羅漢。只要曾參加佛的法會，或者像我看過佛弟子的DVD，我們就算是聲聞。聞不光是聽，還要知，要用到心智，就像如是我聞、聞一知二、聞一知十、不求聞達於諸侯……。因為一定有人傳法、弘法，作獅子吼，不管是錄影帶、錄音帶、或是參加大師弘法的現場，我們聽到了，有所感應，心中就透明透亮的有所知，然後就依法實修。這就叫聲聞，一直到阿羅漢都是如此。可是有些人不見得有機緣遇到佛，也可能他的時代沒有佛，不是說末法時期一萬年結束之後，真的就沒有佛了，一直要等到彌勒佛出世？所以佛法難聞，難懂，難知，人身難得，下輩子就算是人，也未必能碰到大師講法，沒有機會聲聞，難道不能靠自己嗎？因為眾生皆有佛性，我們內在本來就有善根，有的人有機緣，「童蒙求我」，一提，一點，透了，通了，就上去了。有人就沒這個機緣，「困蒙吝，獨遠實」，但他就是這種非常的豪傑之士，不待文王猶興，靠自性就站起來了，那就叫緣覺。

一切現象都是因緣合和

佛教有很多說法都可以從《易經》找到對應，例如「十二緣生」就是天風姤的〈姤卦〉，因緣聚會，後面就是〈萃卦〉。所以生老病死、十二緣生、因果輪迴，很多東西都是因緣假合，〈姤〉然後〈萃〉，悲歡離合，天地萬物之情都在裡頭，然後就〈升〉。〈升〉裡面有一堆假象泡泡，一切有為法，如夢幻泡影。要是看不破，或者持之不當，最後就化成烏有。緣覺比聲聞高，就高在這裡，不能強求，沒有機緣就靠自己悟；道理就在宇宙間，靠自己參證而悟道了，這就叫「獨覺」。照金庸寫的武俠小說，自創太極拳，成為一代宗師的張三豐不就是緣覺嗎？其實他原本是想拜郭靖為師，那時郭靖正如日中天，結果沒去成。哪天念頭一轉，為什麼不自己鑽研呢？當時如果他費盡辛苦一定要找到郭靖，結果就完全不同了。六祖惠能不也是自己悟出來的嗎？豪傑之士不待文王猶興。凡夫俗子脫了凡胎，先走四個果位，往上就更高了，到菩薩，到佛。「獨立不懼，遯世無悶，是以君子必慎其獨也。戒慎乎其所不睹，恐懼乎其所不聞……」這是《中庸》說的。「乾道變化，各正性命」，「蒙以養正，果行育德」。要是沒有碰到大師，沒有碰到佛，沒有碰到經典，難道就絕望了嗎？

問：羅漢相都很好看嗎？

劉老師：為什麼要好看呢？凡所有相皆是虛妄。有同學閑著無聊就占卦問《易經》：「我是世界上美麗的女人嗎？」結果《易經》就回答：「賁如濡如，永貞吉。」回答得真好，這爻不是最深層的色相嗎？既肯定又拍馬屁，還提醒別執著。所謂美麗者即非美麗，賁如濡如，要永貞才能吉，可以身相見羅漢乎？《楞嚴經》不就是從這個爻悟入的嗎？從「賁如濡如」最後悟到「白賁無咎」。

一年生，二年生，三年生，四年生，我們粗略的從《易經》去印證〈觀卦〉類似止觀法門的修行結構，「觀我生」的第五爻，「君子無咎，觀民也」，這肯定是用佛眼看一切。第四爻「觀國之光」，大致是各級菩薩的位置，「觀國之光，利用賓于王，尚賓也」。注意六四上承九五的關係。二爻、初爻差不多是我們眾生，「童觀，小人無咎，君子吝」，這是小人道，但數量最多。二爻就有一點像聲聞，因為它跟五爻是通的，可是通的那條路可能是個門縫，「闚觀，利女貞。」爻變是〈渙〉，是從佛的第五爻渙發出來的。他接收到訊息，雖然是瞎子摸象，可是六二跟九五中正相應與，收到訊息就執著不放，把片面的東西認為是全方位圓融無礙的真理，所以他所看到的佛，看到九五的「觀我生」是有侷限的。第三爻跟第五爻就沒有這個關係，因為三與五同功而異位，叫「觀我生，進退」。爻變是〈漸〉，三跟五沒有應與，也不像四爻是承乘關係的常隨眾。他可進可退，那些進的就了不起，不必天天跟著大師轉，靠自己琢磨體證，就有一點像緣覺。小我不就是大我一個具體而微的呈現嗎？孟子講：「萬物皆備於我」，皆備於佛，也皆備於我們每一個人，為什麼一定要去找上師呢？

你們看金庸小說中的名門弟子都是不成材的，光會躲在大師的庇蔭下；很多江湖豪雄卻是自己打出來的。看看〈損卦〉第三爻的想法跟第六爻的結果吧！〈損卦〉第三爻不就是「三人行則損一人，一人行則得其友」嗎？把一堆人都綁在一起幹什麼？讓他走出去啊！到第六爻就「得臣無家」，海闊天空，處處開花。最笨的宗師就是把最有獨立發展潛力的弟子拴在褲腰帶上，讓他們為了爭衣缽而鬥。

「須菩提！於意云何？須陀洹能作是念：『我得須陀洹果』不？」他已經擺脫眾生的苦惱，修到初果羅漢的果位了，難免就沾沾自喜，自以為跟大眾很不一樣。初果羅漢能有這個念頭嗎？當然不行。「不也，世尊，何以故？須陀洹名為入流。而無所入，不入色聲香味觸法，是名須陀洹。」修得不錯，擺脫眾生的層級了，可是也才剛入流，小乘而已，前面還看不到邊呢！就敢自滿了？「而無所入」，千萬不要被「入流」綁住了，覺得自己進來了，別人還在門外頭。其實根本就不必執著在「入」或「不入」的分別相上面。緊接著就藉「無所入」往下講，初果的須陀洹都得不入色、聲、香、味、觸、法。這樣才能成為須陀洹。

「須菩提，於意云何？斯陀含能作是念，我得斯陀含果不？」因為找不到恰當的中譯，須陀洹、斯陀含、阿那含通通都採取音譯。跟前面的須陀洹一樣，斯陀含能整天掛念自己已經修到這個果位了嗎？斯陀含比初果的須陀洹高一個位階，他也不能有這個念頭。所以須菩提言：「不也，世尊，何以故？斯陀含名一往來。而實無往來，是名斯陀含。」你們看《易經》講「往來」的有多少？小往大來，〈泰〉。大往小來，〈否〉。然後〈蹇卦〉有一堆往來，〈升〉是「不來」，上去就不下來了，〈復卦〉是「七日來復」。這裡的「一往來」是什麼意思呢？這還是佛教的基本觀，因為相信有輪迴。斯陀含已經修到二果，可以升天了，那叫「往」，但不管他是乘願再來，還是有什麼任務或因緣必須再來一次或幾次，之後就不回來了。修到三果，才能夠不再回來受輪迴之苦，二果則是指修得不很精純，還有一次額度必須修滿，所以要再來一次，這就是斯陀含的「一往來」。這裡是說，得了二果的斯陀含不能執著在自己已經修成「一往來」，這樣才是名符其實的斯陀含。

須菩提解釋須陀洹、斯陀含的定義，難道是解釋給釋迦聽嗎？開玩笑！釋迦怎麼會不知道？他在講給我們聽，是不是？所以釋迦和須菩提師徒兩個在唱雙簧。須菩提真正的智慧跟果位一定很高，但是在金剛法會上，他只是個羅漢，是為了導引我們而跟佛搭配演出的。我們現在讀到的所有經典，都是靠阿難的博聞強記「如是我聞」，簡直像錄音機一樣一字不落，然後就他所理解消化吸收的再寫出來，一千二百五十個比丘、大比丘因為都在法會上聽過佛講，就跟《論語》、《易傳》的結集是一樣的，由一個人主導做總編輯，其他人認證。而這些在佛滅之後集結的工作，佛早就選定由博學多聞的阿難主導，佛也叮囑他，只要在卷首加上「如是我聞」四個字，就好像蓋了佛的認證章一樣。

所以，經過活的理解吸收之後整理出來的東西，再加上其他人認可，這就成為佛經了。因此，「聞」不只是聽，還要真正吸收消化，真正懂。

「須菩提於意云何？阿那含能作是念，我得阿那含果不？」阿那含是三果羅漢。「須菩提言：不也，世尊。何以故？阿那含名為不來。」「不來」就真的是「升」了，上去不來了，解脫了。「而實無不來。」修到這個果，也不能受到它的罣礙。人生的罣礙無窮無盡，才離龍潭，又入虎穴；從這個極端又擺盪到那個極端；脫離這個關卡，又陷入一個更深的關卡，魔考重重。功力越高，考驗越嚴格，關關難過關關過。在四果之中突破到最高層，就是阿羅漢了，「須菩提於意云何，阿羅漢能作是念，我得阿羅漢道不？」我得到了嗎？得了什麼道呢？當然不是菩薩道，也不是佛道，而是阿羅漢道。但是他能說他得道了嗎？能夠起這種念頭嗎？不可以，起這種念頭就不能畢業了。有沒有發現漢譯佛典在這裡修辭語氣變了？因為這是到了聲聞乘的頭了，所以前面都說我得什麼果，現在是得道了。〈觀卦〉的「童觀」也是道，叫小人道，不是君子道。「闚觀利女貞」，是利婦女道。得的道也有不同的位階，這裡說得了阿羅漢道，也不可以有「我已經得道」的念頭。

須菩提言：「不也，世尊，何以故？實無有法名阿羅漢。」這個語氣也換了，根本就沒有一個定法叫阿羅漢，怎麼還一天到晚說我得阿羅漢道呢？「世尊，若阿羅漢作是念」，起心動念，動了念頭說我得阿羅漢道，我哈佛、牛津畢業、台大畢業，我是精英，那就糟了。牛津畢業的牛也很多，台大畢業坐牢的更多。所以還在那邊說我得什麼道幹什麼呢？不光是這個話別講，連念頭都不要起。一旦念茲在茲，天天在想，自我感覺良好，馬上就著相了，而且是破也破不了的四相。「若阿羅漢作是念：『我得阿羅漢道』，即為著我、人、眾生、壽者。」因為他的基本語式是在不同的層次、不同的機緣破四相，所以這裡就直接講「我、人、眾生、壽者」，而四相的根源是在我相。

「世尊！佛說我得無諍三昧，人中最為第一，是第一離欲阿羅漢。世尊！我不作是念：『我是離欲阿羅漢』。世尊！我若作是念：『我得阿羅漢道』，世尊則不說須菩提是樂阿蘭那行者！以須菩提實無所行，而名須菩提是樂阿蘭那行。」

下面就點出須菩提這位在金剛法會上表現絕頂聰明智慧的助教，確實不凡。佛親自褒獎認證須菩提已得無諍三昧，人中最為第一，是第一離欲阿羅漢，了不起！就像《春秋》裡面的一字之褒、一字之貶一樣，他是眾多已經擺脫欲望糾纏的阿羅漢之一。他是第一名，像顏回也是第一離欲阿羅漢，人中最為第一，因為與世無爭，不起鬥爭心，不會有〈噬嗑〉和〈訟卦〉，所以叫無諍三昧，完全是從〈謙卦〉脫胎出來的。我們不是講連慈濟都是〈訟卦〉往〈剝卦〉走？無諍是完全沒有爭，不管言語上、行為上都沒有爭，所以佛很讚賞他，說他已得無諍三昧。其實諍太苦了，爭名、爭利、爭權、爭勢，他因為不爭，所以能真正自在，「謙亨君子有終」。須菩提尊者對佛說：「佛雖然說我已得無諍三昧，人中最為第一，是第一離欲阿羅漢，但我也不能暈陶陶的，天天想著自己是離欲阿羅漢。否則，世尊也不說我是樂阿蘭那行者了。」阿蘭那行就是遠離世俗塵囂，到清靜之地修行，「履道坦坦，幽人貞吉」。一般愛熱鬧的人偶爾試試閉關打坐就渾身不自在，總想摸摸手機或打打電腦；一上坐時，妄想就比平常多十倍。那就叫不樂阿蘭那行。可是就有人喜歡遠離塵世的清靜修行，就叫「樂阿蘭那行」。須菩提說：如果我還有「我得阿羅漢道」的念頭，世尊就不說須菩提是樂阿蘭那行了。

〈履卦〉二爻：「履道坦坦，幽人貞吉，終不自亂也。」爻變就是〈無妄〉。當然莫作是念，這樣才真耐得住寂寞。在行道的過程中，要是有妄心，守不住了，再走下去，就變成第三爻跛腳的獨眼龍，自己不知醜，還去踩老虎尾巴，馬上被老虎咬死。「以須菩提實無所行，而名須菩提是樂阿蘭那行。」其實他一天到晚都在「行」，「履，不處也」。可是一定要無所住行於布施，不要被心中的妄念把原本清淨之行染污了。行，卻實無所行，那就自然而然有了「樂阿蘭那行」這麼一個稱名。

下面是第十分〈莊嚴淨土分〉。淨土大家都知道了，莊嚴，在這裡是把名詞當動詞用。當某個人或某件事讓我們心嚮往之，雖然無法到達那個境界，我們會歌頌、美化他，把他神聖化。所以搞台獨的、搞統一的、反共的都把他們的信仰神聖化。大陸很多這種人，連法輪功在內，包括那些流亡的異議分子，我們看他下筆為文，心態極不平衡，甚至要臺灣學以色列；殊不知真打起來，死的是臺灣人，不是他，他們的意念全被仇恨包裹，反面的反面並不代表他是正面。把一個東西神聖化是很可怕的，如果真修到了還好，其實修到了也就不講了，沒修到的半瓶水，偏偏在推崇那個、介紹這個，極端偏執。〈繫辭傳〉最高明的一句就叫「不可為典要」，把什麼東西都典要化，往往會害死更多人。下面就說了，莊嚴淨土，大家都要往生淨土，連華藏世界那麼多的大菩薩也要往生西方淨土！可見阿彌陀佛建立的淨土真是不得了。因為我們離淨土太遙遠，覺得它不得了，難免就把它神聖化了，這種心態，就叫莊嚴。其實真正的莊嚴是不需要我們化妝的。

佛告須菩提：於意云何？如來昔在燃燈佛所，於法有所得不？

不也，世尊。如來在燃燈佛所，於法實無所得。

須菩提，於意云何？菩薩莊嚴佛土不？

不也，世尊，何以故？莊嚴佛土者即非莊嚴，是名莊嚴。

是故須菩提，諸菩薩摩訶薩，應如是生清淨心。不應住色生心，不應住聲、香、味、觸、法生心，應無所住而生其心。須菩提，譬如有人，身如須彌山王，於意云何？是身為大不？

須菩提言：甚大，世尊，何以故？佛說非身，是名大身。

這又來一個小考了，在《金剛經》裡經常出現。這種師生對話的模式自然而然，應有的尊重態度都在，也很溫存。老是學生提問，偶爾老師也提個問題，試試程度，看看到底是真悟還是假悟，也讓千二百五十人俱的比丘們，以及經典傳承下去後千千萬萬在讀這部經典的人看看，所以佛就隨機來一個小考。如來用他自己為例，因為他是已經證如來果的，我們的如來還藏得很深，未開發出來。「如來昔在燃燈佛所……」對佛教略有認識的人應該都知道，佛不是只有一個，有諸佛；釋迦牟尼在他活了八十歲的這一世，也是再來人，所以他講的「昔」，就不是這輩子，可能在幾世幾劫以前，他曾在燃燈佛那邊學習。「如來昔在燃燈佛所，於法有所得」，因為學了那麼久，今世又是修得很不錯的釋迦牟尼佛祖，燃燈佛那裡就是釋迦牟尼種善根的地方。燃燈佛的名號也很有意思，讓我們想起〈離卦〉和〈明夷卦〉的「箕子之明夷，利貞，明不可息也。」是不是？「一燈能除千年暗」，「大人以繼明照于四方」，佛佛相繼也是如此。現在問題來了，因為如來悉知悉見，沒有過去、現在、未來的障礙，所以他對於過去不知多少萬億年前曾在燃燈佛所修習的事，好像都記得；然後須菩提擔心末法時期的眾生聽不懂這麼高深的法門，佛就說一定有人可以聽得懂，似乎佛也可以看到未來。《金剛經》很少賣弄神通，是從托缽著衣吃飯的日常生活開始，也沒說幾種震動，或天上下蓮花雨之類，更不像《法華經》那樣提到很多驚世駭俗的東西，可是他在這裡隨口講出來的話，顯示根本就通過去、現在、未來。佛不打誑語，可見修到那個地步，就真的沒有時空的障礙了。〈渙卦〉君位的五爻稱「渙王居」，四爻稱「匪夷所思」，二爻「渙奔其機」，電光石火，哪裡有障礙？所以不管過去千萬劫，一樣記得清清楚楚；未來一萬兩千年之後就沒有佛了，必須等到五十六億年之後彌勒佛出世，他也可以準確預言，這不是很驚人的預測力嗎？如來悉知悉見，我們要想悉知悉見，卻只能靠易占。我們不是算過千年後的事嗎？我下次也要算算五十六億年之後有沒有彌勒佛，這個時間跨度就很大了。

佛眼能見到過去、現在、未來，這就是「觀我生，君子無咎」，「觀民也」，什麼都清清楚楚。然後〈臨卦〉跟〈觀卦〉這一組卦前面就是通過去、現在、未來的〈蠱卦〉、〈隨卦〉和〈豫卦〉。〈豫〉是未來，隨著時光流逝，未來變成現在，就是〈隨卦〉。再隨著時光流逝，現在變成過去，就是〈蠱卦〉。〈豫〉〈隨〉〈蠱〉通三世因果，才有大勢至的〈臨〉和觀世音的〈觀〉。過去心不可得，現在心不可得，未來心不可得，如果真如本性都能淋漓盡致完全發揮出來，就可以「如來悉知悉見」了。因為我們沒到那個程度，所以看不了那麼遠，只能瞎猜，再不然就一廂情願，希望怎樣，就預測是怎麼樣。

再回到本文。「如來昔在燃燈佛……」，我小時候讀武俠小說，也有談到少林寺的，還真塑造了一個燃燈古佛，就是受佛經影響。燃燈佛來點燈，不就是傳燈嗎？要傳承，一定要有燃的人。佛說他在燃燈佛那裡留過學，受過教誨，他就問須菩提：我到底有沒有得到法呢？按照《金剛經》前面的推衍跟邏輯，也要剝除執著。須菩提當然不可能答錯，他說：「世尊，如來在燃燈佛所，於法實無所得。」「須菩提，於意云何？」問到重點了：「菩薩莊嚴佛土不？」菩薩也要念佛往生西方，所以他對淨土是充滿「盥而不薦，有孚顒若」的欽仰之情，自然就會去莊嚴它、美化它、宣傳它。這又是一個很大的陷阱，連修到菩薩都可能有這種執著。

「不也，世尊，何以故？莊嚴佛土者即非莊嚴，是名莊嚴。」還是這個邏輯，莊嚴佛土，隨立隨掃則非莊嚴，不要執著，是名莊嚴。然後下結論了：「是故須菩提，諸菩薩摩訶薩應如是生清淨心。」清淨心，〈無妄〉，元亨利貞，稍微髒一點就不是清淨心而是妄心了，要是還沒警覺，就會越來越嚴重。「不應住色生心，不應住聲、香、味、觸、法生心，應無所住而生其心。」

五欲六塵都不能住，無所住，這就是啟發六祖最有名的關鍵了。應無所住，什麼都不住而生其心；恰恰無心用，恰恰用心時。「須菩提，譬如有人，身如須彌山王」，須彌山是佛經中最大的山，是山中之王，一個人怎麼會像須彌山那麼大呢？因為他要講下面的道理，「於意云何？是身為大不？」須菩提當然就順著講了，「甚大，世尊，何以故？」但是他也懂了，「佛說非身，是名大身。」不要因為「身」的高矮胖瘦美醜，執著於虛妄的表象，而被它嚇住了，再大的「身」、再大的財團或國家又怎樣？眾生皆有佛性，是法平等。剛才講了身相不能見如來，他就舉一個極端的例子，假定一個人有那麼大的身，能不能算大身呢？一個人捐那麼多錢，是不是很多？但是下面馬上否定，佛說非身，是名大身。

渙王居，渙汗其大號

《金剛經》的智慧含量是很高的，提醒我們解除一切罣礙的經句現在一個個都出現了，包括「無四相」、「應無所住行於布施」、「應無所住而生其心」也出來了。然後《金剛經》典型的三段論法：「所謂」、「即非」、「是名」。有任何一個新的議題、做法，就要馬上否定，打掉因它而產生的執著，這是《金剛經》的睿智。我們剛才是從「履霜堅冰至」來談的。〈無妄卦〉也說危機往往就在一念之間，不早下手，不將它純化淨化，就會添出很多拘礙；背著那些桎梏、業障，越走越回不了頭，痛苦死了。佛教不是講無明的根本惑嗎？無明會從生老病死等人生現實中冒出來，而根源是因為有了知見，就會要確立它，所以要保持警覺，隨立隨破；立一個東西，如果生出執著，就是往後一切禍的根本來源。這是《楞嚴經》提到的十二緣起，是大智慧。所以《老子》說「損之又損，以至於無為，無為而無不為。」不然就是一切有為法如夢幻泡影，白忙一場。

執著於一個東西，就很容易死在那個東西下面，而且連自己怎麼死的都不知道。《金剛經》的佛眼把這個看透了。改朝換代常常以暴易暴，而且都把對方妖魔化，把自己無限的神聖化，這合乎宇宙真相嗎？當然不，一旦把某些東西莊嚴化、神聖化，把它推到至高無上，成為無限上綱，奉為典要、基本教義，那就完了，成為新的業障來源。

我們再往下看〈無為福勝分第十一〉：

須菩提！如恆河中所有沙數，如是沙等恆河，於意云何？是諸恆河沙寧為多不？

須菩提言：「甚多，世尊！但諸恆河尚多無數，何況其沙！」

須菩提！我今實言告汝：若有善男子、善女人，以七寶滿爾所恆河沙數三千大千世界，以用布施，得福多不？

須菩提言：「甚多，世尊！」

佛告須菩提：「若善男子、善女人，於此經中，乃至受持四句偈等，為他人說，而此福德勝前福德。」

印度的恆河太有名了。受佛經影響，「恆河沙數」已經變成中文成語，代表無量數的意思。如果當時佛經誕生於中土，可能就成為「黃河沙數」了。就是說，佛在印度說法，也是近取諸身，遠取諸物，直接從大家所熟悉的恆河取象。恆河裡面有那麼多沙，到底有多少？然後他又繼續追問須菩提，如果有像恆河沙數那麼多的恆河，於意云何？「是諸恆河沙」，這麼多條恆河中的沙算不算多？這是從前面的「大身」來的。「大小多少」是不是？你看《老子》在開宗明義第一章講「道可道，非常道」，第二章就講「前後相隨，音聲相和」……種種相對的現象。我們受這些相對的分別執著的苦太深了，所以《道德經》到第二章就要破這個。這裡也是，為什麼那麼在乎這個大，那個小，那個強，這個弱？那不就是分別執著嗎？要多、要大是吧？那麼一個人的身體像須彌山那麼大，是不是大呢？要多，像恆河沙數那麼多條恆河裡面的總沙量，多不多呢？須菩提言：「甚多，世尊！但諸恆河尚多無數，何況其沙！」當然是多到不能想像。佛就接著講了：「須菩提！我今實言告汝：若有善男子、善女人，以七寶滿爾所恆河沙數三千大千世界，以用布施，得福多不？」又在破財施的執著。佛說：我跟你講老實話，若有善男子，善女人，願意捐獻的七寶，將三千大千世界那麼多條恆河沙數的三千大千世界都裝滿了，得福多不？「甚多，世尊。」當然多了，這比前面提的又不知道多了多少倍。這種用恆河沙數比擬的大，很容易讓我們聯想到經過現代科技驗證探測的宇宙，到底有多少星系，多少星星呢？簡直是浩瀚無涯，跟古人用肉眼看到的已經完全不同了。「天行健，君子以自強不息。」「大哉乾元，萬物資始，乃統天。」我們現在所瞭解的宇宙之大，跟古人以為的大，差了多少倍；恆河沙數確實是不得了的大，但也沒有乾元大。諸天星體就是乾元所統的天，所以乾元才是真正的大。

隨時隨地宣講是經

復次，須菩提！隨說是經，乃至四句偈等，當知此處，一切世間、天、人、阿修羅，皆應供養，如佛塔廟，何況有人，盡能受持讀誦。須菩提！當知是人成就最上第一希有之法，若是經典所在之處，即為有佛，若尊重弟子。

〈尊重正教分第十二〉是講法施。也是善男善女，「於此經中」，就是現在正在講的《金剛經》，「乃至受持四句偈等」，將其中最精華的部分，為他人說。〈中孚卦〉第二爻，有信仰了，滿心歡喜要利益眾生，「鳴鶴在陰，其子和之；我有好爵，吾與爾靡之。」這就叫為他人說。〈中孚〉第二爻爻變就是〈益〉，其益無方，還得與時偕行。「而此福德勝前福德」，比無量數的財物捐贈還要殊勝，這是第二次比較了。每一次的規模都在放大。「復次，須菩提，隨說是經，乃至四句偈等……」再告訴我們法施的重要跟價值。「隨說是經」，〈隨卦〉的隨。所以講經不一定要有道場，隨時隨地，在野地坐下來，只要真講，真懂，真實踐，產生的利益就超過無量數的財施。不見得要在哪一個大廟裡面講，不必「豐其屋」，可以「渙王居」，下面就是這個意思。你們看他破得多徹底！一般沒有真修的就蓋大廟，塔寺堅固。真禪定、解脫的沒有了，由正法而像法，像法而末法，到時候就變成鬥爭堅固。因為沒有真正離開欲望，而以另外一種欲望的方式追求表象。「隨說是經」，三、五人可以，三、五百人也可以；隨時隨地、「藉用白茅」都可以。而且，一部《金剛經》，乃至四句偈等，不講全經只講精華也可以。「當知此處」，有資格講經的人一坐下來，這個地方就是「居其所而遷」的〈井卦〉，可以改變世界。〈井卦〉就是開發自性的意思，取之不盡，用之不竭。自性開發出來，就能讓別人也開發出來，就能生萬法，後面就革故鼎新，能夠徹徹底底脫困。〈井卦〉卦辭已經告訴我們了，「無喪無得，往來井井」，是不是《心經》講的「不增不減、不垢不淨」？〈井〉不是「居其所而遷」嗎？〈井〉又是「德之地」。佛當時在菩提樹下悟道的那個點就叫「井」；任何一個重大的研發突破了，改變世界的那個點也叫「井」，哪還需要現成的一座廟？所以佛鄭重其事的告訴須菩提，這個講經的所在，一切世間、天、人、阿修羅，皆應供應如佛塔廟；這裡沒有廟，也沒有塔，但就等於是一座佛塔寺廟，因為這裡有真經、還有真懂、真行的人在傳在講。然後也不必雇隨扈，一切世間天人，天龍八部、阿修羅，就是無形的護法金剛、龍天護法，他們也順便來聽經、消業。

阿修羅的鬥性堅強，就像〈噬嗑卦〉充滿戰力。有充滿鬥志的〈噬嗑〉阿修羅做護法隨扈，就不會有任何妖魔鬼怪來滋擾，然後還可以度脫很多眾生，還不止是人，非人也一起度了。因為不知有多少無形的眾生在這裡護持正道。尤其隨說《金剛經》，不要廟，不要大道場，不要大飯店，不要國際會議廳，隨時隨地都是道場，這叫「渙王居」，散到全世界，或是幾千、幾萬年以後，沒有任何人能來踢館搗蛋搞破壞。「何況有人盡能受持讀誦」，只是隨說是經，從裡面不拘形式隨便講幾句，就有這種影響力，何況有人能夠完全精通《金剛經》，還能在生活中具體實踐，盡能受持、讀誦，其功德不可思議。如是那樣，「須菩提，當知是人成就最上第一希有之法」，經典所在之處即為有佛，經在佛在；「若尊重弟子」，跟在佛身邊那些有大成就的大弟子也都來了。就是說，不管何時何處，只要有人盡能受持讀誦《金剛經》，當年千二百五十人俱的那場金剛法會就重現了。這不就是〈渙卦〉嗎？「王假」就「有廟」，不一定是有形的廟，是「渙王居，渙汗其大號」，響徹整個宇宙。隨說是經或四句偈，就有龍天護法來保護。若能通經，又能夠實踐，再來可以弘法利生，那就更不得了了，這個人一定成就最上第一稀有之法；而傳佈這部經典的地方，佛和佛的那些大弟子全都來了。所以這些重要經典前面都講「如是我聞，一時」，「一」就是一切，就是完整，中文的「一」不是只有數量的意思，道生一、得一、致一……，「一」就是全，所以「一時」不是once upon a time，是任何時候，這是將〈渙卦〉講到極致了。

只要這邊開始講《金剛經》，佛就會在，佛的那些大弟子也都會在，完全沒有時空的阻隔。佛經有如此信心，告訴我們這些天人阿修羅會來護持一個道場。若要訴諸理性，我們到底要不要相信呢？例如我們正在講《金剛經》，這裡有沒有阿修羅？有？有沒有龍天護法，有沒有孤魂野鬼？有鬧場的，就有保鏢和公安。但也可能沒有，因為老師不一定受而能持，也不一定有持戒修福。持戒多難啊！如果只是「滕口說，咸其輔頰舌」，就不需要派那麼多護法神來了。

佛講起這些事情都好自然，就像他回憶過去、預測未來，悉知悉見，然後他說既然這麼重要的法會因緣，當然不能受到干擾，所以只要開始講經，護法神就得出動。我們讀佛經，像《金剛經》這麼平易的經典，沒談那麼多神通；可是從佛的講話可知，這些神通根本不必懷疑，肯定就是這樣，佛也沒必要造謠是不是？所以我們還是用謙的心態面對天地人鬼神，只要貞吉，就悔亡，心正，盡心盡力的講經、行經，啥都不用怕，一定有護法；也沒希望人家捐錢，人家就捐錢；也沒希望人家法施，人家就法施。無所住，要是有所住，這些就都壞掉了。

離一切諸相，即名諸佛

上次講到若能真正受持讀誦《金剛經》，或者隨便選四句偈——佛經裡面任何四句就叫一偈，兩句就叫半偈，沒有專指哪一個，因為句句都是寶。若為他人說，那麼任何地方都是一個道場，都是佛的塔廟，而且都有隨扈、保鏢、護法，佛的那些令人尊重的大弟子也都會到場護持。這是第一次這麼提，往下還會繼續再提；也就是說，《金剛經》神聖得不得了，消災解厄的能量極高。這確實也影響後世，把《金剛經》看得很重。

當然最難就是受持，接下來的第十三分叫〈如法受持〉。就是說，受持還得如法，才能夠全心全意；〈咸〉，虛受人，虛心承受，然後還要持之以恆的「行」，那就更難了。

爾時，須菩提白佛言：「世尊！當何名此經？我等云何奉持？」

佛告須菩提：「是經名為《金剛般若波羅蜜》，以是名字，汝當奉持。所以者何？須菩提！佛說般若波羅蜜，即非般若波羅蜜，是名般若波羅蜜。須菩提！於意云何？如來有所說法不？」

須菩提白佛言：「世尊！如來無所說。」

須菩提！於意云何？三千大千世界所有微塵是為多不？

須菩提言：「甚多，世尊！」

須菩提！諸微塵，如來說非微塵，是名微塵。如來說世界，非世界，是名世界。須菩提！於意云何？可以三十二相見如來不？

不也，世尊！不可以三十二相得見如來。何以故？如來說：三十二相，即是非相，是名三十二相。

須菩提！若有善男子、善女人，以恆河沙等身命布施；若復有人，於此經中，乃至受持四句偈等，為他人說，其福甚多！

後世只要講《金剛經》，就會說如何如何殊勝，其實金剛法會還沒結束，還預言到後世可能發揮的能量和受到的尊重。這時候也還沒有定名為《金剛經》，有些佛經是全部講完，法會結束了，最後請主講者賜一個名，將來好稱呼。但金剛法會才進行到一半，須菩提就請佛為這部經定名。「爾時，須菩提白佛言：『世尊！當何名此經？我等云何奉持？』」要取什麼名字呢，然後要怎麼依法受持實踐呢？兩個問題一併問了。佛告須菩提：「是經名為《金剛般若波羅蜜》。」金剛，有光明、鋒利、堅硬、無堅不摧的特質，是降魔、消業、渡彼岸的最高智慧。「金剛般若波羅蜜，以是名字，汝當奉持。所以者何？須菩提，佛說般若波羅蜜，即非般若波羅蜜……」這是《金剛經》裡面一再出現的句型，隨說隨掃；先說《金剛經》是如何崇高神聖，但也不能忘記金剛的本願就是對一切都不執著。一起崇高神聖感就執著了，這一執著，什麼好東西都會害人，所以馬上警告，佛說般若波羅蜜，即非般若波羅蜜。別執著，無所住行於布施，無住生心。先分別，再執著，這都是很深的障蔽，不容易排遣，既然講一空到底的金剛法，因為人心容易攀緣執著，就連金剛法都要馬上掃掉，申明「即非般若波羅蜜」，這是方便法門。接下來佛又繼續提問題，看看須菩提是不是真的懂了？「須菩提於意云何？如來有所說法不？」

如來是我們的真心本性，當然佛祖是已經完全開發出來，並且發揮大用，但如來並不是佛的專利，人人都有，眾生本來就是佛，只因妄想執著不能證得。要證得，得開發自性，闡揚如來，必須先去除妄想執著。

心無妄想分別執著

「須菩提白佛言：『世尊！如來無所說。』須菩提！於意云何？三千大千世界所有微塵是為多不？須菩提言：『甚多，世尊！』」他當然懂。如來無所說，啥也沒說。如來有所說法，但我們要對那個法完全不執著，這就是究竟義，始終要保持腦筋清醒，不要見一個抓一個，那就卡住了。

「〈隨〉，無故也。元亨利貞，無咎。」

如來無所說，那就沒什麼好執著了！於是佛又繼續追問下去：「須菩提於意云何？」下面是很自然的開展，大說小說、東說西說；再大的世界、再小的微塵都別執著，都得用清淨心、金剛心去面對。「三千大千世界所有微塵是為多不？」微塵，這有點像最近一百多年現代物理學家研究的基本粒子。世界那麼大，微塵那麼小，佛問所有微塵多不多？須菩提言：「甚多，世尊。」當然順著他的話講，因為都是從常見來理解再推翻。下面就套入公式了，「諸微塵，如來說非微塵。是名微塵。」說一個東西它就不是那個東西，不要執著一般常見的虛妄表象，可是又怕我們以為什麼東西都沒有，那就更糟了，那是執著空，比執著有還更完蛋！執著有，一輩子就按常人那麼活，眼耳鼻舌身意，碰到色聲香味觸法，就明明有，也不影響快活一輩子，就做個認真生活的安善良民。怕的就是半吊子，覺得這些都是空的，一旦執著空，那更糟糕。《金剛經》不是要說什麼都是假的，什麼都沒有，執著空是另一個極端，如果執著空，菩薩就不要行於布施了。就是要沒有罣礙，沒有任何執著，無所住，但還是要生其心，空有兩不著。這個道理要真懂並不容易，要講都不容易，要做就更難了。

「須菩提，諸微塵，如來說非微塵，是名微塵。如來說世界，非世界，是名世界。」一定要給一個名號，這是不得已的。道可道，非常道，名可名，非常名。如果不給名，這個東西就沒法講。是名微塵，打掉之後再拉回來，讓它勉強安立。講完微塵，再講世界；「至小無內，至大無外。」《莊子天下篇》也講了，用最小、最大的兩個極端作比喻，說是什麼，就不是什麼，通通適合。

下面緊接著像連珠炮一個一個追問，「於意云何？可以三十二相見如來不？」「不也，世尊。不可以三十二相得見如來。」這就講得更清楚了。「何以故？如來說三十二相即是非相，是名三十二相。」這三十二相就不是前面講的身相了，而是一切身相，不是專指釋迦牟尼。這個三十二相，就是釋迦牟尼成佛之後法相莊嚴、圓融，有種種好相，其中剛好三十二。每一個相都美、都圓融，因為心乾淨，清淨心就有清淨相，不會慼慼的、悶悶的，愁眉苦臉。心要沒有病，身要有病都難。「無妄之疾，勿藥有喜」，不是嗎？所以生老病死大概都跟這個有關，真正養生還是在養心。

以孟子講，養心又莫善於寡欲。

佛有三十二種好相，那是他的應化身修行顯現出來的，還是不要執著，因為不可以身相得見如來。但現在專門就拿佛現身說法，他修行的相很好，可以從他的三十二好相看到裡面的天地之心嗎？當然不行。我們修行也不是為了要有三十二相，所以他馬上回答，不可以三十二相得見如來；「以色見我，以音聲求我，是人行邪道，不能見如來」。對這些虛妄的表象有美、醜、欽羨……種種分別心，就無法得見如來自性；剝極才復，五蘊皆空才有資格見如來。所以，當然不可以三十二相得見如來，凡所有相皆是虛妄。但「是名三十二相」，一定要有一個可以指稱的「名」，才能往下論說。

「須菩提！若有善男子、善女人，以恆河沙等身命布施；若復有人，於此經中，乃至受持四句偈等，為他人說，其福甚多！」佛教一直有輪迴的基本認定，「身命布施」，就是「君子終日乾乾，夕惕若，厲無咎。」真幹了，這輩子全耗上去也要行布施，而且不只這輩子，可能累世都這麼幹。我們說安身立命、奮不顧身，什麼都耗上、都投入去護持正法、去布施，有多少身命可以投入呢？像恆河沙那麼多！前面是滿三千大千世界的七寶，或者像三千大千世界那麼多條恆河的沙那麼多的珠寶，現在不是珠寶，是「恆河沙等身命」都投入了。珠寶怎麼講都是身外之物，儘管像恆河沙乘以恆河沙那麼多，還都是身外之物；現在是如恆河沙數累劫累世的身命，這可是內財，比外財要尊貴得多，但還是全部都拿出來行布施。〈兌卦〉是法喜之象，剛好也是正西方。「兌，亨利貞」，人一旦產生法喜，就會奮不顧身、忘勞忘死。因為他覺得「悅（說）」，〈兌卦〉的〈彖傳〉稱：「悅（說）以先民，民忘其勞；悅（說）以犯難，民忘其死。說之大，民勸矣哉。」懂這個意思嗎？所以價值更高了。

身命布施太了不起了，但還是比不上有人真懂，也照著做，還朋友講習，講《金剛經》與他人分享；其中隨便四句，功德都超過犧牲奮鬥的布施。不但七寶、錢財比不上講《金剛經》、行《金剛經》，連忘勞忘死去幹，都還不及它的功德。因為即便為法忘身去幹，也不一定真懂《金剛經》和行《金剛經》。那功德是不同的，因為並沒有悟入《金剛經》不可思議的功德，也沒有辦法教人家懂。我們講過，法喜並不代表徹底懂了，只是起了歡喜心，覺得到廟裡就好愉快，看到同參同修就覺得很親切，比在家裡有意思多了。所以家裡髒髒的沒關係，非得去道場幫忙打掃。真有這麼投入、這麼虔誠的人一堆，可是師父一講經就睡著了，因為聽不懂，沒有真正領受《金剛經》的好處，甚至可能還有很大的執著在身命布施。這皆非金剛本願，都不是最高的智慧，所以他從福來較量。

具足清淨，得證實相

往下是〈離相寂滅分第十四〉，講到這裡，須菩提感動了，覺得不得了，從來沒聽過。這一分很長，師生兩個都很嗨。

爾時，須菩提聞說是經，深解義趣，涕淚悲泣，而白佛言：「希有世尊！佛說如是甚深經

典，我從昔來所得慧眼，未曾得聞如是之經。世尊！若復有人得聞是經，信心清淨，即生實相，當知是人，成就第一希有功德。」

「爾時，須菩提聞說是經，深解義趣，涕淚悲泣，而白佛言……」。這不是法喜嗎，被深深觸動了。須菩提是第一離欲阿羅漢，無諍三昧，智慧、根器都很高，而且可能在千萬億佛處早種善根。我們說佛教這個輪迴理論如果是成立的，就不是終身學習，而是生生學習。上輩子沒學好，沒有關係，種了善根，下輩子再來，雖有隔陰之迷，也許忘掉一部分，但多少也有一點根，到時候一被觸動，又回來了，跟沒善根的不一樣。如果是這樣，那我們這輩子學什麼沒學好，都沒有關係，下輩子再碰到一個好老師，又上來了。換句話說，須菩提以他的智慧，佛的大弟子、孫悟空的師父，不會只到小乘羅漢的果位。但在那個時候，他一輩子就是扮演這個角色，前幾輩子修的恐怕比這輩子高得多了。所以他「聞說是經」，一下就觸動了；「深解義趣」，心心相應；「涕淚悲泣」，當然不是悲傷，你看弘一法師走的時候講什麼呢？「悲欣交集」，然後「華枝春滿，天心月圓」。須菩提就對佛說：「希有世尊，佛說如是甚深經典，我從昔來所得慧眼……。」羅漢是慧眼，菩薩是法眼，再上面是佛眼，我們眾生是肉眼，肉眼跟羅漢的慧眼之間叫做天眼，這是五眼。像不像〈觀卦〉從初爻到五爻？你們具備哪一種眼？若超脫了肉眼的境界，看的東西就更深遠。欲窮千里目，更上一層樓，不具備那個眼，當然沒辦法理解他到底看到什麼？我們常執著於肉眼所看到的，所以對很多東西狐疑不信，想像都很難想像，覺得不可思議。三界眾生任何一個起心動念，冒一個泡，如來就悉知悉見，這不是違反常識嗎？但可能是違反肉眼的常識，而不是佛眼的，因為沒有修到那個境界，怎麼知道沒有？童觀，闚觀，觀小我之生，觀國之光，觀大我之生。越到上面看得越廣，不到上面，當然看不到。到了上面就能瞭解下面的人為什麼那麼看？而下面的人卻猜都沒辦法猜上面為什麼那麼看。所以，到了羅漢就有慧眼，我們講「慧眼識英雄」、「不敢當行家法眼」……都是對不同眼界的理解。一般有天眼通就驕傲得不得了，天眼算不了什麼，就比肉眼高一點，尤其有人還炫耀神通，完全沒有自知之明。須菩提就不是了，他說：「我從昔來所得慧眼……」，因為他修到第一離欲阿羅漢，不見得是這輩子才修的，早就修了，而且已經得證慧眼了。我從昔來這個「昔」，還不見得是從小到大，而是深種善根、累劫修行所得到的慧眼；那就不是用肉眼，也不是用天眼看了。即便他那個根柢，碰到金剛大法，都覺得是大開眼界，然後深受觸動，感激涕零，法喜充滿而讚嘆「未曾得聞如是之經」。「世尊！若復有人得聞是經，信心清淨，即生實相，當知是人，成就第一希有功德。」我聽到如是經典而感動了，將來或有其他人得聞是經，若信心清淨，也可以證得實相。無妄之疾會勿藥有喜，全真無妄的清淨心，就可以看到實相，馬上眼界不凡。若有妄想執著，就像有災眚的「眚」，眼睛長翳，被遮住，看不清了，所看到的都是假象。如果有人懂了《金剛經》，信心清淨，那時候再看世界，再觀，跟一般人看的就完全不同。

世尊！是實相者，即是非相，是故如來說名實相。世尊！我今得聞如是經典，信解受持不足為難，若當來世，後五百歲，其有眾生，得聞是經，信解受持，是人即為第一希有。何以故？此人無我相、無人相、無眾生相、無壽者相。所以者何？我相即是非相，人相、眾生相、壽者相即是非相。何以故？離一切諸相，即名諸佛。

須菩提很聰明，他也知道在金剛法會上，除了我感動泣淚，一定還有人可以從金剛悟道；不管是當今，或是以後，只要信心清淨，即生實相，而這個人絕對成就第一希有功德。但是他馬上又講，因為不能對這個生起新的執著，故須隨說隨掃。他說：「世尊，是實相者，即是非相，是故如來說名實相。」所以連實相都不能執著。

這麼說，代表他聽懂了。「世尊，我今得聞如是經典，信解受持，不足為難。」他有這個信心，也是真感動了，以他的根器瞭解是怎麼回事；他要去信，還要解，〈解卦〉的解，〈中孚〉的信，受和持是〈咸〉與〈恒〉。「不足為難」，這些都難不倒他。但是未來末法時期的那些眾生，他們能懂這樣的東西嗎？如果懂了，那也不得了。若當來世，未來後五百歲，就是佛滅後的後五百年，也就是最糟糕的時候，遇到「否之匪人」、大過之時，「其有眾生」，芸芸眾生，「得聞是經，信解受持」，在末法混亂的時代，居然還有這種稀有的人物可以信解受持《金剛經》。因為《金剛經》會往下一直傳到正法時期、像法時期、末法時期。也別小看了末法時期，前面不是說過勿輕未悟嗎？可能他已經聽了多少輩子了，不要認為他不能成。焉知來者之不如今？俟後聖，對未來永遠有盼望，〈既濟〉〈未濟〉，誰敢下斷論？所以須菩提也曉得了，最早他還會懷疑，怕《金剛經》的義理太深太難，如來告訴他「莫作是說」，「當知是人，不於一佛、二佛、三四五佛而種善根，已於無量千萬佛所種諸善根。」時間長得很，所以永遠不要對時代失望，未來還有諸多可能。「是人」，這個人如果在末法時期也能信解受持，從《金剛經》悟道，「是人即為第一希有」，但一定是少數中的少數。我們講過了，孔子三千弟子，教不倦、學不厭，搞了一輩子，真正成才的只有二．四％。假定顏回、子路都在內，兩個卻都死在他前面，所以他才那麼傷心。

我們回到《金剛經》。後世若真有人這麼理解、實踐《金剛經》，那就太珍貴了。「何以故？此人無我相、無人相、無眾生相、無壽者相。所以者何？我相即是非相，人相、眾生相、壽者相即是非相。何以故？離一切諸相，即名諸佛。」這個人能在末法時期聽懂《金剛經》，對《金剛經》信解受持，那他一定是破四相的，當然是第一稀有，太難了。〈艮卦〉卦辭，〈渙卦〉六爻一個一個往上修，就在做這樣的事，雖然用的方法不大一樣，一個是止欲修行，用大山強壓，壓到內在的情慾完全不見，「敦艮吉」，也可能成。還有一種是風吹水，化散，一個個把它去掉，渙其躬、渙其群、渙有丘、渙王居，前面還有「渙汗其大號」，這可能更容易讓人接受，因為自然而然，將四相執著通通都化散得無影無蹤，不必用〈艮卦〉的強壓，但結果都是無我相、無人相、無眾生相、無壽者相。「所以者何？我相即是非相。」然後，結論就出來了：「離一切諸相，即名諸佛。」

前面說「凡所有相皆是虛妄」，能夠離一切諸相就是諸佛。《金剛經》的第一部分是教人離相，第二部分要人離念，那就更徹底，也更難了。

佛告須菩提：「如是！如是！若復有人，得聞是經，不驚、不怖、不畏，當知是人甚為希有。何以故？」

須菩提！如來說：「第一波羅蜜，即非第一波羅蜜，是名第一波羅蜜。須菩提！忍辱波羅

蜜，如來說非忍辱波羅蜜，是名忍辱波羅蜜。何以故？」須菩提！如我昔為歌利王割截身體，我於爾時，無我相、無人相、無眾生相、無壽者相。何以故？我於往昔節節支解時，若有我相、人相、眾生相、壽者相，應生瞋恨。須菩提！又念過去於五百世作忍辱仙人，於爾所世，無我相、無人相、無眾生相、無壽者相。是故須菩提！菩薩應離一切相，發阿耨多羅三藐三菩提心，不應住色生心，不應住聲香味觸法生心，應生無所住心。若心有住，即為非住。

佛看須菩提在涕淚悲泣之後講了這麼一大堆，講的都對，而且也得到一個概括式的結論——「離一切諸相，即名諸佛」，很是讚賞。於是佛告須菩提：「如是如是。」稱讚他講得到位，理解也很到位。須菩提的「深解義趣，涕淚悲泣」，會讓你們想起《易經》哪個爻？感動到真心大哭，最後帶來福報的是哪一個爻？〈離卦〉第五爻對不對？文明卦的君位。「出涕沱若，戚嗟若，吉。」「離王公也。」爻變天火〈同人〉。「若復有人得聞是經，不驚不怖不畏，當知是人甚為希有。」如果還有人也懂這部《金剛經》，他居然能接受得很坦然，也不懷疑，而且不驚，不怖，這種人也是甚為稀有。尤其是佛經所講、所顯現的一些象，包括六道輪迴，還有對佛土世界的種種描述，因為大超凡情，一般人若沒有根器，是很難接受的。《金剛經》這麼平易的一部經典，佛講起這些話來，完全像在跟我們敘家常。他是用佛眼看，可是我們還在肉眼境界，真不驚、不怖、不畏嗎？信心就不見得會這麼堅定。〈震卦〉是教我們面對人生的種種衝擊時戒慎恐懼，所以〈大象傳〉說「君子以恐懼修省。」在紅塵浪裡歷練的時候，面對一波接一波的震，一不小心就被震垮，所以得恐懼修省。可是我們在面對〈大過卦〉的死亡、思考永生的問題時，〈大象傳〉修的方式變了，不教「恐懼修省」，教「獨立不懼，遯世無悶」。一個教懼，一個教不懼。我們的「獨」如果立了——中行獨復的「獨」、慎獨的「獨」——當然就能超越生死。莊子說：「朝徹，而後能見獨；見獨，而後能無古今；無古今，而後能入於不死不生。」遯世，跟世界保持距離，心裡卻全無一點「悶」的負面情緒干擾。「獨」能夠立起來了，當然不懼，這就是〈大過〉。那當然也是非常人，因為〈震〉是生，〈大過〉是瀕臨死亡；生的時候恐懼修省，面對死亡要超越恐懼。所以〈頤卦〉跟〈大過卦〉所顯現的，就是佛教的精神所在，超越生死大事，然後再看後面的〈坎〉跟〈離〉在談生前死後的世界，能夠永續的是什麼？

這裡點出我們最害怕、最在意的事情，教導我們要超越它，心無所住，一切自然而然，全無罣礙。一般人聽到這麼高深的經典通常都會懷疑不信。如果有人聽到《金剛經》，也接受《金剛經》的引導，並且能夠不驚、不怖、不畏，當然就是稀有之人了。三個布施裡，有法施、財施和無畏施。人生難免怕這個怕那個，必有所畏，那就很苦，顛倒夢想，生死恐怖。再不然就悲歡離合，親人死亡，擔心這個，擔心那個，失業、失財、失婚、失戀……，會恐懼的太多了。無畏施就是針對這些，若無所畏，這個功德就大了。大雄無畏，要無畏真的不容易，所以這種人甚為稀有，真的是佛胎。一般人多少有驚、有怖、有畏，像老師就全都有。「須菩提，如來說第一波羅蜜，即非第一波羅蜜，是名第一波羅蜜。」六波羅蜜是布施、持戒、忍辱、精進、禪定、般若。六波羅蜜，也就是六度萬行，跟〈乾卦〉、〈坤卦〉六個爻由內而外、由下而上，步步高，真的蠻契合的。第一波羅蜜就是般若波羅蜜，也是最高的波羅蜜、最高的智慧。戒定慧三無漏學，「慧」還在「定」

之上。有甚深的禪定之後，才能生出大智慧，這是第一波羅蜜。他不是六個都講，只講第一波羅蜜和忍辱波羅蜜。忍辱也是人情所難為，包羞忍辱，在〈否卦〉第三爻，否之匪人，那個難受，如在地獄深處。一般人碰到了都想閃，所以爻變是天山〈遯〉，太難過了。我們發現很多古今中外的成功者，都能夠該忍的時候忍，該包羞的時候包羞。如果在忍辱包羞的時候受不了，或者自殺，或者幹嘛，就一敗塗地了。其實只要撐過第三爻，下個爻馬上就好轉了，怎麼不再忍一忍呢？「含章可貞，括囊無咎無譽」，不都是這種功夫嗎？那叫忍辱波羅蜜，是修菩薩行的。

「須菩提！如來說第一波羅蜜，即非第一波羅蜜，是名第一波羅蜜。須菩提！忍辱波羅蜜，如來說非忍辱波羅蜜，是名忍辱波羅蜜。」他分成六個來講，那也是方便。對於一個境界的描述，先鼓勵上進，又馬上提醒不要執著，所以馬上「即非」、「是名」。第一波羅蜜是這樣，其他差不多也是如此。然後再講忍辱波羅蜜。「如來說非忍辱波羅蜜，是名忍辱波羅蜜。」有一些真會包羞忍辱的人，還不覺得自己在包羞忍辱呢，無所住而生其心，所以他活得很自在，不覺得有什麼，反而能忍常人之所不能忍。有時候刻意拚命忍的人，搞不好養成報復心、仇恨心、身心不平衡，覺得社會對不起他，別人對不起他。這就是有所住。無所住，這些情境根本就不影響。「非忍辱波羅蜜，是名忍辱波羅蜜，何以故？」

菩薩應離一切相

下面開始講自己被割肉的經驗了。「何以故？須菩提！如我昔為歌利王割截身體，我於爾時，無我相、無人相、無眾生相、無壽者相。何以故？我於往昔節節支解時，若有我相、人相、眾生相、壽者相，應生瞋恨。」這種說法大概只有在佛經裡面才會出現，但他講來很自然。如果沒有前生、沒有輪迴再來，這些通通無法成立。因為他不是講這輩子，像上次是講不知幾世幾劫之前在燃燈古佛那邊修行，那時候他是八諦菩薩。照這個講法，開創佛教的釋迦牟尼佛祖也是早種善根、累世修行的。他在燃燈佛的時候燃燈，在夜暗之中把火種點起來照亮人心。後面的章節會提到，當時燃燈古佛就為還是八諦菩薩的釋迦牟尼授記，預言他會在什麼時候成佛，而且號釋迦牟尼佛。這在一般的經典不會有這種東西，我們光看到《尚書》記載鳳凰在宮廷跳舞，還有文王之時鳳鳴岐山，都會懷疑此事的真假，而這在佛經幾乎是家常便飯。有時候我們會想，這是不是像易象一樣只是一種象徵？總之不要太執著，虛虛實實，最主要是「象」後面的「意」，去體會他的智慧。可是佛經好像不是在講「象」，而是佛眼親見，他對過去、未來，好像真是悉知悉見。

這也是講他過去世的經歷：「須菩提！如我昔為歌利王割截身體，我於爾時，無我相、無人相、無眾生相、無壽者相。何以故？我於往昔節節支解時，若有我相、人相、眾生相、壽者相，應生瞋恨。」因為那時候他已經修到八諦菩薩，當然無我相、人相、眾生相、壽者相。「及吾無身，吾有何患」，已經「不獲其身」了，割他的身體，會被傷到嗎？「吾之所以有大患者，為吾有身」，「艮其背」之後「不獲其身」，能夠「渙其躬」，就「無悔」。他現身說法，講久遠以前印度古代有一個暴君叫歌利王，貪嗔癡俱全，專找佛的麻煩。照佛教的講法，因為那時候他已經修到菩薩，境界不低了，所以佛回憶起來沒有隔陰之迷的障礙。一般來講菩薩都辦得到，羅漢就不行。修到羅漢了，上輩子的事想不起來，這叫隔陰之迷。羅漢尚且隔一個陰，轉世投胎就不記得了，修

得越高，當然看得更遠，看到前世算什麼呢？每個人都有菩薩性、佛性，但並不是都已經成菩薩、

成佛，只是永遠有那個可能性，還要繼續修，否則「如來」還藏在裡頭，怎麼出得來呢？眾生本是

佛，但以妄想執著不能證得。修，就是要拿掉妄想執著。你們看唯識講「三心二意」，要徹底拿掉

真的非常難。

「我於往昔節節支解時，若有我相、人相，眾生相，壽者相，應生嗔恨。」就像有人說不要殺生，不要吃葷，因為動物被殺的時候害怕，牠就帶著嗔恨怨毒的心走了。這樣生嗔恨的肉還敢吃嗎？所以照常情講，被節節支解，如果還沒有破四相，絕對應生嗔恨。袁崇煥也遭受這最殘酷的刑罰是不是？崇禎皇帝這麼對待他，當時明朝的老百姓也是笨蛋，一刀一刀刮他的肉，讓他活生生承受極大的痛苦。我不知道袁崇煥現在輪迴到哪裡了，他應該還帶著嗔恨心吧？如果這種事情會在大明王朝發生，明朝不亡還有天理嗎？歌利王的故事《涅槃經》裡面記載很清楚。歌利王帶著一堆小妾到處玩，有些宮女就跑去聽佛講經，這下子歌利王心生嫉妒，就去刁難他，最後就動刀了。因為佛根本不在乎，還是圓融飽滿、法相莊嚴，而且也沒有受傷。歌利王嚇壞了，馬上就皈依佛。所以佛是把這件事當作一個弘法的因緣，度化了兇殘的歌利王。

這段故事還是呼應《金剛經》無四相的主旨，跟下一段有關。有權勢的人割你肉，不是要包羞忍辱嗎？接下來他又想起過去世的另一段經歷，如數家珍，歷歷在目：「須菩提！又念過去於五百世作忍辱仙人，於爾所世，無我相、無人相、無眾生相、無壽者相。」過去於五百世做忍辱仙人，不是忍辱般羅蜜嗎？「於爾所世」，在那個時候就修到無我相、無人相、無眾生相、無壽者相。人家認為是給他極大的輕賤侮辱，他無相，侮辱到誰了？根本沒有地方受侮辱。所以人家無理取鬧、

生氣挑釁，要是被激怒，有感覺，應生嗔恨，因為還著相，還有執著，還在乎，不然人家怎麼傷得到呢？「及吾無身，吾有何患？」我的學生張良維教拳，從《莊子》《老子》裡面引那些理論，說身體練到鬆了空了，就不必承受身體帶來的痛苦；身體都沒有了，怎麼會有痛苦？從基本就把它化掉了，渙其躬，誰還傷得到？所以在那個時候佛就已經無我相、無人相、無眾生相、無壽者相，再修五百世忍辱仙人，不容易啊！五百世是多久？他這樣隨便就憶起來了，前面是歌利王那一段，後面是五百世修忍辱仙人。我一世都想不起來，他五百世！也許你們會想起一二世，那已經很不容易了，可我全忘了。

「是故須菩提！菩薩應離一切相，發阿耨多羅三藐三菩提心，不應住色生心，不應住聲香味觸法生心，應生無所住心。若心有住，即為非住。」發心要證無上菩提、無上正等正覺，一定要離一切相，往下是很自然的展開。色聲香味觸法，五欲六塵，眼耳鼻舌身意，當然首先是不住色生心，然後再推下去就是不住聲香味觸法生心。前面可能還容易，要不住法生心就不容易了，心總還在啊！那要生什麼心呢？應生無所住心，〈隨〉無故也，沒有任何執著、包袱，但也不是一直沒停在那裡沒做事，就是沒有掛礙。你們背《心經》都知道，遠離顛倒夢想，無掛礙，就不驚、不怖、不畏，故無有恐怖。遠離顛倒夢想就上去了，究竟涅槃。前面講「無所住而生其心」，這裡講「應生無所住心」，一定要生心，生什麼心呢？生無所住心。心有所住，即為非住。

是故，佛說菩薩心不應住色布施。須菩提！菩薩為利益一切眾生，故應如是布施。如來說：「一切諸相，即是非相。」又說：「一切眾生，即非眾生。」

須菩提！如來是真語者、實語者、如語者、不誑語者、不異語者。

前面講菩薩應生無所住心，若心有住，則為非住。我們執著了一個東西，那個東西當然是不存在的，那個狀況也是不存在的，是故佛說菩薩心，不應住色布施。菩薩不是要無所住而行於布施嗎？當然不能住色布施。須菩提，菩薩為利益一切眾生，故應如是布施。〈益卦〉就有這個相。〈益卦〉君位的第五爻講「有孚惠心，勿問元吉，有孚惠我德。」這就是菩薩心、利他心、佛心。利益眾生，當然無所住，更不會去計較有沒有報酬、回饋。無所住所生的「有孚惠心」，當然「勿問」，「有孚惠我德」。第五爻爻變就是〈頤卦〉，自養養人。〈益卦〉的下卦不是〈震卦〉嗎？是不是下界一切眾生？上卦不是風嗎？「隨風巽，君子以申命行事」，〈益卦〉的象跟佛經印證，就是菩薩為利益一切眾生，故應如是布施。千萬不能變成〈益卦〉的上爻，「莫益之，或擊之，立心勿恒」，一有計較就完蛋了。利益一切眾生就要像「有孚惠心」那樣去布施。

我們提到〈益卦〉第五爻，順便建議大家，《易經》學到這個境界，眼界要慢慢拓開。剛開始要瞭解它到底在講什麼，要了解這個爻跟這個爻相應，那個應與，那個承乘，這一定需要，因為要入門，入門之後這些就可以丟掉了。「自天佑之，吉無不利」，這個「自」，不要當成from，那太淺了。我們講過，是「自強不息」、「自昭明德」的「自」。「自天佑之，吉無不利」，「自」中就有天，根本就沒有分別，不是一個外來的天庇佑，是自性天。那再類推，第五爻「觀我生，君子無咎，觀民也」，第三爻「觀我生，進退」。〈頤卦〉初爻講「舍爾靈龜，觀我朵頤」的「我」，跟那個「觀我」有差別嗎？什麼是大我，什麼是小我，什麼是真我，什麼是假我，什麼是常樂我淨的「我」？什麼是我執的「我」，無我相的「我」？然後「以色見我，以音聲求我，是人行邪道，不能見如來。」「求我」，〈蒙卦〉的卦辭怎麼講？以音聲求我，童蒙就在「求我」，那個「我」是什麼？這些還算容易，點一點就透了。「密雲不雨，自我西郊」，從我西邊的郊外，需要這樣想嗎？「自我西郊」，看西郊是怎麼樣的荒涼、沒有人氣，密雲不雨。〈小畜卦〉是這樣，〈小過卦〉五爻不也是這樣嗎？「密雲不雨，自我西郊」，都是「自我」，所以跟〈中孚卦〉的「有孚攣如」就是不同的狀況，兩卦相錯。有孚攣如，全部都是一體的，多熱鬧啊！〈小過卦〉第五爻多麼孤獨！「密雲不雨，自我西郊」，不管怎麼去求，怎麼設法突破，都突破不了，還是一個人，「公弋取彼在穴」，徒勞，不是嗎？「自我」跟「有孚攣如」，又是什麼關係？

再看，「鳴鶴在陰，其子和之，我有好爵，吾與爾靡之」，那個「我」是什麼？有什麼要跟人家分享？「菩薩為利益一切眾生，故應如是布施」，一定要照這樣去布施，而不要那樣去布施；不應住色，不應住聲香味觸法。如來說「一切諸相即是非相」，又說「一切眾生即非眾生」。說到這裡，我們暫停一下，先講幾個跟前面這些有關的占卦。

第一個是燃燈古佛，《易經》怎麼看？是一個什麼象？代表什麼意義？第二個是節節肢解那一段，先不管真假，他到底要告訴我們什麼？第三個就是五百世作忍辱仙人。老師絕不願意盲目相信任何事情，要經過思想、論辯，還要體證，才願意接受，一旦通過了就絕對相信，不會再三心兩意。有些人會接受這些東西，是因為他人生不順利，要找一個避風港，所以不經過考察就接受。《中庸》講「無徵不信，不信民弗從。」調查研究，須各方面去體證。

除了這幾個，還有一個問五十六億年以後才會出來的未來佛彌勒佛。彌勒佛也是佛祖座前弟子，就像燃燈古佛一眼看出釋迦牟尼佛的未來，佛也看出彌勒佛是未來的接班人，只是接班時間怎麼那麼長呢？五十六億年之後，真是難以想像。彌勒佛影響很大，笑口常開，歷來改朝換代時，多會藉著彌勒佛之名搞革命，白蓮教是不是這樣？這就有一點像基督教的彌撒亞，到末法時期，大家都說救世主來了。彌勒佛又被稱作「慈氏菩薩」，現在住在兜率天，未來降生後再接佛的位。過去有燃燈佛，現在是釋迦牟尼佛，未來有彌勒佛。過去心不可得，現在心不可得，未來心不可得。〈豫卦〉是未來佛，〈隨卦〉是現在佛，〈蠱卦〉是過去佛。後面就是〈臨卦〉跟〈觀卦〉，左〈觀〉右〈臨〉，觀世音菩薩和大勢至菩薩，就站在西方淨土阿彌陀佛兩旁。所以彌勒佛是什麼卦象？然後《易經》怎麼看輪迴？這些都有卦象，而且是互相牽連的。以前我們算過釋迦牟尼修行的境界，那就三教一起算，老子、孔子各修到什麼境界？燃燈佛是〈噬嗑卦〉第四爻，節節肢解的歌利王是〈謙卦〉第二爻，忍辱仙人是〈巽卦〉第二爻。

從易占看三家祖師成就

儒釋道三家祖師爺的修行境界究竟如何？釋迦牟尼佛是〈咸卦〉初、四、五爻。老子是〈訟卦〉初、二、三、五爻動。孔子是〈蠱卦〉三、五爻，學過春秋的，看了這個卦象就懂了。孔子就是「撥亂反正，不事王侯，高尚其事」，「蠱元亨而天下治也」。他們每個人用心的重點不一樣，但境界都很高。老子是「夫唯不爭，故天下莫能與之爭。」因為芸芸眾生就是一天到晚〈訟〉，他要化解爭端。訟的君位是「訟元吉，利見大人」，在上卦乾象徵的天道之中。下界坎險的眾生訟得好苦，通通敗訴，通通爭不贏，然後懲氣。初爻說「不永所事，訟不可長也。」得馬上停下來。第二爻最苦了，逃都沒地方逃，鑽到地道裡頭，還要「邑人三百戶，無眚，不克訟」，所以爻變是〈否〉，難過死了。第三爻也輸了，自己要調養，那很麻煩。訟卦四爻齊變成〈離卦〉，「大人以繼明照于四方」，為人類文明永續計，必須止訟消爭。

孔子的成就可說就是寫在整部《春秋》上面。「不事王侯」就是政治改革，司馬遷講孔子「貶天子，退諸侯，討大夫」，這跟一般人心目中所誤解的孔子可差太遠了。孔子是要改革政治、治國平天下的。正因為這樣，所以〈蠱卦〉下一卦講開放社會的〈臨卦〉才會是咸臨，無窮無疆。第三爻就是在政治改革的過程中，大方向正確，終能無咎。「幹父之蠱，小有悔，無大咎」，最後「不事王侯，高尚其事」，「蠱元亨而天下治」。釋迦的境界我們以前講過是〈咸卦〉，從至誠之感出發，「不疾而速，不行而至，寂然不動，感而遂通天下之故」，不管多久以前、多晚以後的事，他都悉知悉見；非天下之至精，其孰能與於此？天下之至精、至變、至神，是不是這種「咸，速也」的境界？光是〈咸卦〉的初爻、四爻就可以〈既濟〉渡彼岸了，心想的都能做到，但他不只是〈既濟〉，上面還有「咸其脢」那個爻，那是重點。至於三爻齊變為〈明夷〉我們也講過，這要你們自己去參。

最後是彌勒佛的〈節卦〉動一二五爻，三爻齊變為〈坤卦〉。〈節〉是第六十卦，時候到了，氣數滿了。彌勒佛笑口常開，所以到了那個時節，不管是五十六億年以後還是什麼時候，總之他應運而生，接下棒子。〈節卦〉第五爻是君位，它是怎麼說的？「甘節吉，往有尚」，「居位中」，爻變呢？君臨天下的〈臨卦〉，自由開放，無窮無疆，「容保民無疆，教思無窮」。懂得「甘節」

的意義嗎？彌勒佛笑口常開，他在那個時候來領導，絕對不會是「苦節不可貞」，而是要大家都「甘節吉，往有尚」。救世主若還愁眉苦臉，那先救自己吧！〈節卦〉第六十卦是「制數度，議德行。」那是比〈豐卦〉第五十五卦天地之數還要高的滿氣數，未來到那時候就會出現。〈節卦〉下卦的〈兌〉，初爻、二爻，徬徨無助，一個不出戶庭沒事，一個非要出門庭行事，所以需要第五爻。結果三爻齊變，就是廣土眾民大勢所趨的〈坤卦〉。第四十九、五十卦是革故鼎新，是占法的大衍之數，明時正位。天地人鬼神的〈豐〉是第五十五卦，什麼都有。然後是第六十卦〈節〉，也是《易經》修行的結論，反對苦節，強調「甘節吉，往有尚」，然後根據它來建立制度和教法；接下來開道場，就是〈中孚〉。〈中孚〉後面是〈小過〉，信受奉行，然後就是〈既濟〉〈未濟〉。彌勒佛出現在那個時間點，意義特別深。

有位同學曾問輪迴現象的卦象，結果出現一個〈晉卦〉：「康侯用錫馬蕃庶，晝日三接。」〈晉卦〉是乾宮的遊魂卦，遊魂之後是歸魂的〈大有卦〉，大家都有、人人皆有。由遊魂而歸魂，「精氣為物，遊魂為變，是故知鬼神之情狀」。〈晉卦〉是自昭明德，下輩子會怎樣，就看這輩子怎麼修。上輩子欠的，這輩子就得修；王母娘娘能不能幫上忙，也看現在怎麼修。要是修得不好，下輩子看掉到哪裡；修得好，說不定就不回來了，不往來。自昭明德，決定是〈晉〉還是〈明夷〉；是墮入餓鬼道，還是升天成佛、成菩薩。可我不是這麼問，我的問法是結合我的預期：《易經》怎麼評估、怎麼看這套嚴密的體系？然後人在面對生死問題上，為什麼會有輪迴的想法？這裡至少會啟發我們很多東西。結果是「棟橈」，肉身崩壞的〈大過卦〉，那還不清楚嘛？〈大過〉後面就決定是〈坎〉還是〈離〉，離上而坎下也。

問：「甘節」讓〈節卦〉一、二、五爻變〈坤卦〉，和咸其拇、感其心、「咸其脢」，變成〈明夷卦〉，表示這三個一起發動就變成〈明夷卦〉，這兩個之間有沒有一點點可以討論的地方？因為實際人生從〈節卦〉來看，「甘節吉」是對的，比較符合真實人生追求的方向。

劉老師：未來佛。

問：從釋迦的角度來看〈咸卦〉，把一、四、五三個「咸」滅掉，就是明入地中的〈明夷〉，這樣才能達到釋迦的要求，是不是這樣看這個象？

劉老師：「咸其脢」居〈咸卦〉的君位，感得非常深沉而豐厚，但不會因此就犯錯而亂反應，故稱「不疾而速，不行而至」。四爻與初爻動，「憧憧往來」跟「咸其拇」結合，知行合一，已經〈既濟〉般若波羅蜜了。可能菩薩這樣就夠了，但佛還不夠，佛一定還要「咸其脢」。三爻齊變的〈明夷〉，可以參考《楞嚴經》。〈明夷〉的〈大象傳〉：「君子以蒞眾，用晦而明。」還有我們占卦，仍以本卦為主。之前同學占卦問「格物」是甚麼意思，我說淨空講錯了，《易經》是怎麼看的？答案就是〈咸卦〉第五爻，物格然後知至，知至而後意誠。答得太好了，「咸其脢」就是「格物」。

彌勒佛也叫慈氏菩薩，〈節卦〉變〈坤卦〉，厚德載物，甘節吉，往有尚。你們看他笑呵呵的，大肚能容，滿腔歡喜，是讓人期待的未來佛。剛剛講到，如果相信輪迴，會影響這一輩子怎麼活？會往未來看，然後建構一個願景，為這個做準備。「利建侯行師」，「殷薦之上帝，以配祖考。」「雷出地奮。豫。」不就是面對未來嗎？關於來生，關於生命是否可以永恆，靈魂呢？輪迴不就是〈豫〉嗎？提供一個未來，為它做準備，並且享受那個快樂。然後它是從〈大過卦〉肉身快要崩壞來的，所以第三爻叫「棟橈凶」。最妙的是二爻、五爻，尤其宜變的爻位在第五爻。人到大過的時候，都已經枯楊了，不見得能再站起來，但希望未來還能生，這是對生命永恆的期待。二爻好像辦得到，五爻卻是白費心機。都是枯楊，二爻想要生稊，結果也能生稊，老夫少妻無不利。因為移花接木成功了，老靈魂換一個新肉體。其實有時候聽到輪迴的講法，我就覺得很煞風景！男歡女愛的時候，旁邊好多想投胎的在排隊，就等你一結胎，他就鑽進去，要是跑慢了還不行，被別人搶了，下回請早。聽說現代人比較少幹那個事，他們就得排好久的隊，積案如山。那做這種事的時候不都嚇死了，還做得下去嗎？反正二爻有成功的機會，二爻是下卦、內卦、民間。五爻是領袖，領袖最想永生，秦皇漢武通通想不開，用各種方法求長生不老，結果都是空的，枯楊生花，然後我們還不敢批評他，無咎無譽。五爻爻變是〈恒〉，想求永生，但「何可長，何可久」，是不是？二爻、五爻都是「位」，還有一個要考慮的是「時」。〈大過〉的〈彖傳〉說「大過之時大矣哉」，〈大過〉一定要重視「時」，連思考「生」的問題都要趁早，不可以臨時抱佛腳。因為到了第五爻，下面就「過涉滅頂」了，生不出來，也沒好去處了。第二爻是在「棟橈」之前就未雨綢繆，結果就有好去處。這不是「時」嗎？二爻救得早，所以救得活，五爻救得晚，那就太晚了。尤其是人都已經面對死亡了，才想要安排一下，希望有好人接引，那不太晚了嗎？平時不燒香，臨時抱佛腳。我們是很不願意講，但既然講了，我們就說說方東美老師。方東美是安徽桐城方苞之後，大哲學家，著述等身，儒釋道都講得呱呱叫，最後得了癌症，才皈依廣欽老和尚，但沒多久就走了。這是不是〈大過〉第五爻？講經容易，行經難啊！真面臨死亡的恐懼時才皈依，是不是沒把握，「獨」沒有「立」，所以會「懼」？他還是非常重視養生的，尤其年紀比較大之後，都不敢在外面飲食，連水都不敢喝。慎言語、節飲食，結果一檢查沒救了。不容易啊，生死大事，講是一回事，真面對了，很難很難！

回到《金剛經》的「節節肢解」。〈謙卦〉第二爻：「鳴謙，貞吉，中心得」。「謙亨，君子有終」，通天地人鬼神。人家割他肉，他一點都不在乎，還度化人家。忍辱仙人是「巽在床下，用史巫紛若，吉，無咎」，「隨風巽，君子以申命行事」。他不會怪這個怪那個，這種低調忍耐的修為，爻變為〈漸卦〉，歷經五百世終於功德圓滿。我們以前講過的，有同學問到底有沒有外星人？就是這個爻，回家把床下面翻一翻，成群結隊的都是外星人，它們早就來臥底滲透了。

燃燈佛是〈噬嗑卦〉第四爻，爻變是〈頤〉。〈噬嗑〉最重要的就是第四爻，古佛點燃了那盞燈，開始燈燈相傳，利艱貞，最後獲吉。〈噬嗑〉是立法以抑惡鬥的象，「明罰敕法」，立下自然的大法。〈噬嗑〉的卦象結構，下卦是〈震卦〉，為下界眾生；上卦是〈離卦〉，不就是那個明燈？爻變為〈頤卦〉，供養眾生，聖人養賢以及萬民。

問：燃燈古佛的時代，整個大環境是〈噬嗑卦〉，彌勒佛是〈節卦〉，那釋迦牟尼佛那時

候的環境是〈咸卦〉嗎？

劉老師：下經第一卦就是〈咸〉，佛的感受比我們犀利敏銳得多，也深厚得多，所以他能證道，我們不行。我們要不就大腿癢，要麼就小腿癢，受盡辛苦還執迷不悟。依卦序發展，〈噬嗑〉、〈咸〉、〈節〉為第二十一、三十一、六十卦，由燃燈、釋迦到彌勒，一脈相傳。

當知是經義不可思議

《金剛經》講到這裡，大家應該很熟悉它的語式了。提出任何一個說法，馬上把它否定掉，然後再抓回來。要怎麼去參悟其中道理？也許可以借用〈隨卦〉的意義跟結構來掌握這個範式。〈隨卦〉很圓融，卦辭：「元亨利貞，無咎。」幾乎找不到弱點。「隨，無故」，這跟《金剛經》的調子合拍，絕不執著，過去就過去了，沒有包袱。隨緣、隨喜，隨遇而安，隨時隨地都能自在，說放下就放下。「係小子、失丈夫，係丈夫，失小子。」如果不放下，問題就大了！〈隨卦〉第四爻就是個警訊，「隨有獲」，有所得了，懂了無上法門，懂了阿耨多羅三藐三菩提，大有收穫。結果呢？「貞凶」。「貞」就是揣在懷裡擁有它，當成自己的收穫。不管是物質的、精神的，結果都是凶。所以要趕快化解，才能「何咎」：「有孚，在道以明，何咎？」「有獲」的觀點突破了，才有下一爻的「孚于嘉，吉。」再往上就是「拘係之，乃從維之。」抓到每一個當下，廟業興旺、事業亨通，「王用亨於西山」。但是要修到〈隨卦〉上爻的境界，一定得至誠無妄，因為爻變就是〈無妄卦〉。

「隨緣」跟「攀緣」不同。「隨緣」是有境界的，「攀緣」就造業執著了，就有了分別心。我們高攀某某大人物，有意無意都要提一下跟他們的關係，好藉此抬高自己的身價，這都是虛妄的攀緣心，沒有自主能力。攀緣人是這樣，攀緣經典、聖訓，甚至攀緣佛、菩薩都一樣，全靠不住，對我們有什麼幫助？「隨」是隨緣而不攀緣，「隨無故，嚮晦入宴息」。淨土宗大師淨空法師的修行境界就是〈隨卦〉，這個評價相當好。〈隨〉的內卦是〈震〉，中心有主，「帝出乎震，萬物出乎震」；〈復〉、〈無妄〉、〈益〉、〈屯〉，內卦都是〈震〉，都有生命的主宰。人人皆有天地之心、佛性如來，藏得很深，我們一定要將它顯現出來。〈隨〉的外卦是〈兌〉，內卦是〈震〉，有了內在主體，倘若要把它推擴出去，得講經說法，朋友講習，說到讓人感動，產生法喜，就可能影響全世界。外卦〈兌〉笑臉迎人，跟人拉近距離，與內卦的〈震〉配合得恰到好處，才能構成〈隨〉。

深層的宇宙生命本體，無法從一些自以為是的虛妄表象切入，所以佛為我們說第一波羅蜜，或是忍辱波羅蜜，甚至是無上正等正覺。他提出這些概念，並不代表我們就可以大徹大悟、明心見性，說到不等於做到，想到也不等於做到，所以說一切皆非，第一波羅蜜，即非第一波羅蜜。「即非」就是從內卦的〈震〉來談的。當然是「即非」了，口耳之學提的東西，怎麼可能就是自性呢？那得大徹大悟才能瞭解，所以趕快來一個「即非」，幫助我們掃除執著，空掉那些虛妄的顛倒夢想，這就是不著「有」。可是後來又說「是名」，這是從外卦〈兌〉來看的，又肯定、確立這個概念，不然就缺乏接引大眾的方便法門，所以說完「即非第一波羅蜜」之後，馬上來一個「是名第一波羅蜜」。因為必須由體生用，朋友講習，起歡喜心，甚至忘勞忘死，還帶很多人一起來聽。「說之大，民勸矣哉」，這是從〈兌〉的角度來說。所以雖然「道可道，非常道」，老子還是講了五千言；佛曰不可說不可說，佛經講得更多對不對？所以我們透過〈隨卦〉，可以瞭解「即非」「是名」其實是在體、用的不同角度來看，〈隨卦〉的圓融、《金剛經》的圓融都在這裡。每一個剎那都圓融自在，當下即是。

借用〈隨卦〉，了解金剛語式

我們說淨空法師的修行成就是〈隨卦〉，剛好合了他的夙願。東方之人求生西方的象就是〈隨卦〉，後天八卦方位，內卦〈震〉是東方，外卦〈兌〉是法喜的西方。由東到西，由日出開始夸父逐日到日落，就是一心念佛，往生西方的象，「嚮晦入宴息」，「天下隨時，隨時之義大矣哉。」借用〈隨卦〉來瞭解〈金剛經〉的語式，就不會覺得那麼難了，其實最難的是怎麼落實到證悟上。一般人都是執著於「有」，凡所有相皆是虛妄，先把這個掃除；「無我相、無人相、無眾生相、無壽者相」。掃掉這個之後，又怕著「空」，那更要不得。「斷滅空」是佛法大忌，很多人會以為，一切我們認為有的都掃掉了，應該都是空的了。所以佛趕快說，「是名」什麼什麼，又把它拉回來。如果什麼都是空的，佛經佛法講這麼多幹什麼？無所住，想住也不行，成住壞空，心不能住，物也不能住，滄海桑田什麼都不能住，住了就會痛苦，所以要掃除眾生的「住」。我們人常執著於虛妄的有，這都是有所住；我要考上台大，要留學，要到常春藤名校，要到台積電就業，想追林志玲，想設一個道場，想事業發達；再不然，想往生西方……想的可多了！有所住，就有好多的痛苦，憂悲煩惱都從這裡來。要我們無所住，就是別著「有」的相，可是又怕著空去了。所以趕快說「無所住而生其心」。菩薩呢？無所住，不著有而行於布施，不是又回來了嗎？如果是空的話，他行於布施幹什麼？他生其心幹什麼？生那個心，但不要執著。

不著有，還要不著空，空有兩步走，這在理論上會把人卡死，所以一般搞對立思辨的，在這裡就苦了，那還只是理論上的突破，要在實證上有所突破，就更難了。道家講：「無為而無不為」，要是沒有「損之又損以至於無為」的修為，怎麼開拓自在、無所不為的發揮創造力？所以無所住之後，再生其心，那就很有力量、很有智慧了。無所住而行於布施，就是《易經》的天下第一爻，勞謙，勞而不受，「勞而不伐，有功而不德，厚之至也。」「功成而不居，生而不有，為而不恃，長而不宰。」他是真勞、真幹了，如果是空的，他幹什麼？就因為不是空的，是有，但不是我們一般世俗執著的那個有，因此萬民服。但他謙，不受，不認為這有什麼。「願無伐善，無施勞。」所以才有那麼圓滿的結果，天地人鬼神都護衛，謙亨君子有終。執著有雖然是眾生苦惱的來源，可是如果執著另一個極端，認為一切都是幻有，結果更可怕，萬劫不復。那就不要想再往上精進了，如果什麼都是空的，佛講這些幹什麼？都沒有意義了嘛！殺人放火也可以啊，反正是空的，幹什麼還要持戒修行呢？

我們用〈隨卦〉的結構幫大家瞭解《金剛經》，習慣了就很容易搞懂了。「菩薩為利益一切眾生」，如果是空的，幹嘛要利益一切眾生？利益一切眾生就是〈益卦〉君位的「有孚惠心」，也沒有要人家報答，自然而然，最後就「勿問元吉，有孚惠我德。」然後如來還說：「一切諸相即是非相。」「一切眾生，即非眾生」。都是站在這個角度、這個體認上來說的話。

講到這裡，佛可能覺得這些對根器不夠、或一般俗世見解習染太深的人來說，真的太深奧難懂了，甚至會覺得是在胡吹，誇張，講夢話。佛給自己辯護說，他講的完全是老實話。須菩提！如來……這個「如來」不專指釋迦牟尼佛，而是針對眾生皆有的自性、真心來講。他可以宣稱他是如來，是真語者，見天地之心，絕對是真實的。實語者，如語者。《易經》常用這個「如」字，原來是什麼就是什麼，不增不減，沒有加工，也沒有偷工減料，本來就是真實的東西，他只是照著把它講出來。一個悟道的人，自性已經開發出來，完全自然流露。「不誑語者、不異語者」，這到後來就變成「出家人不打誑語」，不會亂講，更不會標新立異講一些聳人聽聞的話。「不異語者」，就是平實自然，悟到宇宙人生的真相是什麼，就照樣講出來。對照前面講的那些話，讓我們對佛有信心。

須菩提！如來所得法，此法無實無虛。須菩提！若菩薩心住於法而行布施，如人入闇，即無所見；若菩薩心不住法而行布施，如人有目，日光明照，見種種色。

「須菩提，如來所得法，此法無實無虛。」這個「無實無虛」到後面還會再提，要執著它是實，或認為它是虛，都不對；這不是虛實能夠涵蓋的，還是兩頭都不住。「如來所得法」，自性開發出來所得到的法要怎麼描繪呢？它有什麼具體內容呢？因為無實無虛，圓通自在，任何一種執著跟僵硬的認定都沒有辦法真正掌握全貌。「若菩薩心不住法而行布施」，一般人稍微修得不錯了，成為知識分子、精英、高手、大師，或者大善人，想要行布施，這是住於法而行布施；心中還想要累積功德，就違反「勞謙」的精義了。「如人入闇，即無所見」，就像進入一個漆黑的房間，什麼也看不見，因為住於法。再神聖的法都不能住，執著這個法，就會反對其他的法，那就有所分別了。「若菩薩心不住法而行布施」，就大開法眼，「如人有目，日光明照，見種種色。」看他描寫得多美啊！前面就是有目如盲，啥也看不見。《易經》常提到「有眚」，再嚴重還會變成「有災」。「有眚」之外還有「眇能視」，都是眼睛出問題，至少還能看見，這裡是一無所見，入暗，瞎掉了，因為有所住。如果受到金剛法的啟示，成為菩薩心，不住法行布施，就開眼了。〈大有〉卦稱：「遏惡揚善，順天休命。」火在天上，日光明照，見種種色，什麼都看得清清楚楚。第四爻：「匪其彭。明辨晳也。」沒有任何干擾、雜染，佛光普照，什麼都看得又深入、又周全，清清楚楚，明明白白。「晳」字下面是日，上面是分析的「析」。第四爻變是山天〈大畜〉，天都能裝到山裡頭，山就是〈艮卦〉的止欲修行，心清淨了，心量無邊，什麼都可以攝受，「多識於前言往行，以畜其德」，是不是這樣？

> 須菩提！當來之世，若有善男子、善女人，能於此經受持讀誦，即為如來。以佛智慧，悉知是人，悉見是人，皆得成就無量無邊功德。

未來「若有善男子、善女人」，男女平等，他不會只講善男子；「能於此經」，還在進行中的《金剛經》；「受持讀誦，即為如來」。還真方便啊！讀誦簡單，受持難。我們前面講過了，下經第一卦、第二卦就在講「受」跟「持」。〈咸卦〉「不疾而速，不行而至」，山頂上的天池，一點風吹草動、天光雲影都感受到；松針掉到地上，都聽得清清楚楚。那種清淨心與感應，叫做「受」，〈大象傳〉稱：「山上有澤，君子以虛受人。」如果心裏不乾淨，就沒法受。但是「受」

還容易，持之以恆難！有所感容易，要久，難啊！所以〈咸〉後就是〈恒〉。

受持就是〈咸〉與〈恒〉，這兩卦相綜一體才能真正成就。受而不持，半途而廢的多得很。不受或根本沒有真的受，瞎持，盲修瞎練的也不在少數。〈咸〉不能沒有〈恒〉，〈恒〉也不能沒有〈咸〉。受與持〈咸〉〈恒〉一體，若沒有真正的受持，再怎麼讀誦都沒用；《金剛經》會背了，天天放錄音帶也沒用。所以難在受持，就像信受之後就得奉行。《金剛經》如果真能〈咸〉〈恒〉讀誦，而且這個讀誦，還真的大部分是〈兌卦〉的工夫，這就圓滿了，就是如來了；大徹大悟，明心見性，自性完全開發。問題就是難啊！而且善女人也有機會，不一定善男子。只要讀《金剛經》真正受用，誰都可以成為如來。

這麼高的修行境界一旦又有人大徹大悟，「以佛智慧」，佛界恐怕也有所感應，又有新同學加入了。因為是新佛，之前還有無量諸佛。「悉知是人，悉見是人，皆得成就無量無邊功德。」一旦有新的參悟，就是如來。以佛究竟的智慧，誰修成了，他都很清楚、很歡喜。「悉知」，批公文寫一個「悉」字，表示鉅細靡遺，大綱、細節都知道。「悉知是人，悉見是人」，不一定用肉眼看，用感應都知道。「皆得成就無量無邊功德」，〈同人〉〈大有〉，人人皆有，大家都有。我常講別小看淨土宗的念佛法門，阿彌陀佛，一念就是〈乾卦〉君位，「飛龍在天，利見大人。」其實飛龍在天也不是誰的專利，爻一變就是〈大有〉，人人皆有，大家都有。不可小看念佛法門，「易簡而天下之理得，而成位乎其中矣！」所以釋迦牟尼才要推薦大家去淨土試試看。可能我業障重，雖然不敢小看，但現在還是不想去，有時候聽久了還會煩。我們現在有四個班在講《金剛經》，當然得順著佛理，就我所能瞭解的來講，並不是真的都可以接受得那麼自然。前面也提過，其實這麼久以來，也提出些蠻有意思的問題，可是現在是佛的法會，只有須菩提能提問題，劉老師不能提，干擾法會，那要下阿鼻地獄的。所以我就忍了，為了給你們講，自己也得用功，該看的書都看了，包括淨空法師十五年前開始講了快兩百五十個小時的《金剛經》。一部《金剛經》怎麼可以講那麼久呢？其實大概有三分之一都在弘揚淨土，勸大家也別修禪修密了，就老老實實一心念佛。我覺得這真是一點趣味都沒有，知道老和尚有菩薩心，但我就是有叛逆心。就算是飛龍在天，從《易經》的觀點也不是最高境界，最高境界應該是「用九，見群龍無首，吉」，是更大更真的平等。而相應的該是佛經哪個法門？我沒找到。但至少給了我一個藉口，讓我在聽老和尚講經的時候不太專心，一邊聽一邊做自己的事，一聽到他講阿彌陀，我就去做別的事，你們看老師的業障真的太深了。

這是笑話，也是真的，飛龍在天又怎麼樣呢？〈乾卦．文言傳〉不是講了嗎？「飛龍在天，上治也。」仍然可能變成「亢龍有悔」，「與時偕極」。那最好的是什麼呢？「乾元用九，乃見天則。」「天下治也」。有這個理，就有相應的東西，為什麼末法時期就只有念佛往生一條路子？這什麼道理？怎麼證成呢？

「皆得成就無量無邊功德」，以佛智慧，有人悟了，悉知悉見，這麼有把握。前面也都提過了，悉知悉見跟我們占卦時天人互動的情況還真像。那麼多人同時在占卦，假定每一個占卦都引起一些波瀾，占出來的卦象都分析得很好，專門針對問題提出建言，還不會塞車。就像那麼多人持觀音法門，到急難時大家同時念觀音佛號，觀音馬上就到了。這是什麼道理？匪夷所思是吧？換句話說，我們占卦、持咒、念佛的時候，是在跟誰對話？如來悉知悉見，而且他又是真語者、實語者、不誑語者、不異語者，他不用誆騙我們，所以悉知悉見是有可能的。「問焉而以言，其受命也如嚮，無有遠近幽深，遂知來物。非天下之至精，其孰能與於此？」〈繫辭傳〉不也是這麼講嗎？飛龍在天還不是最高的，上面還有至精、至變、至神，「寂然不動，感而遂通天下之故。」是不是這樣？那種境界也不是在造謠，孔子也不是誑語者，如來跟文王都不是專利。「文王既沒，文不在茲乎？」那是活的文王，不是早已過世的周文王姬昌。每個人都可以修，修到了就是如來，就是文王。不是嗎？「人人皆可以為堯舜」，「人人皆有士君子之行」，「舜何？人也。予何？人也。有為者亦若是」。〈同人〉就〈大有〉，然後就〈謙〉，貫通天地人鬼神。

下面是〈持經功德分第十五〉：

須菩提！若有善男子、善女人，初日分以恆河沙等身布施，中日分復以恆河沙等身布施，後日分亦以恆河沙等身布施，如是無量百千萬億劫，以身布施；若復有人聞此經典，信心不逆，其福勝彼，何況書寫、受持、讀誦、為人解說。

須菩提！以要言之，是經有不可思議、不可稱量、無邊功德。如來為發大乘者說，為發最上乘者說。若有人能受持讀誦，廣為人說，如來悉知是人，悉見是人，皆得成就不可量、不可稱、無有邊、不可思議功德，如是人等，即為荷擔如來阿耨多羅三藐三菩提。何以故？須菩提！若樂小法者，著我見、人見、眾生見、壽者見，即於此經，不能聽受讀誦、為人解說。

須菩提！在在處處，若有此經，一切世間、天、人、阿修羅，所應供養；當知此處，即為是塔，皆應恭敬，作禮圍繞，以諸華香而散其處。

又要「持」了，「持」最累。持之以恆不容易！有這麼一個卦象，我們提一提就好。一日心為恒，持之以恆，真積力久，都是希望能成，可是如果遇到這個卦象能不能成？〈恒卦〉二三四爻連著動，三爻齊變就是〈坤卦〉，宜變的爻位落在第四爻。有長期修，二、三、四爻動，能不能成？這是我們十幾年的同學，淵源也不淺，不在這裡修，到別的地方去了。〈恒卦〉第四爻是什麼意思？「田無禽」，是不是落空了？白費時間，要回頭都很難。一輩子打獵，連根羽毛都沒打到。唉！虛幻啊，所以有〈升卦〉的象，升虛邑，夢幻泡影，連阿賴耶識都是虛的。初爻陰虛在下，「田無禽」，不就是盲修瞎練嗎？所以持之以恆，有恆為成功之本，都沒錯，但這個方式錯了。所以〈小象傳〉說：「久非其位，安得禽也？」大家服不服氣呢？當時選這個位就錯了，悔之晚矣！這是結果，原因在〈恒卦〉第一爻就錯了，「浚恒之凶，始求深也。」「浚恒，貞凶，無攸利。」〈恒卦〉初爻第一步踏錯，第四爻就落空，怨誰呢？自己定位錯誤，久非其位，怎能修得成正果呢？第三爻就有預兆，「不恒其德」，修了那麼久，怎麼沒修成？於是信念動搖，猶豫徬徨，那就換個法子修吧！或者改投，改宗，改換門庭，可是「不恒其德」，越換越糟，「或承之羞，貞吝。」〈小象傳〉就說得更重了：「無所容也。」天下之大，無處容身，因為變來變去，老是變節，不能始終如一，結果越換越糟。〈恒卦〉的行動綱領是「君子以立不易方」，三爻不是剛好違反這個原則嗎？「無所容」是很嚴重的。我們提過不止一次，《易經》三百八十四爻裡頭，提到「無所容」的就只有兩個爻。另一個是〈離卦〉第四爻，世界浩劫、文明近乎毀滅：「突如其來如，焚如、死如、泣如。」〈小象傳〉說得好狠：「無所容也。」注意！〈恒卦〉跟〈離卦〉是有關聯的，都稱「人文化成」，「化成天下」。因為〈恒〉三〈離〉四，剛好落在「三多凶、四多懼」的爻位，人為造作太甚，最終落得個「無所容」的大毀滅，到底是怎麼搞的呢？

六十四卦中，整個卦都是「無所容」的是哪一個卦？飄飄蕩蕩，無處可去。是不是〈旅卦〉？〈序卦傳〉不是講得很清楚嗎？「旅而無所容，故受之以〈巽〉。」這時要低調、沉潛、深入、從頭來，還得落地生根。等到「先庚三日，後庚三日，吉。」就可脫胎換骨，深造自得，結束漂泊無依的旅程。〈巽卦〉的下一卦是〈兌卦〉，「兌見而巽伏也」，「亨利貞」，產生法喜，「學而時習之，不亦說乎？」「君子以朋友講習」，然後〈渙卦〉弘法傳道於天下。從〈旅〉的徬徨無依，不知道人生旅程的終極意義到底何在，逼著很多大師下〈巽〉的功夫。等到他磨通了，就可以講經說法，那就叫〈兌〉，說得大家如癡如狂追隨，「忘勞忘死，民勸矣哉」，到處拉信徒，然後就成為一個教派，接著〈渙〉、〈節〉、〈中孚〉，一代傳一代。

〈旅〉而無所容，情況真的很糟。除了第五爻在〈旅〉中大徹大悟，「射雉，一矢亡」，其他都是啥也留不住。〈旅卦〉就是「不留」，「資斧」留不住，巢穴留不住，什麼都留不住。所以才逼著他去思考人生「旅」的意義，然後才一路〈巽〉、〈兌〉、〈渙〉、〈節〉、〈中孚〉、〈小過〉、〈既濟〉、〈未濟〉。這說得清清楚楚。「無所容」很糟，一定要下〈巽〉的功夫才能夠安心立命。

回到這個〈恒〉二、三、四的占例來。你們看三、四兩爻多慘！初發心的時候，信心還很堅定，所以在第二爻的階段好像還不錯，因為「九二悔亡，能久中也。」可是好景不長，到了〈恒〉

三，信心動搖，開始懷疑，然後就是〈恒〉四的結果一場空，三個陽爻的陽氣全滅，變成〈坤〉。這是我們一位老同學的處境，當然在座有人知道我在講誰，所以持之以恆也是有風險的。

為什麼出問題的都是女學生呢？還有個案例也是女弟子遇到的。人哪！盲修瞎練，一不小心就走火入魔。當今世上，佛皮魔骨的一堆，老師再不濟，用化學分析分析，雖然偶爾沾點魔氣、霸氣，但基本上還是佛的成分多一些。這個學生剛開始還要度老師，這就麻煩了。其實，臺北就這麼大，修行人有多少，清清楚楚，老師悉知悉見啊！我早知她身陷險境，但也勸不回，那就看她的造化吧！卦象是不會騙人的。她還老是要拉老師去見活佛呢！要見也沒關係，只是要請假不上課，不值得！其實這個女學生就被迷住這一竅，其他各方面都好到不行。我就想，這些女生為什麼就這麼執著呢？奇怪了！我們不是學過〈中孚卦〉三爻跟六爻的關係嗎？第三爻「或鼓或罷，或泣或歌。」「位不當也。」因為三爻是〈兌卦〉的開口。斷不了的是什麼？「翰音登于天，貞凶。」是不是？真是太切了！我們還在想，為什麼老是女生容易著魔？就有同學把答案算出來了。原來是對〈比卦〉唯一的陽爻，那個高高在上的君位，產生無量的希冀跟追求。比之所在，也是險之所在，確實是「不寧方來，後夫凶。」還爭先恐後喔！結果，一比較，就開始分別這個真的、那個假的，心裡的糾結沒完沒了。《金剛經》的偉大不就是「是法平等，無有高下」嗎？

金剛經是智慧布施

我們繼續看〈持經功德分第十五〉。「須菩提，若有善男子、善女人，初日分以恆河沙等身布施。」「等身布施」，前面講過「身命布施」，這不是身外之物的外財，而是整個生命的內財，真是忘勞忘死，全心全意投入，比捐錢更壯烈，不是嗎？全部生命都投下去了，七寶算什麼呢？「初日分以恆河沙……」，「恆河沙」又來了。「中日分復以……」，又是以恆河沙等身布施。「後日分亦以……」。這是古印度的一天分三個時間，也就是一天的三個大時段都是「君子終日乾乾，夕惕若，厲無咎」。而且是「以恆河沙等身布施」，還不是一生一世，是無量劫不知多少生多少世都這麼幹。「如是」，每一天都這樣，一日心為恒，苟日新，日日新，又日新，如是無量百千萬億劫以身布施。這個功德真不得了！可是再怎麼不得了，還是比不上受持《金剛經》，隨便幾句都可以超過捨命般的布施，因為《金剛經》是智慧的布施。

「若復有人，聞此經典……」，不是光聽，還要真正聽懂。如是我聞，「信心不逆」，生信心了，「其福勝彼」，超過前面的身命布施。所以說，聞此《金剛經》而信心不逆，福德超過任何形式的布施；若能書寫受持讀誦，還為人解說，那就更不得了。老師就是揩這個油，為人解說。你們最多是讀誦，還沒有為人解說，若要受持就更難了。

「須菩提！以要言之……」給你講要點吧！「是經有不可思議，不可稱量，無邊功德。」再次稱揚《金剛經》有不可思議的功德。然後呢，如來講這部《金剛經》，可不是給一般人講的，而是針對發了大乘願心的上等智慧者說的。無上甚深微妙法，不可用世俗眼耳鼻舌身意那套邏輯思維理解。言語道斷，心行處滅對不對？因為不相應。要能相應，這人就已經到最上乘、大乘的程度了，知道我在講什麼，所以能從我這裡真實得利。「若有人能受持讀誦，廣為人說」，還廣為人說，所以一開就四個班，不能只開一班。開四個班說不定真教出佛來，將來學生看老師沒地方去了，還能帶老師去。四個班總不能一個佛都沒有吧！「如來悉知是人，悉見是人。」如來自性一開發出來，真是不得了，比什麼天眼通、天耳通強太多了，似乎整個宇宙的些微波動，都可以馬上感應，不疾而速，不行而至。可能清淨心修到那個境界真的可以這樣；無所住，能生其心。無所住，就有那樣強大的感應能力，至精，至變，至神，寂然不動，他沒動，感而遂通。通什麼？通天下之故。這個人如果受持讀誦廣為人說，哎呀，天界都知道。「如來悉知是人，悉見是人，皆得成就不可量、不可稱、無有邊、不可思議功德。如是人等，即為……」，他可以承擔大任、紹隆佛種，把衣鉢傳下去了。「即為荷擔如來阿耨多羅三藐三菩提。」「荷擔如來」，把如來的擔子扛起來，正是〈大畜卦〉的上爻，「何天之衢，亨。道大行也。」畜極則通，就是這麼出來的。受持讀誦是基本功，廣為人說，都算是廣義的〈兌卦〉。〈兌卦〉後面是〈渙卦〉。〈兌卦〉是朋友講習，跟五比丘說，跟幾個人說。等到廣為人說就是〈兌卦〉的下一卦〈渙卦〉了，那是「渙汗其大號」，作獅子吼，對天下人說，還可以擊蒙，振聾發聵。聲音整個宇宙都可以聽到，如來當然也知道，悉知是人，悉見是人，這個成就就是〈渙卦〉第四爻「匪夷所思」。第五爻就「渙王居」，「渙汗其大號」，「荷擔如來阿耨多羅三藐三菩提」，無上正等正覺就證成了。

「何以故？須菩提！若樂小法者，」不是樂大法的，淺嘗即止，很容易就滿足了；遇到小法，就耽溺在裡頭，還不知道有大法，這很可惜。樂於小法，自甘凡境，井蛙不能告知海有多大，就連莊子裡面的河伯流到大海的時候也覺得惘然若失，我的天啊，還有那麼多水！我們以前講老莊的時候不是講過嗎？就說這個人見識太淺了，區區小事就驚天動地，更別說真遇到大事了。所以見識太淺，樂於小法的人太拘泥了，人家有〈大畜〉，卻偏偏〈小畜〉，結果著四相，就把自己鎖得那麼死；著我見、人見、眾生見、壽者見。「即於此經」，《金剛經》也救不了他，他對《金剛經》沒有感應，還執著於他那個小法才是最好的，所以不能受持讀誦《金剛經》，更不能為人解說了。

最後再把《金剛經》的功德莊嚴一下，讓你們見賢思齊。如果不樂小法，要求宇宙人生的真智慧，不著我見、人見、眾生見，壽者見，當然就要受持讀誦，甚至要廣為人說。「須菩提！在在處處若有此經……」隨時隨地，在北極、在月球都可以，只要有這部《金剛經》，「一切世間、天、人、阿修羅所應供養。」天人跟阿修羅跟人都是六道輪迴的善道，人居第三，上面是阿修羅，最上面是天人。天人和阿修羅都會供養《金剛經》。前面不是說有金剛護法嗎？天龍八部都來了，《金剛經》能讓他們自動成為隨扈。「所應供養，當知此處」，只要在講《金剛經》、行《金剛經》，任何地方，隨時隨地，這裡就是佛塔。「皆應恭敬，作禮圍繞，」繞佛。「以諸華香而散其處。」如天女散花，很是神聖莊嚴。而且絕對有一切世間天人阿修羅前來護法。

天人、阿修羅、人，是三善道，三惡道是畜牲、餓鬼、地獄。所以說六道輪迴，不只在人道輪迴，下一輩子不一定能做人，要是貪嗔癡太重，就墮入三惡道了。我們不是有同學問過阿修羅到底是真是假？阿修羅的好勝心很重，做保鏢很合適，〈噬嗑卦〉，絕對不允許任務有失誤，然後很凶，人家看了都怕。可是也有化成女的阿修羅，就是美得離奇、美到不尋常。這個說法我倒是第一次聽到。我們這裡有好多女阿修羅啊！天生尤物，能淨業障，多好啊！《金剛經》就能淨業障。怎麼淨業障呢？這個業障不是這輩子造的，不知道造了多久，量大到嚇死人了。可是《金剛經》就說，這輩子如果真能在《金剛經》上用功，一念就可消除累劫的恆沙罪業，這太吸引人了！在《金剛經》上半部結束前給了我們這麼大的一個願景，還掛保證呢！

下面是〈能淨業障分第十六〉，全經上半部結束於此。

復次，須菩提！若善男子、善女人，受持讀誦此經，若為人輕賤，是人先世罪業，應墮惡道，以今世人輕賤故，先世罪業即為消滅，當得阿耨多羅三藐三菩提。須菩提！我念過去無量阿僧祇劫，於燃燈佛前，得值八百四千萬億那由他諸佛，悉皆供養承事，無空過者；若復有人，於後末世，能受持讀誦此經，所得功德，於我所供養諸佛功德，百分不及一，千萬億分、乃至算數譬喻所不能及。須菩提！若善男子、善女人，於後末世，有受持讀誦此經，所得功德，我若具說者，或有人聞，心即狂亂，狐疑不信。須菩提！當知是經義不可思議，果報亦不可思議。

「復次，須菩提。善男子、善女人，受持讀誦此經。若為人輕賤……。」這很讓人沮喪，男人也好，女人也好，發了善心、大心，受持讀誦《金剛經》，結果卻受人輕賤，甚至被羞辱，這怎麼回事呢？是佛的擔保失效了嗎？不是說修了《金剛經》就會受人尊重，還有花香繚繞，天人、阿修羅都來當保鏢嗎？這怎麼回事？

你們閉著眼睛也想到了，是過去世造了太大的罪孽，這一世還好讀了《金剛經》，打折償還，赦過宥罪，只是被人輕賤，本來要去阿鼻地獄上刀山、下油鍋的，懂不懂？人在福中不知福，要感恩啊！為人輕賤有什麼關係？張良、韓信、德川家康、勾踐都曾經為人輕賤，只要想這是前世罪業，什麼事情都有解釋，看到沒有？然後今生今世什麼事情都想開，當下就放下了。「應墮惡道，以今世人輕賤故。」因為修了《金剛經》，又今世受人輕賤，所以打了好幾折，「先世罪業，即為消滅」，銀貨兩訖，收支兩抵，損益平衡。「當得阿耨多羅三藐三菩提」，證到了無上正等正覺最上等法，因為再大的恆沙罪業都清空了。《金剛經》太好了，如果我們接受他的說法，當我們被人輕賤的時候，就不會生嗔恨心了，人家被節節肢解都不生嗔恨心是不是？按照佛教故事，釋迦牟尼佛收的第一個開門弟子就是歌利王，是當初的五比丘之一。雖然過去生曾害過佛，卻正好幫他修忍辱法。佛說自己當時已無我相，根本不生嗔恨心，那時候還許了一個願，說他成佛之後第一個就度歌利王，歌利王才會成為佛的第一個弟子。

接下來佛又現身說法，說起前世因緣。如來悉知悉見，前世不管隔了多久，他都可以想起來。如果這是真的，顯然我們修得不好，全都忘了。上次講過，修到羅漢還是有隔陰之迷，迷復，忘了，〈未濟〉最後一爻沒通過，雖然有時候偶爾有點兒觸動，好像很熟悉，但細節記不起來。佛卻是清清楚楚，如數家珍。我前輩子就算真的有修，最多只修到羅漢，因為我全都忘了，肯定不是菩薩。別說前輩子不記得，這輩子也記不得了；談了幾次戀愛？初戀約會的時、地、人事物都忘了。上回我這麼一講，同學就在下面算老師前輩子到底修到什麼程度？〈既濟〉一三五變〈坤〉，看起來變像。〈既濟〉還是修到一定的位階了，〈既濟〉定也，但後面還有〈未濟〉，所以這輩子又來了，而且看起來老師是修苦行的，因為第三爻不正是三年苦修的象嗎？「高宗伐鬼方，三年克之，憊也，小人勿用。」可能很多小人都來了。初爻是才起步，艱難得很，跛腳了，「曳其輪，濡其尾，無咎。」天經地義，義無咎也。然後三爻開始發大心要苦修，修到第五爻，但又有提醒對不對？「東鄰殺牛，不如西鄰之禴祭，實受其福。」如果懂得「實受其福」，不用殺牛就「吉大來也」。真不知道《易經》這個資料庫從哪裡抓出來的，也不曉得到底對不對。反正〈既濟〉至少摸到了邊。

功德果報不可思議

你們有沒有被蚊子咬？沒有啊？那修得不錯，有清淨心。蚊子一直咬我，上次在課堂上就直接打死蚊子，一邊講阿彌陀佛，一邊殺蚊子，出手很快。有的人聽完佛經後怕殺生、怕造孽，蚊子在那邊嗡嗡嗡，他就阿彌陀佛，拜託去別的地方。這好像也不對，叫牠去咬別人，這叫以鄰為壑。我是乾脆了當，早點讓牠解脫，說不定可以早早投胎為人呢！不然做蚊子多苦啊！所以老師還是真研究通了，趕快解決牠的痛苦，有時候手掌打不快，我就用電的，反正去得也很快，還冒煙。

總之佛現身說法，說過去如何先消罪孽，又說在過去無量阿僧祇劫，於燃燈佛前如何如何，把他的老師又抬出來了，像傳衣缽一樣，燃燈佛為他授記，說他將來會成佛，連法號釋迦牟尼都取好了。彌勒佛是五十六億年以後被預定的未來佛，目前還在兜率宮修煉。「於燃燈佛前，得值……」，「值」是遇到了、恰好碰到了，那不容易啊！釋迦牟尼在過去無量阿僧祇劫的好多次前世，不管是八地菩薩也好，忍辱仙人也好，他碰到好多佛，每一個都悉心供養。這種功德就像〈大畜卦〉，見賢思齊，尚賢還要進一步養賢，養賢就是供養。〈大畜〉是什麼都養，千里馬、閹豬、童牛都養，到最後就「何天之衢」，可以「荷擔如來」了。供養三皈依大家都知道，供養皈依佛法僧，佛法僧不一定外求，可以是自性佛、自性法、自性僧，六祖不就是嗎？如果是密宗，皈依哪個上師，也得算進去，所以叫四皈依。皈依的「皈」，反白也，回到純淨無染的狀態。「白賁無咎」即為「皈」，原來「賁如濡如」、五顏六色，最後反白成白賁無咎，就證成了，所以第六爻叫「上得志」。

佛懂得供養，畜牝牛，小畜、大畜、於燃燈佛前，因為他過去無量劫的修行，而他也「值」了，他碰到多少佛呢？八百四千萬億那由他諸佛。「那由他」是一個單位，有很多解釋，你們自己去看。八百四千萬億乘以「那由他」，一下子就遇到這麼多佛，而且他都供養，「悉皆供養承事，無空過者」，一個都沒漏掉。多有眼光！不像我們同學把魔當佛，要是把這所有的供養都去供養魔，不太可惜了嗎？真有智慧，下這麼大的工夫去供養佛，那不得了！可是，我們沒有供養那麼多佛，也沒碰到那麼多佛，卻可以從《金剛經》上得利，功德還超過他！看到沒有？下面就講這個了。換句話說，《金剛經》如果真信、真受持了，其功德遠遠超過釋迦牟尼佛供養那麼多佛。他是不打誑語的，看起來也沒有欺騙的意思。「若復有人」，例如我們；「於後末世」，末法時期的後末世。時代已經亂到一塌糊塗了，絕對不是釋迦牟尼當時有那麼多佛的好時代，現在要找一個佛很困難是吧！在這麼艱困的時候，我們只要從《金剛經》上求解脫，能受持讀誦此經，所得的功德，比起釋迦牟尼佛前生曾經供養過的諸佛所有的功德累積起來，「百分不及一」，就是他的功德不及我們的百分之一。接著，他又覺得講少了，「千萬億分」，他供養諸佛的功德，不到我們的千萬億分。最後更乾脆，豁出去了，不要講幾分之一，他說：「乃至算數譬喻所不能及」，超出的功德無可計數、無限大。你們看他多麼謙虛，他過去那麼辛苦，但他告訴我們，都不如我們從《金剛經》得利，後生小子都有機會超越他。假定真有捷徑，為什麼一定要走他的老路子呢？照這樣看，是不是有一點勞逸不均？不是，因為把《金剛經》的法傳下來的，正是過去無量劫於燃燈佛前供養無量諸佛的人。佛力加持的《金剛經》，是智慧的結晶，前人種樹、後人乘涼，我們是白揀現成啊！就像把一大堆修持的功夫簡化成一心持念阿彌陀佛，不就是要我們迎頭趕上，超越他們嗎？

「須菩提！若善男子善女人，於後末世，有受持讀誦此經……。」他也知道，假定真能受持讀誦，把他傳下的經法都吸收了，那就踩在他的肩膀上直接證成了，但一定還有絕對多數是不願意相信，還有很多成見。他說他講的不可思議的功德，只是大致做了算術譬喻所不能及的比喻，就已經駭人聽聞了，他還沒、也不想具體詳細的講，因為不會有人相信。「我若具說者」，我如果把《金剛經》在後末世受持讀誦產生的功德，說得完完整整清清楚楚，「或有人聞」，有人聽到了，絕不會相信，甚至覺得荒唐；「心即狂亂，狐疑不信。」號稱是六祖註解《金剛經》的版本說：「佛言末法眾生，德薄垢重，嫉妒彌深，邪見熾盛。」所以，即便是佛這麼講，就是講得再詳細也沒有用，別人聽到會覺得是瘋子。所以最後也不具體講了，就告訴須菩提：「當知是經義不可思議」，這裡的微言大義匪夷所思，超過世間一般思維法則的邏輯和言語所能理解。「不可思議」，就是〈渙卦〉第四爻「匪夷所思」的境界。但經義不可思議，果報也不可思議；如果能證成那不可思議的功德，果報當然也是不可思議。

如來者，即諸法如義

下面是〈究竟無我分第十七〉，要探討究竟了。

爾時，須菩提白佛言：「世尊！善男子、善女人，發阿耨多羅三藐三菩提心，云何應住？云何降伏其心？」

佛告須菩提：「善男子、善女人，發阿耨多羅三藐三菩提心者，當生如是心，我應滅度一切眾生。滅度一切眾生已，而無有一眾生實滅度者。何以故？須菩提！若菩薩有我相、人相、眾生相、壽者相，即非菩薩。所以者何？須菩提！實無有法發阿耨多羅三藐三菩提心者。」須菩提！於意云何？如來於燃燈佛所，有法得阿耨多羅三藐三菩提不？

不也，世尊！如我解佛所說義，佛於燃燈佛所，無有法得阿耨多羅三藐三菩提。

佛言：「如是，如是。須菩提！實無有法如來得阿耨多羅三藐三菩提。

須菩提！若有法如來得阿耨多羅三藐三菩提者，燃燈佛即不與我授記：汝於來世，當得作佛，號釋迦牟尼。以實無有法得阿耨多羅三藐三菩提，是故燃燈佛與我授記，作是言：「汝於來世，當得作佛，號釋迦牟尼。」何以故？如來者，即諸法如義。若有人言，如來得阿耨多羅三藐三菩提。須菩提！實無有法，佛得阿耨多羅三藐三菩提。須菩提！如來所得阿耨多羅三藐三菩提，於是中無實無虛。是故如來說一切法皆是佛法。須菩提！所言一切法者，即非一切法，是故名一切法。須菩提！譬如人身長大。須菩提言：「世尊！如來說人身長大，即為非大身，是名大身。」須菩提！菩薩亦如是。若作是言，我當滅度無量眾生，即不名菩薩。何以故？須菩提！實無有法名為菩薩。是故佛說：一切法無我、無人、無眾生、無壽者。須菩提！若菩薩作是言：「我當莊嚴佛土」，是不名菩薩。何以故？如來說：莊嚴佛土者，即非莊嚴，是名莊嚴。須菩提！若菩薩通達無我法者，如來說名真是菩薩。

這一段比較長，但並不難。這裡又是《金剛經》一個新的開始，但會在舊的基礎上幫我們複習；而且是一種螺旋式的說法，看著好像又在重複前面講過的東西，但因為已有前面十六分的根基，種了善根，所以須菩提再提的問題，表面看是一樣，其實有很細微的差別。是在前半部的基礎上，再擴大、提升，就像〈復卦〉的曲線，不離中心軸，重點不斷強調，又層層展開，引發很多新的東西，大致如此。

應云何住與云何應住，境界不同？

「世尊！善男子、善女人，發阿耨多羅三藐三菩提心，云何應住？云何降伏其心？」這跟前面一開始的第二分幾乎完全一樣，「云何應住？云何降伏其心？」其實，這兩個問法，過去的《金剛經》譯本是完全一樣的，但江味農居士研究一輩子《金剛經》，有些人就推崇他的《金剛經》冠絕古今。他就根據《金剛經》的義理，把兩個看似完全一樣的問題區別出來，文辭當然就有所不同，後來很多人就接受了他的版本，我們也是以他為準。

江味農居士說，這裡用「云何應住？云何降伏其心」是對的，可是在第二分說「云何應住」就不對了，應該是「應云何住」。我們前面講過，「應云何住」，跟「云何應住」不一樣。「應云何住」就是上經初始問問題的時候，我們的心那麼亂，憧憧往來，其心不快，所以要問「應云何住」。如果要發大心追求無上正等正覺，那該怎樣「住」這個心？因為這個心老是「不住」，無法安定下來，難過啊！所以「應云何住」？請告訴我們原因，然後云何降服其心？這才帶動上經告訴我們，為什麼要「住」呢？要「無所住」啊！因為「住」就糟了，成住就壞空，一剎那都不可能真正的「住」，一住就執著了。所以針對須菩提問的「應云何住」，講了「無所住」。既然「無所住」，我們這些聽過前半部《金剛經》的善男子、善女人，還是要追求阿耨多羅三藐三菩提，無上正等正覺，就不能說「應云何住」了，再問「應云何住」不是白癡嗎？所以他說「云何應住」，這個層次就比較高了。但話是這樣，怎麼無所住呢？好難啊！所以就在這個新的高度上又再介入、再逼問，看佛還有什麼更精彩的經驗，能讓我們真的無所住，真的能降服其心。前半部他的回答只說：「應如是住，如是降服其心」，然後下面再慢慢引出破四相什麼的。

所以整個下經從這裡開始，就像《易經》下經以〈咸〉、〈恒〉開始，但還必須記得上經〈乾〉、〈坤〉在講什麼？好，我們來看：佛告須菩提：「善男子、善女人，發阿耨多羅三藐三菩提心者，當生如是心。」真有這種發大心、還想精進的人，想在上半部的基礎上繼續探究大法。當生如是心，什麼是「如是心」呢？下面就講了，「我應滅度一切眾生」，我想承擔這個職責，我應該要滅度一切眾生；上經講無論卵生胎生、色界、欲界、無色界，都要度他們通通進入無餘涅槃，而實無眾生得滅度者。這就扣著那個議題。所以「當生如是心」，就是我已滅度一切眾生，責任完了，全部都渡過去，一個也沒漏，但馬上就不能執著，更不能邀功，必須勞謙，「而無有一眾生實滅度者」。要是心中認為，我度了這個、度了那個，真不得了，我是大宗師，我是菩薩，那就完了。勞而不伐，才萬民服，行所無事，還是一樣。就是這種活活潑潑的心，沒什麼僵硬的、教條的、或者是使命感、責任心。我們前面講過，眾生真是你滅度的嗎？不是吧？沒有最後靠他自己，怎麼滅度他？「自天佑之，吉無不利。」眾生本來就是佛，但以妄想執著不能證得，你只是幫他一下，有什麼了不起的？怎麼可以有驕慢心呢？所以要跟佛學，不然就著相了。「當生如是心」，就是這種勞謙的心。

「何以故？須菩提，若菩薩有我相、人相、眾生相、壽者相，即非菩薩。」這沒問題，「所以者何？須菩提！實無有法」，不要說沒有菩薩，連法都沒有，沒有法執，沒有定法。「發阿耨多羅三藐三菩提心者」，立大志說我要發阿耨多羅三藐三菩提心，我要追求一個法，這個法又如何如何。「不可為典要，唯變所適」，其實並沒有這個法，只是為了方便，暫且用「即非甚麼」、「是名甚麼」來指稱它。如果菩薩著相，即非菩薩，執著於發阿耨多羅三藐三菩提心追求真理的法也不行。「須菩提！於意云何？」繼續誘導他，「如來於燃燈佛所，」又抬出祖師爺了，三提燃燈佛。我在那裡「有法得阿耨多羅三藐三菩提不？」他反問須菩提，看看這第一離欲阿羅漢到底懂了沒有？「不也，世尊！如我解佛所說義，佛於燃燈佛所，無有法得阿耨多羅三藐三菩提。」須菩提這麼聰明，絕不可能答錯；否也，當然沒有法，世尊啊，如果前面都專心聽講，現在猜也猜到了，佛於燃燈佛所，無有法得阿耨多羅三藐三菩提。《心經》講：「無智亦無得，以無所得故。」一執著，就有無限流弊，很多魔相都出來了。

所以佛於燃燈佛所，這種重大的傳燈傳統，燃燈、傳燈，釋迦接燈，接了什麼法呢？沒有。此法無實無虛，大自在。這一步，這個法，叫阿耨多羅三藐三菩提法。實無有法，如果有，他才不交給你呢，傳衣鉢是要傳給神秀那種人，還是傳給惠能那種？本來無一物，怎麼天天染塵埃呢？執著起來，不得了了，勤修苦練，菩提樹、明鏡台，還要天天擦窗子，多笨啊！弘忍聽了一定皺眉頭，這時候突然冒出一個小子說：「菩提本無樹，明鏡亦非台。本來無一物，何處染塵埃？」你們看這兩個差多少？多透徹！我們很多時候不都是在那邊立明鏡台嗎？立阿耨多羅三藐三菩提法，立這個主義、那個主義，這個無上法門，那個真佛宗，什麼什麼大法。

佛言：「如是，如是。須菩提！實無有法如來得阿耨多羅三藐三菩提。」佛給須菩提加冕了，這小子很精，不會答錯。然後佛就繼續講，「須菩提！若有法如來得阿耨多羅三藐三菩提，燃燈佛則不與我授記：汝於來世，當得作佛，號釋迦牟尼。」既然抽考通過，認可了，就反過來再說。若有法如來得阿耨多羅三藐三菩提，我們就可以借一本修法的秘笈，修成一個定法，成就阿耨多羅三藐三菩提；師以傳弟，弟以傳孫。可是，倘若佛是傳這種笨東西，燃燈佛就不會給他授記了。弘忍後來也不傳衣鉢，太笨了。我們講過，傳衣鉢是佛教特有的，可以跨越時空授記，指定接班人來傳這個大衣鉢。

如果釋迦牟尼的前身，在八地菩薩的時候，還有這種執著，有專門要去修的大法，燃燈佛絕不會把責任交給他。就因為他沒有那個執著，所以才給他授記。授記的內容是什麼？看來釋迦記憶猶新：「汝於來世，當得作佛，號釋迦牟尼。」連法號都想好了。釋迦牟尼也是譯音，大家應該知道，如果義譯就是能仁、寂默。

照講釋迦牟尼佛的名號，在遙遠以前的燃燈佛時期就預定了，再往下指定，就是五十六億年以後的彌勒佛。中間萬一釋迦不能管那麼多事，就由地藏王菩薩代理，這個經營管理很有一套。但一定要有人主持大法，多久遠都沒關係。釋迦就是「能仁」的意思，《易經》和《論語》裡面都講了很多仁，核心的創造力，「見天地之心」、「安土敦乎仁，故能愛」，要有絕高的智慧，「知周乎萬物而道濟天下」。要是真懂，就懂得什麼叫格物致知，就不會像淨空法師那樣把「格物」說成「格殺物欲」了。好，「安土敦乎仁故能愛」，他能仁，就能掌握核心的創造力，見天地之心，仁者愛人，仁者無不愛，這是「釋迦」的含義，燃燈佛給他這個法號，就是對他有這個期許。寂默，就是「寂然不動，感而遂通天下之故」，「咸其脢，無悔」。這都是很高的境界。所以我們占卦問釋迦牟尼的修行境界，就是「咸其脢」，能仁寂默，寂默的人追求的境界，有時候就沒有創造生發的「仁」，而他寂然不動還能感而遂通天下之故。雖然「寂默」但是「能仁」。有些人一天到晚想幹這個、幹那個，不夠寂默，不夠清淨，當然創造力也不夠。

「汝於來世，當得作佛，號釋迦牟尼。」他們怎麼會有這麼可怕的預測力？一眼就確定了，不會看錯，何以故？下面就給如來做了第一次的定義：「如來者，即諸法如義。」諸法如義，不增不減，無喪無得，本來就是那個東西，我們也沒有加工或偷工減料，證道了就知道。人人可證如來，如來者即諸法如義，所以是真語者、實語者、不打誑語者、不異語者。證道就是這樣，真理就是這樣，諸法如義就叫如來，所以「七日來復」就是要往內往下去開發出這個東西來。燃燈佛傳燈，也就是在這一點上，哪裡還有什麼定法、是阿耨多羅三藐三菩提的呢？燃燈佛能夠成佛，因為他的如來開花了；釋迦牟尼能夠開花，也不是因為得了什麼秘笈，而是他的如來開花了。除了自己開花，還有誰能夠幫你成佛？諸法如義，「若有人言，如來得阿耨多羅三藐三菩提。須菩提！實無有法，佛得阿耨多羅三藐三菩提。」「如來」是泛稱，眾生皆有，佛是可證成的，他證成了釋迦牟尼佛，所以，一定有些人會認為如來是得了阿耨多羅三藐三菩提的無上秘法。但是，「實無有法得阿耨多羅三藐三菩提。」他再次強調，阿耨多羅三藐三菩提根本就實無有法。「須菩提！如來所得阿耨多羅三藐三菩提，於是中無實無虛。」是不是又來了！說它虛也不對，說它實也執著，它無實無虛，空有兩不執，所以無法用一般世俗的思維去瞭解它，既非實，也非虛；既不著有，也不著空。「是故如來說一切法皆是佛法。」前面講到這裡，就可以擴大講「一切法，皆是佛法」了。

就是說，在佛法之外的所有法，包括世間法、出世法、儒墨道回耶，全部都可以看作是佛法，因為佛法沒有固定內容，就是無實無虛的大智慧。那還有什麼好爭的呢？這個世界有那麼多宗教，還為了堅持各自的宗教發動戰爭，不是很奇怪嗎？從佛的觀點來看，佛菩薩出生在耶穌所在的地方，就現耶穌相，伊斯蘭教也是一樣。所以，這樣一個解脫的大智慧，可以海納百川、包容萬有，適用於一切世出世間法。如果說有哪個東西是佛法專有的特效藥，那就跟別的法有所分別了。一切法皆是佛法，這不是狂傲，也不是故意顯示大氣派，因為其中無實無虛，真理就是真理，哪還有區別？一致而百慮，殊途而同歸，這才是究竟。耶穌也是佛菩薩示現，在那個地區就用基督教的教義來闡述佛法，就有人說耶穌有段時間行蹤不明，因為學佛去了。這一點基督教的人當然是不會接受的。反正人就在這裡出現分歧。我們中國不是也造這種謠嗎？說老子騎青牛出關到哪兒去了？做佛去了！老子化佛，所以後來佛又老水還潮，回到中國來了。這一定是道家造的謠，一貫道就相信這個，這麼粗糙的說法，實在沒辦法說服我。

一切法，皆是易法、佛法

一切法皆是佛法，想想〈繫辭傳〉上傳第四、第五章講《易》是什麼呢？「易與天地準，故能彌綸天地之道。」第五章從「一陰一陽之謂道」講到「陰陽不測之謂神」，然後前面說「神無方而易無體」，既然無方無體，當然一切法皆佛法，也可以說一切法皆是易法。因為說法本來就要因時因地制宜啊！〈觀卦〉「風行地上，先王以省方觀民設教」，會因地域風土而呈現種種差別，但真理的本質哪有差別？

所以，站在如來本體的觀點看，一切法當然就是佛法。「須菩提！所言一切法者，即非一切法，是故名一切法。」怕你聽到「一切法都是佛法」，對這個東西又起了執著，所以他隨說隨掃。掃掉了之後，馬上又再拉回來，「是故名一切法。」「須菩提，譬如人身長大。」前面不是有提到大身嗎？肉身再大，能夠大到哪裡，但精神靈體就真的可以大到無量無邊。須菩提言：「世尊！如來說人身長大，即為非大身，是名大身。」〈豐卦〉、〈渙卦〉都講大，〈渙〉不是都化到無形了嗎？所以到處都有，「無定在，無所不在」，還什麼大身？「須菩提！菩薩亦如是。若作是言，我當滅度無量眾生，即不名菩薩。」如果心裡老記掛著我要去滅度無量眾生，這就不叫菩薩了，因為有所住嘛！「何以故？須菩提！實無有法名為菩薩。」哪有一個法叫菩薩呢？「是故佛說：一切法無我、無人、無眾生、無壽者。須菩提。若菩薩作是言：『我當莊嚴佛土。』」前面也出現過，「莊嚴」是動詞，任何東西若把它神聖化了，就很可怕；如果菩薩老想著「我當莊嚴佛土」，那就不是菩薩了，不增不減，無喪無得的東西，還給它莊嚴、粉飾，到處宣揚，就沒真懂，佛土還需要去莊嚴它嗎？「何以故？如來說：莊嚴佛土者，即非莊嚴，是名莊嚴。須菩提！若菩薩通達無我法者」，是「無我法」，不是「有我法」，因為究竟無我。「如來說名真是菩薩。」真菩薩就在這裡！但稍微一執著就偏離了。

三心不可得

下面是〈一體同觀分第十八〉。通達無我法之後就是五眼，從肉眼到佛眼，眼界就完全不一樣了。

須菩提！於意云何？如來有肉眼不？如是，世尊！如來有肉眼。
須菩提！於意云何？如來有天眼不？如是，世尊！如來有天眼。
須菩提！於意云何？如來有慧眼不？如是，世尊！如來有慧眼。
須菩提！於意云何？如來有法眼不？如是，世尊！如來有法眼。
須菩提！於意云何？如來有佛眼不？如是，世尊！如來有佛眼。
須菩提，於意云何？如恆河中所有沙，佛說是沙不？如是，世尊！如來說是沙。
須菩提！於意云何？如一恆河中所有沙，有如是沙等恆河，是諸恆河所有沙數佛世界如是，寧為多不？甚多，世尊！
佛告須菩提：「爾所國土中，所有眾生，若干種心，如來悉知。何以故？如來說諸心皆為非心，是名為心。」所以者何？須菩提！過去心不可得，現在心不可得，未來心不可得。

這裡長篇大論把「五眼」提出來，是要讓我們瞭解「一體同觀」，可跟〈觀卦〉六爻對照著看。觀自在、觀世音、觀我生，從小我、肉身肉眼的執著，一直觀到無量無邊的佛眼，就像〈觀卦〉的初爻到第五爻，步步高，站得越高，看得越遠、越透、越深。〈觀卦〉初爻是幼稚的「童觀」，二爻是片面、狹隘的「闚觀」，兒童和婦女都在裡頭。三爻觀小我之生，進退，隨時可能退轉，也可能進而「觀國之光，利用賓于王」，那個觀就不一樣，可以觀到光明國土了。第五爻就到究竟了，「觀我生，君子無咎。」告訴你是「觀民也」，那就不是觀自己，而是觀大我之生，典型的觀音法門。爻變是〈剝〉，五蘊皆空，度一切苦厄，完全瞭解真相。剝極而復，我們也提過，上爻鑽牛角尖的「觀其生」，啟動下面〈噬嗑〉的鬥爭。因為嗔心不滅，才造成由〈觀〉變〈噬嗑〉的結果，佛爭一爐香，「志未平也」，一念未平就起那麼大的波瀾。

整個〈觀卦〉本來就不是只用肉眼看，從初爻到五爻，就是從肉眼到佛眼，欲窮千里目，更上一層樓。肉眼能看到什麼？太有限了！肉眼看不到的東西，無量無邊，所以佛教就是修這個觀；從觀自在到觀世音，從觀小我到觀大我，省方觀民設教，風行地上，一體同觀。下面的爻位，最多就是瞭解所看到的世界；修行境界較高的爻位所看到的東西，他是很難理解的；菩薩很難瞭解佛，羅漢很難瞭解菩薩，因為沒到那境界；眾生凡夫要去看羅漢，也一定看不懂。可是上面看下面，絕對可以設身處地，因為他是過來人，可以包容一切觀點。所以即便到了〈觀卦〉第五爻，隨時可以設身處地、現身說法，進入童觀、闚觀去度兒童跟女人。看要度什麼人？就可以用那人熟悉的語言、形象現身去度他，這就是觀音法門。當然，要這樣觀，清淨心很重要，所以〈觀卦〉的卦辭說：「盥而不薦，有孚顒若。」藉著盥洗來清淨身、清淨心，至於貢品是殺牛宰羊，那都不重要；「薦」是其次，「盥」很重要。然後貫徹整個〈觀卦〉的法門就是「有孚顒若」，那是威儀所象徵的「觀」，像高空中的飛鳥俯瞰大地，什麼都看得透、看得深、看得遠，那就是佛眼的境界。

下面這段文字就是講「五眼」，不同的修行層次開發不同的眼界，一般以為肉眼上面就是天眼，我們都聽過天眼通，好像不得了，肉眼看不到的東西，他都看到了。其實天眼通還差得遠呢！就是比肉眼高一層，感覺力比較強而已，如果他迷戀天眼的神通，那就萬劫不復了。總之肉眼上面有天眼，天眼上面還有慧眼，那就是一般的羅漢境界了。須菩提是第一離欲阿羅漢，他既然在金剛法會上扮演羅漢的角色，不管他前世是什麼，至少這一世扮演羅漢是到頂了，第一離欲阿羅漢，人中最為第一，所以他光聽佛的開示就感動到涕淚悲泣，說從未聽過這麼玄妙高深的經典。這是因為他有過去修行所得的慧眼；要勉強比喻，慧眼就有點像〈觀卦〉第三爻的「觀我生，進退」，所以須菩提在《金剛經》裡面就說他的眼是慧眼，但卻沒有碰到過像《金剛經》這樣的甚深經典。慧眼再上面就是菩薩，從小乘進大乘的關鍵就是「觀國之光」，這就是菩薩的眼了，叫法眼。「慧眼」跟「法眼」都豐富了中國的詞彙，在佛教進來以前沒有這個說法，諸如「慧眼識英雄」等，都是佛教詞彙漢譯之後變成中國文化的一部分。慧眼的再上一層是法眼，我們常謙稱「不敢當行家法眼」，意思是被你法眼一看，我就露餡了，那個層級類似於〈觀卦〉的第四爻；能從黑暗中看出一絲光明，叫「觀國之光」。一國不管多了不起，也不會只有光明，一定還有黑暗的一面，這是太極圖；但〈觀卦〉第四爻就專門能看到人家的優點，能在一片黑暗中看出光明；所以地藏王菩薩雖在地獄，根本就跟在淨土是一樣的。我們看是刀山油鍋，非常悲慘，他卻看到光，就連在地獄都有很多事業可做，可以度地獄眾生。「觀國之光，利用賓于王」，他留在那裡不走了嗎？不是，他原來就不屬於那裡，只是作客的「賓」，這是菩薩的「法眼」，但還不是最高，到第五爻就是究竟圓滿的「佛眼」了。佛眼包括下面所有的眼，上面能夠包括下面，下面不能包括上面，所以我們無法理解層次比我們高的思維，因為見識不及、見地未到，我們被肉眼限制住了，所以就得不斷突破極限，提升眼界。

好了，眼耳鼻舌身意，從眼根開始逐一拿掉執著。「須菩提！於意云何？如來有肉眼不？如是，世尊！如來有肉眼。」他當然不講佛了，佛是最後修成的果，如來是那個因，眾生皆有如來，但是就釋迦牟尼佛或者其他諸佛來講，就是他的「如來」已經充分開發出來，究竟圓滿了，我們就稱他「佛」。這裡還是從如來的本體來談，有沒有肉眼呢？當然有，那是天地之心的自性，含萬法才能生萬法，只看後天怎麼修、怎麼開發！所以如來當然有肉眼了。「須菩提！於意云何？」但不能只待在這個層次，「如來有天眼不？」可不可以看到更多？「如是，世尊！如來有天眼。」「須菩提！於意云何？如來有慧眼不？」「如是，世尊！如來有慧眼。」「須菩提！於意云何？如來有法眼不？」到菩薩境界了，「如是，世尊！如來有法眼。」「須菩提！於意云何？」再高一點好不好？「如來有佛眼不？」如來是因，佛是果。「如是，世尊！如來有佛眼。」好了，就這五個眼，教我們怎麼提升「觀」。「觀」會影響我們的「臨」，「臨觀之義，或與或求」，怎麼君臨天下？怎麼面對、怎麼管理這個世界？怎麼面對整個宇宙人生，跟我們的觀念是有關的。所以不同觀點的人，他管理、面對世界的方法、態度、策略絕對不同，就有境界的高下。「風行地上，省方觀民設教」，跟「教思無窮，容保民無疆」，臨觀其實是一體的，所以觀當然很重要了。《易經》也起於觀，仰觀俯察，觀鳥獸之文與地之宜，是不是？

既不著有，也不著空

各位有沒有發現，《金剛經》進入下半段之後，師生之間的問答，肯定句變多了？所以到處可見正面肯定的「如是」；一切皆是、一切皆有。《金剛經》的上半段很多都是否定句，一切皆無、一切皆空。因為他要幫我們掃掉還沒進入狀況之前常執著有的習氣，那是很膚淺的「有」，是假象，凡所有相皆是虛妄，所以他要用很多否定；沒有一個眾生得度，也無法可得。經過「沒有」的洗禮，剝盡而復之後，就要講「有」了。下經是建構在上經的基礎上，所以跟《金剛經》的邏輯還是一樣；不論提出什麼，又馬上把它否定掉，最後再把它拉回來。所以它不著有，也不著空，著空比著有還可怕，於法不說斷滅相，《金剛經》後面就很負責任的給我們說明。不要認為眾生耽溺在「有」之中太痛苦了，就想找一個空躲起來；把有都否定了，空更不能住；如果陷在空裡頭，找一個避開現世煩擾的清淨之地，那更虛妄。所以還得拉回來，不著有，不著空，空有兩不住；就像〈恒卦〉，「不恒其德」不行，「恒其德」也不行；既濟也不是，未濟也不是，就逼著我們空有兩不著。如果都是空的，菩薩何必行於布施呢？佛講那麼多，不是無聊嗎？「無所住」，就是打掉我們的著有；「生其心」，就是打掉著空。你們看他多麼活躍！一天到晚都在生其心，可是無所住而生其心。所以菩薩是無所住行於布施，你們看他做多少事！「勞謙，君子有終」，天下第一爻，最圓滿的爻，他做了好多，但他不居，不伐，若無其事，道理就在這裡。

《易經》的上經先把天道自然講清楚了，在那個基礎上再往人間世的歷練精進。《金剛經》也是如此，上經先建立基本觀念，稍具基礎後，下經又從提問開始：云何應住？云何降伏其心？看著好像在重複，其實整個情境和講的對象都不一樣。上經把粗的執著、分別掃掉，下經就要掃掉更細微的分別執著。所以下經十六分是建構在上經十六分的基礎上，就像《易經》下經三十四卦完全建構在上經三十卦的自然演化之上；人法天之後，再鑽到更豐富幽微的人性人情裡，悲歡離合，要怎麼解脫？然後各種修行法門也跟著衍生出來了。人皆有情，就有〈咸〉；人都有壽者相，就有〈恒〉；〈咸〉若不想〈遯〉，就搞出〈損〉，尤其是道家特別標榜，特別強調的修行法門，懲忿窒欲，為道日損，損之又損，以至於無為。可惜欲壑難填，移山填海，好難。如果真損了，道家的工夫做足了，不就損極轉益了嗎？益了就真有可能解脫，因為利有攸往，利涉大川，不就是渡彼岸了嗎？現實中有幾人能利涉大川？但是損是其中一個很重要的法門，在人皆有情的〈咸〉，人都期待長遠的〈恒〉，又明明不能〈恒〉，所以最後經過〈家人〉、〈睽〉、〈蹇〉、〈解〉情的輪迴，才算是真正開始進入解脫。〈損〉〈益〉就重要了，對不對？所以從〈咸卦〉第三十一卦進入第四十一卦的〈損〉，〈損〉就針對〈咸〉，兩卦相錯，是對治法門，而且兩卦上下相交、內外相反，澤山就是〈咸〉，山澤就是〈損〉，這不是很清楚嗎？〈損卦〉因人皆有情的「咸」而生。然後這麼翻轉輪迴，有些人就「損」成功了，很多人「損」不了，愚公移山、精衛填海，真能「損」得乾淨嗎？所以後來再經過天翻地覆，〈夬〉、〈姤〉、〈困〉、〈井〉、〈革〉、〈鼎〉不是天翻地覆嗎？經過這麼大的波瀾後，又摸索出第二個更徹底的修行法門，就叫〈艮〉，這就離佛家的思想非常近了。《易》跟佛的資源也是從〈艮卦〉牽動的，止欲修行的成佛法門，根本就否定了〈兌卦〉的存在，〈兌卦〉象徵人與生俱來，自然湧現的情慾，「亨利貞」，忘勞忘死。澤山〈咸〉的〈兌〉是完全外顯的，山澤〈損〉是硬把〈兌〉憋在裡頭，用〈艮卦〉的止欲修行壓住，不讓它出來。但畢竟〈兌〉還存在，到了佛家用〈艮〉的時候，覺得用〈損〉的方式不行，壓不久它又冒出來，乾脆就不承認它的存在，說它是虛妄，結果上卦還是〈艮〉，下卦的〈兌〉就轉成〈艮〉，於是內〈艮〉外〈艮〉，〈兌〉就被斬盡殺絕。

可是止欲修行的兼山〈艮〉，雖然也有修成的例子，但這條路恐怕更難是吧？明明有的東西，硬說它沒有，只有少數人辦得到，憑什麼認為大家都可以這樣做呢？既然不是對大家都有用，就不是大道。〈艮〉被壓久了也還沒完，《易經》繼續探索，才發現有個很重要、很徹底的法門，就是〈節卦〉。〈艮卦〉是第五十二卦，距離第三十一卦的〈咸〉，又不知道經過幾世幾劫，然後再經過四十一的〈損〉、五十二的〈艮〉，最後的結論是在〈渙〉之後的〈節〉。我們一直提醒，〈渙卦〉太值得研究了，它跟〈艮〉用強壓、斬斷的法門完全不同。針對四相的處理，〈艮〉是強壓，「不獲其身」、「不見其人」；〈渙〉是用風吹散：「渙其躬」、「渙其群」、「渙有丘」、「渙王居」。〈渙〉的另一面就是〈節〉，這是《易經》滿氣數第六十卦，針對修行法門的比較穩妥的結論，是經過長期追尋後找到的修治方法。〈兌卦〉明明與生具有，所以一開始就有八卦啊！到了水澤〈節〉，內卦的〈兌卦〉又恢復了，跟山澤〈損〉一樣；但是要〈節〉。〈節〉的止跟〈艮〉的止是不同的，它強調「苦節不可貞」，甘節就吉，還「往有尚」，這是對〈艮卦〉的批判，承認〈兌卦〉的存在，外卦不必像〈損〉一樣用〈艮〉的大山去壓；要讓它流動，但不要泛濫成災，這就是「制數度，議德行」的水澤〈節〉。「安節」、「甘節」都很好，千萬不要「苦節」，即使少數人願意，那是他的事，大部分人不可能走這條路子，所以「安節」就生法喜，這個爻一變是法喜充滿的〈兌卦〉，而「甘節」這個爻一變是無窮無疆、教思無窮的〈臨卦〉，很自由、很開放。〈節卦〉建立制度、儀軌，然後依此一代傳一代，從母鳥傳到小鳥，下面就是合乎中道的〈中孚卦〉，開始產生信仰。小鳥離開道場後，再讓他們自己去磨練；菜鳥練飛，信受奉行，就是〈小過〉。信解行證，誰都沒法幫忙，就像上經的「習坎」一樣。〈中孚〉、〈小過〉就是在得出〈節卦〉的結論後信受奉行。最後就看造化，看修得怎麼樣，決定是〈既濟〉或〈未濟〉。〈既濟〉、〈未濟〉呼應上經探討生前死後的〈坎〉〈離〉兩卦。肉身的生與死，是〈頤〉跟〈大過〉；但〈大過〉後面還有〈坎〉有〈離〉，要往上超越，還是要向下沉淪？這一上一下的〈坎〉跟〈離〉，就組成了〈既濟〉與〈未濟〉。

這其實也是我們講《易》與佛的綱要，我提了不止一次，用簡單的卦序講，就綱舉目張了。《老子》也有上、下經，上經是道經，下經是德經，下經內容較多，跟《易經》用下經三十四卦去印證、體驗、探索天道自然的法則相同；《老子》是把上經開宗明義的「道可道」講完之後，接著講下經，教我們在實際人生，人法地、地法天、天法道，道法自然，然後得出「上德不德」的結論。《易經》講完天道三十卦的上經，再講下經，《金剛經》也可以作如是觀。

特別要注意的是，十翼最後一篇的〈雜卦傳〉是搞革命的，把六十四卦原本井然有序的天人卦序，包括修行的法門全部打翻重組。這是對宇宙人生的變化法則了然於心後，再重組一套人創造的法則。這是有想法的，我就不幫各位下工夫了。我們前面談的從〈咸〉、〈損〉、〈艮〉、〈渙〉、〈節〉這樣一個修行法門的次序，再看看這幾個卦在〈雜卦傳〉的位置是不是又變了？

〈雜卦傳〉是完全人本的，它可不是亂講的。「〈乾〉剛〈坤〉柔。〈比〉樂〈師〉憂。〈臨〉〈觀〉之義，或與或求。〈屯〉見而不失其居，〈蒙〉雜而著。〈震〉起也……」，下面是什麼？「〈艮〉止也」。止欲修行的激烈法門〈艮卦〉原本擺在第五十二卦，是下經很後頭的，但在〈雜卦傳〉它是第十個卦，被擺到前面來了。所以，不管是不是走這個法門，這個法門還是非常受重視的。然後它的下一卦是什麼卦？〈損卦〉。把懲忿窒欲的〈損〉跟止欲修行的〈艮〉擺在一起。〈艮〉之後是〈損〉，「〈損〉〈益〉盛衰之始也」，這又是〈雜卦傳〉很有開創性的想法。告訴我們〈艮〉，嗜欲淺者天機深，然後再說〈損〉；不是由〈損〉而〈艮〉，是由〈艮〉而〈損〉。再從這下面去找，〈咸卦〉、〈恒卦〉，在〈雜卦傳〉中還是下經的第一卦、第二卦，完全沒有調換位置，因為人皆有情，永遠不會變。〈恒〉本來就是「立不易方」，不管怎麼風吹雷動，它就是不動，在卦序中都是第三十二卦，是六十四除以二，立不易方，這才是永恆的真理。但是〈恒〉不能脫離〈咸〉，人皆有情，這是沒辦法否認的。所以澤山〈咸〉的感情自然外露，到了〈雜卦傳〉也是下經人間世的開始。

我們剛剛講的〈序卦傳〉，以正常卦序來看，〈節卦〉在〈咸〉〈恒〉後面，因為有〈咸〉，所以有〈損〉，發現要加重〈艮〉，最後發現〈節〉，感情自然流露，會影響全世界，但要有所節制。但〈雜卦傳〉有新的建議，開出新的藥方，他說：「〈咸〉速也，〈恒〉久也，〈渙〉離也，〈節〉止也。」〈咸〉永遠有，但把〈艮卦〉〈損卦〉當成自然的一部分，都擺在前頭。在談完〈咸〉〈恒〉之後，再把〈節卦〉那個最適合大眾的修行方式，擺在〈咸〉〈恒〉之後。〈節〉是跟著〈渙〉來的。〈渙〉是從一個發情點散開，散得越遠影響越多，但是當節制，以免氾濫成災。

總之，〈雜卦傳〉下經三十四卦的卦序安排，精彩到極點，尤其到「〈大過〉顛也」後面那八卦，真是別開生面，但自古以來〈雜卦傳〉就沒有解人，沒有人知道這個密碼到底講什麼，因為它是精熟整部《易經》之後，才有可能進入的領域。

其實從各個角度進入，都會發現《易經》有一個嚴謹的結構，剛剛是從修行法門切入，拿〈序卦傳〉跟〈雜卦傳〉比較看看，發現它對天理人情的觀察分析，也確實可說是「無上甚深微妙法」！哪裡是一幫根器不夠、粗心浮躁的人能學、能懂的呢？就說李登輝吧！已經是貴為總統的人了，有段時間我就專門在糗他。那陣子他剛好有新書出版，一個日本記者來採訪他，他反正無聊得很，又愛胡扯些歪理，還說他喜歡看書，還博覽群籍呢，然後徹底發現中華文化是沒有用的、過時的，是對人心的束縛。日本記者就問：「李先生您不是發心學過易經嗎？」他承認學過《易經》，還說那時候是因為時局動盪，他要承擔國家領袖的重責大任，要做決策、要應付千變萬化的時局等等，這都是我跟他講的，然後就找老師學《易經》啦！他一定要找個台階下嘛！他說：「我後來發現易經不是那麼有用！」是《易經》不那麼有用嗎？還是他的腦袋不太管用？我也是坦白跟各位講，不止是李登輝，李登輝程度當然差得很，只是因為他的身份，他學《易經》，好像變成一段美談，但他怎麼能讀懂《易經》呢？其他官場中不論藍的、綠的都在內，他們連中國字都不認識幾個，怎麼讀《易經》？你們以為認識幾個中國字？每一個字真的認識？所以我們同學說，老師你還教這麼多不成材的？怎麼不派個同學去選立委呢？我們這兒一般是商場的同學比較多，從政的少些，但從政的好像都不成材。問老師為什麼要教這些人？又不認識字，又亂講話，還搞亂台灣社會？我就說錢，束脩！我什麼想法都沒有，我就是〈乾〉，〈乾卦〉卦辭第一個字是什麼？「元」。第一卦就是要賺錢，最好賺國家元首的錢，對不對？什麼呀？就是覺得待遇不錯！現在就去賺人民幣了。我現在就第一卦第一字，就是乾元。大哉乾元，錢多才能辦事嘛！萬物資始，乃統天，對不對？

上經離相，下經離念

好，我們回到《金剛經》吧！

就是因為有佛眼，在無限剎土中一切眾生的任何一個起心動念，佛都悉知悉見。舉頭三尺有神明，不也是悉知悉見嗎？「須菩提！於意云何？恆河中所有沙，佛說是沙不？」恆河沙數又來了。到了下半段，主要講的就是離相跟離念。「相」是看到的所有東西、所有境界，都是所觀、所見、所想。「念」就不是了，它是能，是觀、見、想的能力，所以更根本。先讓我們知道「相」其實是空的，是假象，看著好像是連續的，其實沒有一剎那是停止的，生生滅滅、流轉不息。這個基礎建立之後，到了下經，他就從人的起心動念開始，從根本處去除執著，豈不是更有效？萬法唯心造，什麼境界都是從起心動念生起的嘛，既然《金剛經》要空掉那些東西，所以上經談「離相」，下經再談「離念」，把所有的見，都從這裡掃乾淨，不要有任何偏差。所以上經就一切皆非，下經就一切皆是；上經離相，下經離念，這是佛教的主張。

《易經》的上經講的不都是相嘛？下經不是很多都講變嘛？從〈咸〉、〈恒〉開始不都是「憧憧往來，朋從爾思」嗎？「其心不快」、「我心不快」、「厲熏心」……，不都是念嗎？所以〈咸卦〉就講了，「觀其所感，而天地萬物之情可見矣」，然後「君子以虛受人」、「天地感而萬物化生，聖人感人心而天下和平」，是不是從「念」開始談？倒不見得是離念，而是從「念」開始談。上經是從種種自然現象開始談，我們從〈乾卦〉跟〈咸卦〉上下經第一卦的〈彖傳〉，不是看得清清楚楚嗎？〈咸卦〉就講心、情，是從人的「能」開始的，不是談「損」；上經〈乾卦．彖傳〉就講自然現象，「萬物資始」之後，「乃統天，雲行雨施，品物流形」，這不是講「相」、「境」嗎？可是從所有這些外在的境界，自然現象、山河大地，風吹雲轉，到後來還是可以探索到「大明終始」，就是上經最後的〈離卦〉。

所以「念」跟「相」是有關係的，〈咸〉跟〈乾〉是有關係的，所以才叫「品物咸亨」，才叫「萬國咸寧」。〈乾卦〉中有〈咸卦〉的意思，要不然怎麼叫「萬國咸寧」呢？〈坤卦〉中也有〈咸卦〉的意思，不然怎麼叫「品物咸亨」呢？

「須菩提！於意云何？」五眼談完，眼界擴大了，但一山還有一山高，得慢慢修。「恆河中所有沙，佛說是沙不？如是，世尊！如來說是沙。」是不是又來了？「如一恆河中所有沙，有如是沙等恆河」，有像恆河沙數那麼多條恆河。「是諸恆河所有沙數，佛世界如是，寧為多不？」「甚多。世尊！」做球給佛，請他繼續講。「佛告須菩提：爾所……」，就在這裡了。「爾所國土中，所有眾生，若干種心……」，若干種心，都還可以分類，有各種心。心念一動，如來悉知。從智慧真如本體來講，如果修證到佛眼的境界，百千萬億眾生的起心動念，都一目瞭然，即使同時動也沒關係。億萬人同時占卦，《易經》還是回答得井井有條，寂然不動，感而遂通，真是不可思議。「何以故？」一看這麼偉大，我們馬上就會生起欣羨心，覺得不得了，又要莊嚴它了，但它馬上根據《金剛經》隨說隨掃的原則：「如來說諸心，皆為非心。」「如來說諸心」就是爾所國土中所有眾生若干種心，「皆為非心」，千萬別執著，「是名為心」，又拉回來了；不著有，不著空，任何一個論點提出來，怕生出執著，就馬上套入《金剛經》三段論法，前面講到那麼偉大的境界，就像〈咸卦〉的「不疾而速，不行而至，寂然不動，感而遂通天下之故」，〈繫辭傳〉那一段除了說「神無方，易無體」，「陰陽不測之謂神」，從「一陰一陽之謂道」開始推動、演化的東西，無方無體，陰陽不測，是不是匪夷所思？〈繫辭傳〉講的也是包含天地人鬼神，「精氣為物，遊魂為變」，包羅萬象，「彌綸天地之道」。然後就是「易有聖人之道四焉……以卜筮者尚其占。是以君子將有為也，將有行也，問焉而以言……」，不可以問焉而以「語」，「語」太輕浮，必須以「言」，鄭重其事。「其受命也如嚮，無有遠近幽深，遂知來物，非天下之至精，其孰能與於此？」這還不是最高的，「至精」後面還有「至變」。若體會到「至精」是怎麼回事，然後看它怎麼再組合成至變？最高叫「至神」，「寂然不動，感而遂通天下之故」。「不疾而速，不行而至」，「爾所國土中，所有眾生，若干種心，如來悉知。」好像也通。〈繫辭傳〉通，《金剛經》就通，只是我們沒這麼厲害。但是，還是別執著，《金剛經》隨說隨掃到最後，對《金剛經》、對佛法都不要執著。好東西害起人來才嚇人呢！尤其現在是末法時期，而且越來越往末法高潮走，天天天災人禍！佛可能真有這樣的智慧，在孔子就叫「憂患之世」，教我們修「憂患九德」。如來佛說末法時期邪師說法如恆河沙，對不對？

心淨比什麼養生都有用。「盥而不薦，有孚顒若」，才能觀得透。所以如來悉知，只要本體大顯，這個境界似乎是有的。「如來說諸心皆為非心，是名為心。」「所以者何？須菩提！過去心不可得，現在心不可得，未來心不可得。」就是一切心都不可得，過去、現在、未來，了不可得，一執著，一定犯錯，一定不會如所願，這不就是我們一再提的《易經》三個卦嗎？未來是〈豫卦〉，現在是〈隨卦〉，過去是〈蠱卦〉，剛好是十六、十七、十八。過去當然是〈蠱〉，隨著時間流轉，什麼東西都得敗壞，成住壞空，一切不可得。〈豫〉，起初我們對未來總是充滿奮鬥的熱情，雷出地奮，有很多願景，畫大餅，想要行動，為那個瞎忙，還組隊，「利建侯行師」；還譜曲，「作樂崇德」。隨著時間推移，未來變成現在了，〈豫〉就變成〈隨〉。現在的一切也不可得，慢慢就變成〈蠱〉了。所以這三個卦是正式進入〈臨卦〉、〈觀卦〉之前的先修學分。如果過去心可得，就不用「幹蠱」了，「幹蠱」到最後「不事王侯，高尚其事」，才能進入〈臨卦〉，然後建立人生的「觀」。因為過去心不可得，過去就過去了，俱往矣，成住就壞空，所以當然要無所住。住了就壞了，壞了就空了，乾脆告訴你住就空，所以才無所住生其心，無所住行於布施；一住，一分別執著，痛苦不都來了嗎？所以〈蠱卦〉就告訴我們，過去心不可得。現在心也不可得，〈隨卦〉稱「隨無故」，怎麼掌握得住呢？伸足入水，已非前水，逝者如斯，不舍晝夜，後浪推前浪，這個叫剎那生滅。

剛才寫黑板的那一剎那都過去，變歷史了，還怎麼抓住？能掌握什麼？「隨無故，元亨利貞，無咎」，正是念佛往求西方的相。嚮晦入宴息，隨無故，係小子就失丈夫，係丈夫又失了小子，怎麼掌握那個「隨」呢？那個「隨」時刻都在變化，「天下隨時，隨時之義大矣哉」，現在心可得嗎？什麼是現在？它不是一直在流動嗎？每個剎那，佛教再細分，什麼東西能留住？不可能留住嘛，要不然〈隨卦〉就不用那麼講了。看看〈隨卦〉第四爻留住了什麼？「隨有獲」，是不是覺得自己好像抓到了什麼？結果是「貞凶」。固守得住嗎？貞的結果是凶，還要花好大的功夫化解，「有孚在道，以明」，然後才「何咎」，是不是？如果不想有所獲、有所得，反而沒事，小子來了，丈夫去了，丈夫來了，小子去了，隨無故也，每一個剎那都滅了，每一個剎那又生新的，沒有滅就沒有生。所以從這樣看，哪裡有現在？現在是什麼時候？剛講完又不是了，不斷在變嘛！如果想在「隨」的時候抓住名，抓住利，抓住權、色，抓住什麼，真抓得住嗎？「隨有獲」顯然是癡心妄想，只有突破「隨有獲」的想法，曉得現在心不可得，就進入〈隨卦〉第五爻跟第六爻的境界了。〈隨卦〉第五爻在講什麼？「孚于嘉，吉。」「孚」出來了，「嘉」出來了，再上來就沒什麼好追了，因為已與大道合一，不分彼此，「拘係之，乃從維之」，從此廟業興旺，「王用亨于西山。」原先是想抓住這個東西，所以有主客之分，現在根本就打成一片，無喪無得，那就到了〈隨〉的最高境界。如果沒到「孚于嘉，吉」，「拘係從維」，「上窮」的境界，以一般人的習性，即使知道現在心不可得，過去心不可得，未來心不可得，但我們還是習慣只看現在，然後偶爾緬懷過去、預測未來。因為未來還沒到，那就還有種種可能嘛！我們就想保留做夢的權利，可是看〈豫卦〉到了五爻、六爻多痛苦！第五爻是帶病延年，又沒辦法解決，叫「貞疾恒不死」，未來一點希望都沒有。到第六爻不是落幕了嗎？是不是要改弦更張了？顯然未來心不可得，可是人生永遠都是不滿現實，期待未來，所以就用美麗的遠景去激勵人家，就像說有阿彌陀佛的淨土，要激發大家「豫」，可是〈豫卦〉第六爻不是告訴你，「冥豫，成有渝。」未來心不可得，看差距多大！曲終人散了，可是還有人繼續活在對未來編織的夢想中，不肯醒來。所以我們雖然訂計畫，要達到多大的業績，今年要如何如何，等到最後結算，哎呦，出入不小，未來心不可得！過去心也不可得，不管怎麼回憶既往，耽溺在過去榮光裡，有時候是因為現實上需要療傷止痛，靠著回憶過去，想當年如何雄姿英發，沒事把舊東西翻出來，一邊唏噓、掉幾滴淚，看我們當年，看畢業照！看多年輕呀！這就是過去心不可得。

不講別人，就講我自己。有一段時間特別奇怪，總愛把過去的東西翻出來，重新整理照片，從有相膠的，到有邊兒的、又沒邊兒的，到現在是電子檔。把四十五年前的日記拿出來，四十年前的，三十年前的，二十年前的，十年前的……。二十年前之後就開始認識諸位了，一年前的，一個月前的，你們看老師多執著，每天用最快的速度掃瞄一遍，有時候還突然掉到回憶的黑洞裡頭去。尤其四十年前還是建中高三，天天擠公車，個子又小，很苦，大專聯考，成績不好，又想考台大，百無聊賴。我看當時日記，真是慘綠少年，無病呻吟。那個時代又沒什麼娛樂，唯一的娛樂就是看女生嘍，穿綠衣服的，穿黃衣服的；也不一定高中生，初中生也不錯……。奇怪，那時候日記就淨記這些無聊的東西。然後在想，只要我考上台大，現在怎麼都可以忍。其實折騰半天，最後發現了不可得，過去心不可得，浪費好多時間。人怎麼會這麼矛盾呢？然後每段時間都在立計畫、做夢想，現在回頭看不是覺得很好笑嗎？過去心不可得，過去了就過去了，現在心不可得，未來心不可得，我們剛才講〈豫〉、〈隨〉、〈蠱〉，就是〈臨〉與〈觀〉。在全〈臨〉全〈觀〉之前的這些，其實就是要經歷、參透的。所以〈豫〉、〈隨〉、〈蠱〉三心不可得，佛能講出這樣的話，其實是有相應的經歷，才能有這麼深刻的感應，然後在一切心不可得的知見上，繼續往下開展。所以在三心不可得之後，是第十九分的〈法界通化〉。而三心不可得是從五眼來的。我們會那麼執著，多半還在肉眼的層次，被自己虛妄的分別綁死了。

留惑潤生

在正式開始之前，我們先講點東西，跟《金剛經》不一定有直接關係。

前面一直提到「無眾生相」，「眾生」到底是什麼意思？佛教講緣生，一切因緣薈萃，才能生出種種現象，沒有緣，或者緣不成熟，就沒法生。生了也是緣，但馬上就變了。從無明就會生出這個、那個，然後生老病死。所以眾緣和合而生的一切現象就叫眾生，因為有我相，就有人相，然後眾生相。眾生相可說是從橫切面去看，廣布所有的一切；風吹雲走、山河大地，有情、無情，礦物、植物、卵生、胎生、濕生，有色、無色，有想、無想……都叫眾生。壽者相就是從直的來看，以為是連續不斷，其實是剎那生滅。不管是橫的、直的這麼一直流轉的東西，都是要破的四象，所以無我、無人、無所有眾生，還有認為可以綿延久遠的壽者相，都是會陷入執著的假象。所以無我、無人、無眾生、無壽者，其實都是無眾生。我們很少解釋名相，這裡提一下，免得大家誤解，以為眾生就是什麼什麼。

還有，佛教許多大德都在講「歷境煉心」，《易經》也是一樣，四千零九十六種情境，那麼豐富，人一生不可能全部都經歷，那麼就用〈坎卦〉來歷練；「常德行，習教事」，習坎的目的就是煉心，所以「有孚，維心亨」，就「行有尚」。「煉」是火字邊，就像〈鼎卦〉一樣。佛門就常講，整個宇宙造化就是「大冶洪爐」，我們在這個洪爐中翻翻滾滾，就是為了歷境煉心。《莊子》裡也有這個比喻，跟造化談條件，希望自己在造化的熔爐中成為什麼？〈鼎〉出來之後，就是「帝出乎震，萬物出乎震」的〈震卦〉。〈震〉就是一切眾生。因為發了心講佛經，還要拿《易經》來印證，講佛不等於信佛，但還是要把它的意思大概搞清楚，於是有同學拿淨空法師講了二百四十八小時的《金剛經》DVD來害老師。我就一邊聽，一邊做自己的事，一心二用，不然太花時間了。但該聽到的還是聽到了，該反對的、該不接受的也都聽到了。連聽二三十個小時的DVD之後，不能說反感，但不同意處不少，尤其是念佛往生，像傳教一樣，《金剛經》講著講著就講成了淨土法門。再就是，以他的講法，這個世界根本就不能住了，唯一能夠了生死、出三界的就是擺脫輪迴，但要擺脫輪迴，不管修密、修禪，時機都過了，也來不及了，其他非佛教的宗派就更不用講了，僅存的一條路就是淨土念佛，凡聖都可以，還可以帶業往生。我們占過，念佛法門是「飛龍在天，利見大人」，爻變〈大有〉，大家都有。沒錯，《易經》也給了很高的評價，但我就是不想念佛往生，尤其把它說成是眼前唯一的路子，啥事都不值得。我越聽越覺得奇怪，怎麼會有這種人生態度呢？我心中真正嚮往的是「是法平等，無有高下」。我們不是打擂台，也不是較量，較量有什麼好處？「觀我生」跟「觀其生」的較量結果，是不是〈噬嗑〉志未平？其實也不是沒有道理，末法時期，唯一的救贖之路就是淨土宗念佛往生，但我們這些不念佛的人，都去畜生道了？都沒救了！豈有此理！這是不是也是一種執著？講真的，我說老和尚怎麼回事？他越這樣子拉，我越不想去，然後很多疑問都出來了。

還有他所理解的儒道有不少問題，「格物致知」哪裡可以做「格殺物欲」的解釋？荒唐！所以不是只有政客程度不夠，法師程度也不夠。「知周萬物而道濟天下」才是格物，錯到離譜了！然後我的理論基礎是說，就算不走這條路子，難道人生沒有別的路子嗎？不是「一致而百慮，殊途而同歸」嗎？怎麼會這樣？然後飛龍在天也不是《易經》的最高境界，群龍無首才是真平等。如果要從讀過的佛經裡頭找，可以跟「用九，見群龍無首吉，乃見天則」印證的東西，我還沒找到。既然有這樣一個真理，絕對有相應的法門。「飛龍在天」還有很多流弊，不然就不會「亢龍有悔」了。「上治也」跟「天下治也」，境界差遠了。總之，如何證成念佛往生的理論？要說是佛眼親見，那就沒辦法了，我們只有肉眼。

這樣批評老和尚，是不是要下地獄？我想也不必太介意，如來不在那裡，不是凡所有相皆是虛妄嗎？可以身相見如來不？是吧！我突然想起來，念大學的時候讀過的禪宗書，裡面有個日本禪師三十七歲就往生了，走之前寫了一個四句偈：「業鏡高懸」，人生不都是業嘛？「三十七年，一錘打碎，大道坦然。」履道坦坦，幽人貞吉，海闊天空，是不是這樣？老師拚命找理論基礎來安你們的心，但我看恐怕還是不安，因為還是執著，還在那邊縫縫補補。我就占卦問偈語的境界，得到〈泰卦〉第一爻，「拔茅茹」，連根都拔掉，還要「以其彙」，類似的東西都得拔掉。「征吉」，是不是海闊天空，大道坦然？爻變〈升〉，是不是叫「志在外」？

還有，剛才講下經的修行法門，也只是講個概要，然後《彌勒下生經》中有提到「留惑潤生」的智慧。惑，潤，不就是〈兌卦〉？〈兌〉為澤，澤不就能潤嗎？我們講過各種修行法門怎麼應對〈兌〉的本然存在？八卦中本來就有〈兌〉，那就是「惑」嘛！〈節卦〉留住它了，告訴你「苦節不可貞」，不就是留惑潤生嗎？你們看〈艮卦〉中有沒有水分？乾巴巴的，就「厲熏心」，有烈火燒心，連「濡如」都沒有。當然有人做到了，但幾人能夠？〈節卦〉留惑潤生，另外還有一個是講「扶習潤生」，這都是菩薩甚深的智慧，習氣絕對不好，但「不習無不利」很好，〈坎卦〉說「習坎」，連「坎」都要「習」了，如果真把「習」都斷盡了，一定好嗎？如果「習」都斷盡了，怎麼跟眾生接觸，怎麼度眾生呢？又憑什麼乘願再來？菩薩本身也沒有度乾淨，還要「留惑」、「扶習」，目的都是「潤生」，也就是看重〈兌卦〉。

我們講到的彌勒，還有揹個包袱的布袋和尚，其實都有啟示意義。布袋和尚雖然揹著包袱，但他笑呵呵的。我們上次占彌勒的卦，不也是笑呵呵的嗎？〈節卦〉的一、二、五爻動，「甘節吉，往有尚」，絕不是苦節。人家希望布袋和尚把平時不離身的包袱放下來，他一放下，這就「無所住」了，懂了，要放下包袱。然後他又把包袱揹起來，走了，這就「而生其心」了。放下了，再拿起來，「其非……是名……」，這樣懂嗎？不能只做一半。同學腦筋快、根器高的，於過去千萬世已經深種佛種的，能不能想到《易經》哪一卦哪一爻講揹包袱、講放下？〈解卦〉三爻「負且乘」，揹這麼重的包袱有什麼好處？「致寇至」，是不是外魔都入侵了？然後他說根本自找的，「自我致戎，又誰咎也？」〈解卦〉所有的努力就是要降服「負且乘」，所以第四爻就「解而拇」，開始慢慢卸下包袱。「解而拇」是針對「咸其拇」，你們看這個影響，是從下經第一爻，到了下經第十卦的〈解卦〉第四爻才「朋至斯孚」，一個個把它卸掉。〈解卦〉除了是放下，還要找出人生的真相，給我們一個圓融的解釋，然後解決人生的種種問題；所以要赦過宥罪、怨親平等。那到底什麼是宇宙人生的真相？像三爻的真相就是「負且乘，致寇至」；沒有真相，沒有和解，就沒有放下，因為大家都還揹著嘛！不是嗎？那麼，誰能真的解？是放下呢？還是要用一般所謂的世間法，或是四千零九十六種情境，格物致知到治國平天下，來解決人生很多的問題？又，什麼是真正解決？其實布袋和尚放下跟揹起，應無所住而生其心，根本是同時，這也是《金剛經》的邏輯。

〈解卦〉的赦過宥罪，或是佛教講的怨親平等，像歌利王在釋迦牟尼成道前對他的凌辱與迫害，他完全不在乎，也不生嗔恨，反而藉此因緣修成忍辱仙人，並且發願成道後第一個要救度的人就是歌利王；因為歌利王會做出這樣的事，一定是有很多魔障。所以歌利王後來成為佛的第一個弟子。赦過宥罪，這確實非常人所能。老師絕對辦不到，誰要敢用這種方式對我，我還第一個度你！別想了！我會用盡所有辦法，鬼谷子、韓非子……，讓你怎麼死的都不知道。你們看老師不僅沒有慈悲，還必生嗔恨。沒辦法，佛度有緣人，佛也不能轉定業。

功德遠大於福德

我們回到《金剛經》的〈法界通化分第十九〉。反正諸心不可得，不必白費功夫了，若想挽留什麼、期待什麼，或者掌握當下，「隨有獲，貞凶」，不是平添痛苦嗎？多少的人生挫折都跑出來了！其實我不太贊成那種斬盡殺絕的〈艮卦〉的功夫也是在這裡，製造太多人的罪惡感了，因為明明做不到嘛，幹什麼講這些做不到的道理來製造心理壓力呢？我們平常在現實生活中好好做人做事，何必要有那麼多罪惡感、挫折感？不修還沒事，一修才發現，啊！難如登天，而且覺得自己好髒，「天地絪縕，萬物化醇，男女構精，萬物化生」，髒在哪裡？可是佛教就把這些事情作不淨觀，是不是？這跟「大哉乾元，至哉坤元」的思路確實不同。

須菩提！於意云何？若有人滿三千大千世界七寶，以用布施。是人以是因緣，得福多不？

如是，世尊！此人以是因緣，得福甚多。

須菩提！若福德有實，如來不說得福德多。以福德無故，如來說得福德多。

「須菩提！於意云何？」又拿法施跟財施比了！因為一般人對七寶的執著很深，所以要花這麼多時間來打破這個執著，並且對一個還在進行中、還沒講完的金剛法會有那麼大的信心。財施可能有福德，但絕無功德，梁武帝就是一個範例。我們前面沒有細講，功德跟福德不同，梁武帝還是有福德的，但是他問有沒有功德，怎麼會有功德呢？成功談何容易！修行與事業，都有成功的境界，福是另外一個境界。達摩說梁武帝的功德是零，但他是有福德。《金剛經》裡面講福德、功德是很嚴謹的。功德是有品位的，得修到一定程度；福德是助緣，但如果認為自己捐錢了不起，那就糟了，所以梁武帝的果報很不好。其他人就更不用講了。

我勉強再用易傳來告訴各位「功」跟「福」的不同。「功」很多情況得靠自己，「往有功」，一定是遍歷艱險，經過〈坎卦〉或〈艮卦〉，山水〈蒙〉，水山〈蹇〉、水天〈需〉、風山〈漸〉、雷水〈解〉，裡面都講「往有功」。成功的卦很少，好難，要修。〈屯卦〉講「動乎險中，大亨貞」。跋山涉水，越過〈艮卦〉，渡過〈坎卦〉才能成功。「福」可不是了，《易經》有很多地方提到「福」，人生常在某種困境，或者離成功還差一點點的時候，光靠自己絕沒辦法，我們會希望能靠諸佛威神加持，或者靠上帝、靠祖先助我們一臂之力。《易經》幾個需要受福的時候，是不是都要拜廟，找王母娘娘？因為靠自己真的不行。〈晉卦〉是「自昭明德」，到第二爻也卡住了，「晉如愁如」，那時就要「受茲介福，于其王母」，找王母娘娘請求加持，對不對？〈晉卦〉第二爻跟第五爻的關係就是受福，看跟王母娘娘怎麼溝通？有了她介入幫忙，問題擺平，就像〈豫卦〉第二爻的「介石」就可以治第五爻的病。第五爻是帶病延年，根本無力解決，但第二爻根本不讓病沾身，預防得多好！「介于石，不終日，貞吉。」第五爻已經沾上身了，又沒辦法對付它，只能跟它共存，所以說：「貞疾，恒不死。」懂了這個「介」對「疾」有幫助，就懂得〈兌卦〉第四爻為什麼說：「商兌未寧，介疾有喜。」「介」對「疾」有用，「無妄之疾」，還「勿藥有喜」。再唯心一點，心乾淨了怎麼會生病呢？不快樂就是病了。有「介」的功夫，病菌都不找麻煩。「有喜」是不藥自癒，所以拿藥去殺病菌是錯的，主要還是把體質養好。「受福」是因為本身力量不夠，就要祈求外緣幫助，那不是自己修來的。功德是「吉凶生大業」，「富有之謂大業，日新之謂盛德」，那是靠自己跋山涉水闖出來的。福德不是，是機緣好，有人覺得孺子可教，可以扶一把，就像〈晉卦〉第二爻。

〈困卦〉第五爻遭難了，最後也是「利用祭祀」，才慢慢脫困，〈小象傳〉就說「受福也」。第五爻爻變就是〈解卦〉，他是靠自己脫困的嗎？不是嘛！他去拜拜，不就是為了「受福」嗎？人再了不起，都有需要求援的時候，「受福」就得到福報了。〈井卦〉第三爻是不是也要「求王明」？本身好，不代表不受困；水出不來，再清潔也沒有用。「井渫不食，可用汲」，要積極爭取王明，「並受其福」。不光是你受福，他也受福；他救了你、度了你，你們兩個都受福，同登極樂。如果不積極去求，爻變就是〈坎卦〉。這是受福的概念。尤其在大環境變動劇烈，泰極否來的時候，裡邊不是有很多「福」、「命」、「祉」的觀念嗎？〈否卦〉第四爻翻身的時候說什麼呢？「有命無咎，疇離祉。」是不是「祉」？活過來了。〈泰卦〉第六爻處在滅亡的時候，「城復于隍」，就說「其命亂也」，沒救了，面對現實吧。第三爻：「無平不陂，無往不復，艱貞無咎。勿恤其孚，于食有福。」也是「有福」。

簡單講，《金剛經》本來就很確定，功德跟福德不同。同樣做善行、做布施，有所住而行布施，最多只有「福德」；無所住而行布施，就有「功德」了。都在布施行善，是勞謙還是不勞謙，一個是功德，一個是福德，功德遠遠大於福德。

「若有人滿三千大千世界七寶，以用布施。」又來了，前邊都提過了，在前面鋪墊的基礎上再提出一個問題來。用無量無邊的七寶布施，捐這麼多錢；「是人」，這個施主；「以是因緣」，這真是很大的一個因緣，他願意捐這麼多錢，「得福多不？」他是說「福」喔！沒說是「功」。能不能得到很多福報？我們說到了下經之後，一切皆是。「如是，世尊！此人以是因緣，得福甚多。」沒錯！得福甚多。但佛就講了：「若福德有實」，如來不說得福德多，因為福德無實，它還是個相嘛！從真如本性來講，哪有這個東西可以執著、誇耀！如果真有這種福德，如來就不說它有多少了，因為說多少、長短、大小，都是相對的概念，福德根本就是虛相，要說多、說少都可以。因為實質上根本就沒有這個東西，所以如來說福德多。從我們世俗計較來講，也確實是福德多。

是法平等，無有高下

接下來是〈離色離相分第二十〉：

須菩提！於意云何？佛可以具足色身見不？不也，世尊！如來不應以色身見。何以故？如來說具足色身，即非具足色身，是名具足色身。

須菩提！於意云何？如來可以具足諸相見不？不也，世尊！如來不應以具足諸相見。何以故？如來說諸相具足，即非諸相具足，是名諸相具足。

下面這段要諸位自己下點功夫，因為對「三身」的註解有很多歧義。有色身、法身，法身就像「渙王居」一樣，匪夷所思，無定在，無所不在，神無方而易無體，可以擴大到整個宇宙，盡虛空、遍法界，到處都有；心念一動，他就存在，想觀音觀音瞬間就到了，哪裏還有什麼大小遠近之別呢？除了本尊還有無限的分身，另外還有報身、應身，有的譯本又作化身，化身千萬。佛有三十二相，當然也有肉身，而且他的肉身很漂亮、很莊嚴，是美男子，因為他修得不錯，心很清淨；阿難陀就是因為看到佛的身相太美了，決定學佛出家。三身之間還有關聯，一層一層。《金剛經》講的具足色身，到底是指哪個身？從「具足」來看，好像是很圓滿，包括一切。有人就持這個看法，認為光是佛的肉身，我們就比不上了，更何況是圓滿具足的法身。不管是什麼身，我們都不能以身相見如來。儘管佛的具足色身讓我們欽仰讚嘆，那也不能執著，因為他不等於如來。離色離相，再美的色相，都不能執著。「不也，世尊！如來不應以色身見。何以故？如來說具足色身，即非具足色身，是名具足色身。」「須菩提！於意云何？如來可以具足諸相見不？」「不也，世尊！如來不應以具足諸相見。何以故？如來說諸相具足，即非諸相具足，是名諸相具足。」這裡面又包含很多意思。

離一切諸相，得見如來

〈渙卦〉第三爻的「渙其躬」，身相整個都化掉了，可以在各處出現，稱為法身。再外一層就叫「報身」，超脫一般的身相。這些佛學名相非常繁瑣，我最不喜歡看這些東西，我是先進入佛經的世界，久了自然相應了，在講什麼差不多也知道了。如果先看《佛學大辭典》再看佛經，肯定沒有趣味。「法身」、「報身」之外就是「應化身」，或叫「化身」、「應身」，可以化身千萬億的佛菩薩。但我覺得，我們是來應業的，走一遭就有這個身，老師就長這樣，你們就長那樣。佛在這裡講「具足色身」到底是指哪一個身，有很多不同的說法，我都不很在意，重點是抓住《金剛經》的關鍵。因為講「具足色身」好像有褒義，什麼都在裡頭，說他有三十二相，還有八十種好。佛的清靜心修得真是比我們漂亮，圓滿，挑不出毛病。這很合理，相由心生，清靜心，絕對有好相；齷齪心，就〈噬嗑〉相、厲鬼相，面目猙獰。〈噬嗑卦〉的下一卦是〈賁卦〉，就是指外貌外相。如果裡面愛搞〈噬嗑〉鬥爭，外面的〈賁〉就面由心轉。

「不可以身相見如來」，這是一定的。已經要你離相了，他再具足、再圓滿也得離啊。色身也好，報身也好，都不能執著，離色離相，醜的、好的色相都得離。我們說《金剛經》上半部是以離相為主，所以無我相，無人相，無眾生相，無壽者相，凡所有相皆是虛妄。下半部講離念，從一件事的念頭起處就開始離，要求很嚴格、修得很深了。就像〈無妄卦〉第一爻還正，第二爻就出岔子。如果從念頭起處都能離，都不執著，當然就比離相更難。「須菩提，於意云何」，這話在《金剛經》裡重複多少遍了，但不會煩，就覺得這個老師很溫暖，他沒有說須菩提我告訴你，下面你聽訓；他是說「於意云何？」想想我們下面要談的，你覺得怎麼樣？不是命令句，也不是好為人師，而是溫暖包容。「佛可以具足色身見否？」再具足、再圓滿，還是不能用來見佛，這個很簡單。不能見如來，就不能見佛；「如來」是因，佛是果。如來就是生命核心深處的天地之心，所有外面層層包裹的表象再美，要從外面的相，直接探到裡面去見到佛、見到如來，那不可能的。所以必須離色離相。佛是最後修成的果，不可以具足色身見。

須菩提回答「如來不應以具足色身見」時，又講到成佛的因。眾生皆有佛性，真如佛性即是「如來」，這都不是隨便的，不是高興講什麼就講什麼，有時候講因，有時候講果，這時候講如來合適就講如來，不要講佛；講佛合適，就不提如來。萬般皆空，因果不空。如來因，就成就佛果。人人皆可為堯舜，人人皆有士君子之行；舜何？人也；予何？人也。有為者亦若是。眾生皆具堯舜因，如果修成了，就碩果不食，剝極而復。在因之時，就是〈屯〉〈蒙〉二卦的階段，「果行育德」，「蒙以養正，聖功也」。「如來不應以具足色身見」。當然了，何以故？「如來說具足色身，即非具足色身，是名具足色身。」這個大家都很熟悉，不著有，不著空，先掃除一般人所執著的有，所以他一定要講「即非」，剝除對有的執著。其實那些相到底有沒有？當然有啊！生老病死，什麼都有啊！但在心念上不要執著那個相就是了，然後再「是名」，肯定它的存在，那就無傷。

「如來不應以具足諸相見。何以故？如來說具足色身……」。站在如來佛的本體上講，所謂的具足色身，即非具足色身，就掃掉，不要著有，然後也千萬不能著空。「是名具足色身」，又拉回來了。前面講過，〈隨〉、〈屯〉、〈復〉、〈無妄〉、〈益〉等卦，內卦皆為〈震〉，都是同一根源，就是萬法主體的如來，或稱天地之心。從這個大本大源的觀點看，外面的表相色相，再怎麼具足，當然即非具足。可是從〈隨卦〉的外卦〈兌〉來看，就是要講究表相、呈現色相的，否則就是執著空了，怎麼跟眾生接觸，怎麼度眾生呢？所以必須隨緣，與眾生結緣。這正是〈隨卦〉了不起的地方，內震外兌。外卦的兌就要講經、說法，還要說得人家高興歡喜、忘勞忘死。所以從外卦的兌來講，「是名具足色身」；從本體的震來講，當然「即非具足色身」。我們上次講到，無法可說，也無法可得，無喪無得，以無所得故。所以後頭就有人說如來是「若坐若臥，若來若去」，聽起來好像很自在、很不錯了，可是佛祖就說，須菩提千萬別跟他們一起糊塗啊，如來是「無所從來」，無所來，也無所去，這個境界馬上就不同了，是「神無方而易無體」，如果是從哪裡出發到哪裡，還有什麼或坐或臥，那不是焦躁不安嗎？無所來也無所去，我們就想到了方東美最後皈依的廣欽老和尚，最後走的時候不是也講「無來無去」？跟《金剛經》後面講的完全一樣。

講到這裡，想到過去因應各種機緣去算幾位前輩大德的修行成就，單單漏了水果和尚。結果我們學生算了，廣欽老和尚修得不錯，也是〈隨卦〉，初、三、五爻動，第五爻宜變。〈隨卦〉初爻「官有渝，貞吉，出門交有功。」靈活極了，第三爻達到小乘的位階，建立一個平台，「係丈夫，失小子，隨有求得，利居貞。」到第五爻，修到〈隨卦〉的君位了，「孚于嘉，吉。」爻變是〈震〉，帝出乎震，萬物出乎震，修得不錯。我們講過，淨空法師是不變的〈隨卦〉，我們又借用〈隨卦〉來講金剛法的內震外兌，只有內震，沒有外兌，怎麼隨緣接引眾生呢？沒有內震，外面不管怎麼兌，那都胡扯。所以他就是內震外兌，自東徂西的這麼一個追尋的過程。「元亨利貞，無咎。」

前面講「具足色身」，後面講「具足諸相」，同樣的道理。「須菩提，於意云何？如來可以具足諸相見不？不也。世尊。如來不應以具足諸相見。何以故？如來說諸相具足。即非諸相具足，是名諸相具足。」又再強調，不論多麼具足都不能執著。然後前面是問佛可以具足色身見否？後面是說如來可以具足諸相見否？一下談因，一下談果，很靈活。因為要離念，有了「念」，就會「見」，我們用肉眼見，人家有的用天眼、慧眼、法眼、佛眼見，所見必不同，但這是出發點。如果是〈睽卦〉，見到的東西絕對扭曲，看到泥巴豬，看到壞人，看到了老牛破車，因為有嗔恨心。如果是獨眼龍，看見的東西，跟正常兩眼看的肯定不同。「如來不應以具足諸相見，何以故？如來說諸相具足，即非諸相具足，是名諸相具足。」一樣的道理。

開發自性，含藏無量

接下來是〈非說所說分第二十一〉和〈無法可得分第二十二〉。先談說法者根本無法可說，然後就直探根本，說法的人一定認為已經得法、得道，他才能說法，其實根本無法可得。不但說法者無法可說，得法者也無法可得，所以如來在燃燈古佛那邊也沒有得到什麼法。既然無法可得了，怎麼會有法可說呢？又有什麼好執著的呢？大師開班授徒說法，還要算收多少錢可以損益平衡……那不是什麼憂悲煩惱都來了嗎？痛苦死了。憑什麼說法？因為自覺得法了，真有得嗎？沒有嘛！觀音菩薩講《般若心經》，「無智亦無得」，為什麼？「以無所得故」！「本來無一物，何處惹塵埃？」還在那邊擦窗子、磨鏡子，不是很好笑嗎？這不是在耍嘴皮，是真的境界，得慢慢去悟。很多東西就因為認為有法可得、有法可說，然後要傳衣鉢、要弘揚易道，要發揚孫中山先生的事業，革命尚未成功，同志仍須努力……。你造孽呀！毛澤東當年也是要改造世界、要救世，結果救了什麼？血流成河是吧？希特勒也是這樣。佛沒說不做事，還是在說、在講，但他是天下第一爻的「勞謙」，「勞而不伐，有功而不德」，那必得善終，萬民服。而且那不是有心求的，求都求不到。大致如此。

開發自性，就像〈井卦〉，卦辭含藏無量義，「無喪無得，往來井井」，誰都可以從那裡汲取生命的清泉，井水不增不減。這裡講無法可說、無法可得，就越談越深了。為什麼無法可說？因為無法可得。再下面是〈淨心行善分第二十三〉，既然沒有罣礙，有了清靜心，不會有憂悲煩惱，那就行善嘛！因為不能著空，還是得行於布施，只是無所住而生其心，無所住而行於布施。跟一般有目的行善不同，真是淨心行善。

用清淨心行善，就像〈益卦〉第五爻所稱：「有孚惠心，勿問元吉」。不是淨心行善，小心像上爻走火入魔，「莫益之，或擊之，立心勿恒，凶。」乾卦第五爻：「飛龍在天，利見大人」，多好！上爻「亢龍有悔」，變糟了。〈復卦〉第五爻：「敦復，無悔。」爐火純青了。上爻卻是「迷復凶」，多可怕！所以好難修啊！上次有人拿來一本講《楞嚴經》的五十種魔相，真是精彩。同學如果有耐心不妨看一看，不看《楞嚴經》全書，光看他講末法時期的各種魔，就發人深省。邪師說法如恆河沙，著魔是因為辨識力不夠，眼界不高，必要當心。

下面是〈非說所說分第二十一〉：

須菩提，汝勿謂如來作是念，我當有所說法。莫作是念，何以故？若人言如來有所說法，即為謗佛，不能解我所說故。須菩提，說法者，無法可說，是名說法。

爾時慧命須菩提白佛言：「世尊，頗有眾生，於未來世，聞說是法，生信心不？」

佛言：「須菩提，彼非眾生，非不眾生。何以故？須菩提，眾生眾生者，如來說非眾生，是名眾生。」

先把下面三分的邏輯關係講一下。前面講離色離相，什麼具足色相，三十二相，八十種好，凡所有相皆是虛妄，離色離相，通通都要掃掉，但也不妨留著，作為隨緣度眾之用。那就是〈隨卦〉外卦的〈兌〉，說得人家高興歡喜，如果沒有外卦的〈兌〉，怎麼導引人家去體會內卦的〈震〉？

硬梆梆的對不對？這也是難，昨天跟大家提過，人家請我到歐洲去講《易經》，內卦的〈震〉我們有把握，外卦的〈兌〉實在沒什麼把握。怎麼講得讓歐洲人瞭解《易經》呢？然後要找翻譯高手也不容易，總之真是個挑戰跟考驗。

好了，非說所說，在離色離相的基礎上談無法可說，那還驕傲什麼？這不是針對〈兌卦〉講的嗎？「須菩提，汝勿謂如來作是念。」本體的如來修成了就是佛，若他還有這種念頭，想說「我當有所說法」，那就被卡死了。有使命感，我要說法、要救世，我要繼承中山先生的遺志，我要廢除死刑……。其實廢死這件事就很值得商榷，至少七〇%以上的主流民意是不贊成的。宗教歸宗教，王法歸王法，〈臨卦〉跟〈觀卦〉有密切關係，不當干擾會釀八月之凶。不論古今中外，人間的王法不管用什麼代表，都別輕乎它的影響力和應有的威儀，應該尊重。「域中有四大，而王居其一焉，道大，天大，地大，王亦大」，他們之間的關聯呢？「人法地，地法天，天法道，道法自然。」〈豐卦〉的王假之，就是這個「王」。〈渙卦〉講「王假有廟」，「先王以立廟」，影響很大。不能隨便輕賤世間法。這很難啊！一不小心就錯位了。時間也不對，這是什麼時代？充滿憂患的末法時代。廢除死刑的高調誰都會唱，不嗜殺人者能一之，怎麼落實呢？時機、立場都不對，但這種執著的心態很多，就跟「我當有所說法」的執念很近。不管自己認為從事的是多麼神聖的偉業，就是執念、妄念，很多問題都是從這裡蔓生出來的。說要用佛法救世，確實有他的理論基礎，但要說佛法是唯一能夠救世的，我就沒辦法同意了。在海外的反共民主人士也有很多是「我當有所說法」，卻明顯入了魔，這個念頭會出很多問題。不是說要大家不做，是不要執著這個念頭。無所住生其心，無所住行於布施，這是佛一再講的。一旦有所住，再神聖、再好的東西都會害人。

主張廢除死刑的法務部長說他為了捍衛這個理想，願意為此下地獄。殺人犯的人權要重視，那被殺的人呢？太極思維絕對不會有這種導向，太極是追求動盪中的總體平衡，不是把某一方面歸零，陰極轉陽，陽極轉陰，歸零之後一定生出新的意外。所以現階段如要廢除死刑，就是〈蹇卦〉，行不通嘛！

回到〈非說所說分第二十一〉。「須菩提，汝勿謂如來作是念，我當有所說法。」如來不會有這種念頭，你們別誤解。莫作是念！迷復凶是怎麼來的？因復成迷啊！剛開始都想「復」，我當有所復，最後怎麼會迷復呢？因為走火入魔。莫作是念，這個念頭不對，一定要斷了念。「何以故？若人言如來有所說法……」。世尊四十九年說了多少法？孔子、孟子、老子五千言也在說法，佛說的法更是不得了。一般人當然說如來有所說法，這即是「謗佛」。「謗佛」這兩個字就嚴重了，是要下地獄的，因為誤解了如來真實義，認為是在誇如來，其實是在謗佛。「不能解我所說故」，他不知道我說法的因緣。須菩提啊，老實告訴你，說法者無法可說，是名說法。諸位有興趣去看《維摩詰經》，類似的東西很多。所以傳統中國文人趨之若鶩，迷死了，像蘇東坡讀了《楞嚴經》，好像洗了三溫暖一樣，覺得天下無書可讀了。

老師這種根器，在金剛法會上，我這樣講講，每次感覺都不一樣。我不是激動，是真的有感覺。「爾時慧命須菩提」，「慧命須菩提」就是須菩提，佛陀座下大弟子解空第一，因為《金剛經》一進去就教空，空掉一般凡俗的執著，但並不是要住於空。須菩提又是第一離欲阿羅漢，要解空首先得離欲，人中最為第一。慧命，可以續佛的慧命，大人以繼明照于四方。我們常講文化慧命。須菩提是解空第一，他收的徒弟，就是《西遊記》裡的孫悟空。老師解空，徒弟就悟空。「白佛言」，須菩提恭恭敬敬地又說：「世尊！頗有眾生，於未來世，聞說是法……」照佛教的正法、像法、末法之說，大環境是越來越糟，每況愈下。不管哪一個算法，都已經進入末法時期好幾百年了，末法時期的眾生聞說是法，我們現在就正在聞說《金剛經》這個法，「生信心否？」能不能生信心呢？其實須菩提對這個很沒信心，因為環境太壞了，末法時期群魔亂舞，人的根器也糟。可是佛的眼光確實不凡，佛眼真的是超過羅漢的慧眼，所以佛說：「須菩提，彼非眾生，非不眾生。何以故？須菩提，眾生眾生者，如來說非眾生，是名眾生。」

從「爾時慧命須菩提」，到「如來說非眾生，是名眾生」這一段，有的版本有，有的版本沒有。姜居士的版本有，他認為這段經文還是有意思，就把它拉回來了。這裡面當然有很多專家的考證。但我覺得沒有這一段，也沒太大的影響，反而更順一點，前面講無法可說，下面就講無法可得，不必中間插入這一段。

《金剛經》講四相，是從頭講到尾，從初果羅漢到菩薩境界都得破四相，因為即使修到菩薩，一念不察，還可能又陷入四相的執著裡。四相到底是什麼？《金剛經》並沒講，因為是隨機說法。中國書也是一樣，有些名相的詳細解說會在這部經講，別的經就只是略略提到，但義理一定是相應的。如果有興趣，可以找《圓覺經》看佛直接講四相。有十二個大菩薩請佛宣說如來圓覺的妙理和觀行方法，其中有個菩薩就問到四相的具體內容。佛就直接解釋我相、人相、眾生相、壽者相是什麼？有了我相，當然就有人相，然後眾生相可以從橫的方面去看，山河大地，廣布一切現象都是眾生相，那就是因緣所生法。〈姤卦〉以後的〈萃卦〉，精氣為物，精氣聚在一起不一定是人，什麼都可以啊，那就叫眾生；眾緣和合而生，這就包羅萬象了。壽者相是直的，就是連續的時間流向，人一般總是認為有，但剎那生滅，一個剎那就有九百生滅，怎麼抓得住？所以三心不可得，告訴你沒有這個東西，是我們看得太粗糙了。佛怎麼會知道一剎那有九百生滅呢？那又是甚深禪定，所以他能抓到人心粗糙抓不到的東西。須菩提對末世眾生要接觸金剛大法，掃除一切執著障礙，解除痛苦，不大有信心，因為環境太壞了。但是擔什麼心呢，因為須菩提在前世不知多少世已經深植善根，聽過多少法師說法、讀過多少經典，等到輪迴幾次之後，過去累積的功德還在，業也在，到時候一觸即發，碰到對的上師，他這輩子就成了。即使前面幾世都沒成，到了末法時期，環境再亂也不用擔心，因為已經深種善根了。所以永遠不要放棄，焉知來者之不如今？有時候只看到他這輩子學太多了，可能他這輩子才剛開始學啊！有時候看他才初學，其實前幾輩子已經打好根柢，有好多庫存了。所以不要用一生做較量，勿輕初學，不重久習。有了終生、生生學習的概念之後，很多事情、很多觀念就要重新檢驗，不能只看一輩子。

〈無法可得分第二十二〉：

須菩提白佛言：「世尊，佛得阿耨多羅三藐三菩提，為無所得耶？」

佛言：「如是如是。須菩提，我於阿耨多羅三藐三菩提，乃至無有少法可得，是名阿耨多羅三藐三菩提。」

佛告訴慧命須菩提不用擔心，也不要在意那些相，非眾生也好啊，非不眾生也好，都不必執著。「眾生眾生者，如來說非眾生，是名眾生。」如果把這一段拿掉，從無法可說，直接轉到無法可得，會接得更順。一般世俗說得道了，才能講道，得法了才能說法，但他稱無法可說，也無法可得，完全瀟灑自在，不會被一個固定的東西綁死。在《六祖壇經》裡，神秀跟惠能的分別就在這裡。一個是忙得要死，要栽菩提樹，還要搭明鏡台，那不就得天天保養天天擦嗎？一個卻閒閒沒事，本來無一物嘛！不都省了是不是？所以也不必天天去看佛經，因為他都懂了，一通百通，人家搞一輩子也搞不過他。

「須菩提白佛言，世尊，佛得阿耨多羅三藐三菩提，為無所得耶？」說佛得了阿耨多羅三藐三菩提，無上正等正覺，多麼了不起，多麼讓人羨慕啊。可是照前面說的「無法可說」，「無法可得」，難道佛沒有得到最高的覺悟嗎？佛言：「如是如是。」真的，你總算悟道了。「須菩提，我於阿耨多羅三藐三菩提，乃至無有少法可得，是名阿耨多羅三藐三菩提。」佛現身說法告訴我們，什麼都沒有，本來無一物，因為是真如本體，清淨自性，不是一般世俗加加減減，你修到碩士，我修到博士，不得了了。都沒有，此法無實無虛，是名阿耨多羅三藐三菩提。

接下來是〈淨心行善分第二十三〉：

復次，須菩提。是法平等，無有高下，是名阿耨多羅三藐三菩提。以無我、無人、無眾生、無壽者。修一切善法，即得阿耨多羅三藐三菩提。

須菩提，所言善法者，如來說即非善法，是名善法。

從離色離相，到無法可說，無法可得，前面的罣礙都去掉了，接下來就是淨心行善。佛否定這些絕對不是消極，他照樣天天說法，等這些執著都打掉了，心已經清淨了，就要開始人間行善了。我受到《金剛經》的感動，也真心嚮往的，「是法平等。無有高下」這八個字是其中之一。「復次。須菩提。」前面的基礎大概都懂了，下面要講更高的東西：「是法平等，無有高下，是名阿耨多羅三藐三菩提。」為什麼呢？「以無我、無人、無眾生、無壽者。修一切善法，即得阿耨多羅三藐三菩提。」儒釋道回耶都在內，修一切善法，即得阿耨多羅三藐三菩提，但關鍵是無我、人、眾生、壽者。如果可以無四相，修一切善法都可以得阿耨多羅三藐三菩提。如果著四相，修什麼善法都得不到阿耨多羅三藐三菩提。

「是法平等，無有高下」，「遯世無悶，不見是而無悶」的「是」，「有孚失是」、「如是我聞」的「是」，這個法是平等的，是真平等，不是那些打折扣的、虛偽的假平等。「無有高下」，有高下就有紛爭；我的法比你高，我是無上甚深微妙法，你那個檔次不行……。我們發心用《易》談佛，當初不是算了是〈豐卦〉初爻四爻嗎？〈豐〉和〈謙〉同樣都要面對天地人鬼神，可是〈豐〉滿招損，〈謙〉和受益。能用〈謙〉持〈豐〉，絕對得善終，天地人鬼神都莫奈我何，因為透徹了悟且實踐了真平等，「遇其夷主」，「遇其配主」，雙方互為主，沒有主從，絕對平等。〈豐卦〉四爻是高官，初爻是黎民百姓，兩爻齊變即〈謙〉象，把〈豐卦〉的業整個化掉，就變〈謙〉亨有終。

由《易》參佛是〈豐卦〉的象，這裡面豐富極了，都是登峰造極的智慧。這種對話就像「遇其夷主」，「遇其配主」，絕對平等。〈謙卦．大象傳〉：「裒多益寡，稱物平施。」《易經》

求平，《大學》、《中庸》，從格物致知，誠意正心開始，最後要「天下平」。《春秋》講「據亂世」、「升平世」、「太平世」，就是要求「平」。「平」好難啊！「平」也不是一人發一個饅頭就平了，「稱物平施」我們講過很多次了，有時候外面看起來是高高低低的，但在本質上、道心上、真理上、人格上是真的平等。

無有高下是什麼境界？

再講個不平的例子。因為不平就要爭，爭不是只有政治商業才爭，修行照樣爭，佛要爭一爐香，諸子百家都認為他行別人不行。〈觀卦〉第六爻不就是借鑑嗎？本來第五爻修得很好啊，「觀我生，君子無咎，觀民也。」可是到了第六爻，「觀其生，君子無咎。」〈小象傳〉就揭破：「志未平也。」一修到那麼高，一念不平，還想跟人家比高下。爻變為〈比卦〉，這一比較，完了！下面就啟動〈噬嗑〉的宗教戰爭、文化戰爭。因為意識形態不同掀起的戰禍，太可怕了。志未平，因為有嗔念，要跟人家爭。〈謙卦〉不爭，而且化解一切紛爭，「夫唯不爭，故天下莫能與之爭」。

〈坎卦〉第五爻：「坎不盈，坻既平」。三千大千世界的自然裡當然有坎險，有奔騰的激流，有大大小小的明礁暗礁，在激烈動盪中互相衝擊、可能互相毀滅，結果居然能維持平衡。〈彖傳〉稱：「行險而不失其信」。洪流不泛濫成災，還可以濟弱扶傾，令人讚嘆。

《黃帝內經》稱身心平衡的健康人為「平人」，不容易生病。「平」很難啊！

《金剛經》裡面有「是法平等」這麼了不起的話，「是法」不一定指佛法，真的令人敬佩！

「無有高下」，凡人修到再高都想跟人家爭高下，想做第一大國，成為第一大產業、全球首富……。一般人就爭著要上名校、進入世界知名大公司……這不都是高下嗎？「無有高下」是什麼境界？「飛龍在天」跟「見龍在田」就有高下之別，所以我對念佛法門是承認、肯定，但不嚮往，因為不是最高境界。「飛龍」還有可能心生驕慢變成「亢龍」。真正的平等是「群龍無首」。是法平等，一切法平等，無有高下，徹底化掉爭競的心。佛講出這樣的話來，才是阿耨多羅三藐三菩提真平等法。《老子道德經》第一章講道可道，第二章馬上接著講「有無相生，難易相成，長短相較，高下相傾，音聲相和，前後相隨……。」為什麼第二章就講這個？因為太重要了，一般人都是活在這種較量中，痛苦得要死，所以要先掃除這些差別相，才能繼續往下探究。是法平等，偏偏有些人雖然標榜平等，但骨子裡卻充滿歧見。要真的做到平等，真的好難啊！平等才是「乃見天則」，不然龍飛上天，我們飛不上去的，就會心裡不平。要化掉不平，不管念佛法門還是信上帝得永生，都無法真正解決問題。我曾說找不到可以跟「群龍無首」相應的法門，可能是我接觸不夠。不過，《華嚴經》裡面有句話「一室千燈，光光相照」，就有點類似。一千盞燈各自發光，可是那些光不會互相干擾，千燈相照，群龍無首，大家共同發光。

在〈淨心行善分第二十三〉中，佛對須菩提說到「是法平等，無有高下」，當年的環境能說出這樣的話，必有所見，但後世學佛的人未必能做到。孔子說大家都有「憧憧往來」的心，痛苦啊，爭較啊……，所以他主張：「天下何思何慮？一致而百慮，殊途而同歸。」是法平等，無有高下，一致百慮，殊途同歸，好多無謂的爭端就平息了，但即使學孔子的人，很多也都走樣了。「攻乎異端，斯害也已。」當然如果真做到無四相，修一切善法都不著相，就得到究竟法了。「須菩提。所言善法者。如來說即非善法。是名善法。」如果去掉罣礙，什麼都可以學，否則，抱著爭勝、爭高下的執著，修一切善法也沒有用。「所言善法者，如來說即非善法。」真是徹底掃得乾乾淨淨。

若以色見我，以音聲求我，是人行邪道，不能見如來

下面是〈福智無比分第二十四〉：

須菩提，若三千大千世界中，所有諸須彌山王，如是等七寶聚，有人持用布施。若人以此般若波羅蜜經，乃至四句偈等，受持讀誦，為他人說。於前福德，百分不及一，百千萬億分，乃至算數譬喻所不能及。

福智無比，最好福智雙全。世上很多人有福卻未必有智，有智的未必有福。「若三千大千世界中，所有諸須彌山王，如是等七寶聚，有人持用布施。」這是第七、八次講財施、法施的差異。《金剛經》下半部很多舉例或提問，都是上半部出現過的，前面就提過須彌山王。須彌山在印度的傳說裡是眾山之王，簡直是大到無邊無際。以中華大地來講，泰山其實是不夠高的，但它很廣大，因此稱「岱宗」，佔了便宜，其實越往內陸去，比泰山高的山不知多少。我們台灣就是玉山。這是取當時人心目中的聖山做比喻，佛當時在印度說法，當然就講須彌山了。「若三千大千世界中，所有諸須彌山王，如是等七寶聚，有人持用布施。」有人發這麼大的善心來做財施，都不及受

持讀誦《金剛經》。這在金剛法會還在進行的時候，佛就這麼有信心。就像〈萃卦〉，「用大牲」永遠比不上「王假有廟」。「若人以此般若波羅蜜經，乃至四句偈等。」隨便拿四句來受持讀誦，或者為他人說，就有不得了的功德。學《易》如果學到這個境界，一爻一世界，隨便一個爻就驚天動地了。「乃至四句偈等」，《金剛經》任何一個小部分都包含全體的智慧，即使只讀誦解說四句偈，都有了不起的功德。受持讀誦，為他人說。〈兌卦〉就是為他人說。我為他人說也說了二十幾年了，讀誦也不在少數，就是受持最難。〈咸〉受也，〈恒〉持也！持之以恆最難！你們看有人修了大半輩子，卻修到「迷復」，修到「振恒凶」或者「莫益之，或擊之」。所以，受也不一定能持恆到終。受感動就是「受」，「君子以虛受人」；持之以恆就立不易方。讀誦就像〈隨卦〉外卦的〈兌〉，為他人說，不要一個人獨享。〈兌卦〉、〈渙卦〉朋友講習，剛開始佛在鹿野苑就度五個人而已，一個還是歌利王轉世的，後來他度了多少人，那個功德不可思議啊！

講經說法的功德

說法的人如果本身受持不足，但他讀誦經典，為他人說，還是有功德和福德的。老師就是佔了這一點便宜，所以雖然知道受持還差得很遠，那就讀誦為他人說吧！為什麼這也會有功德呢？即使說法的人受持不足，也許學生受到啟發開悟成佛了，那就有莫大的功德。因為經典是智慧的結晶，把經典講給人聽，幫助他成佛，當然有功德。所以也不一定要百分百受持才能讀誦為他人說。邊受持邊說，因為不知道哪塊雲彩會帶雨來，老師也未必知道將來哪個學生會有出息。狀元師父不一定教得出狀元徒弟；不是狀元師父，說不定能教出狀元徒弟。因為他是依經說法，經本身就有不可思議的力量，有人一聽就成了，講經的人不是照樣有功德嗎？

到底誰成誰不成，就只能碰碰看了。像我們同學都是金剛法會上的菩薩，老師受持得不夠，要是有人一聽就受持了，將來成了佛，品位比老師高很多，說不定將來一看，你們都往生淨土去了，就劉老師還在娑婆世界，所以將來老師申請簽證的時候要通融通融，我也不長住，可能最多待個五年。如果說我謗佛不讓我去，你們在那邊就要替老師關說關說，不然留老師在這邊受苦，學生在那邊逍遙，豈有此理，無情無義！所以雖然受持不夠，信念不足，但是讀誦為他人說，也許還有便宜可以佔。

說法的好處就在這裡，但是不要亂說，就依經說法。有些團體強迫真心想學的人練習講經，因為教學相長，進步最快，得到最大福利，講得好不好都不管，就是要練習說。講經的人不會知道哪朵雲會下雨，如果遇到〈小畜卦〉「自我西郊」的風「密雲不雨」，那也沒關係，我們修正風向，從東海吹一點海風，說不定帶來滂沱大雨。所以教書真的就只能碰運氣、看機緣，有人讀誦為他人說了一輩子，也沒教出一個成材的來。孔老夫子出了七十二個，耶穌最後訓練了十二個，有一個還出賣他。再看看佛，很多人擔心現在都這麼難產，到末法時期，眾生能生信心嗎？幾乎不可能了。可是佛說：「不！一個就夠。」達摩之後，最後五祖碰到六祖，也是一個就夠了，還在乎多嘛？培訓幾百上千個神秀也沒用啊！

講經說法的人本身沒修到那個程度，確實會有影響，但說不定也能啟發人家，因為根器不同、機緣不同，所以還是值得嘗試。有這麼好的經典，佛陀加持保證，一再推薦，「以此般若波羅蜜經，乃至四句偈等，受持讀誦，為他人說，於前福德，百分不及一。」就是指捐錢的功德不如講經說法的百分之一。他說完又馬上覺得不對，應該是「百千萬億分」，最後乾脆說是「乃至算數譬喻所不能及」。從百分之一一下子膨脹好多倍，最後說反正算不清，是無限大比零。中國人寫書可能直接說「至於算術譬喻所不能及」，印度文、日文都比較囉嗦，中國古代經典都非常精簡，《易經》就是，光是〈艮卦〉就風靡許多修佛的大德，一看到〈艮卦〉的「不獲其身，不見其人」幾個字，就把破四相這個修佛的總綱說完了。

接下來是〈化無所化分第二十五〉：

> 須菩提，於意云何？汝等勿謂如來作是念，我當度眾生。須菩提，莫作是念。何以故？實無有眾生如來度者。若有眾生如來度者，如來即有我、人、眾生、壽者。須菩提。如來說有我者，即非有我，而凡夫之人以為有我。須菩提，凡夫者，如來說即非凡夫，是名凡夫。

化無所化，到第二十五分了。不是要教化眾生嗎？教化什麼眾生呢？眾生需要教化嗎？眾生能夠成佛，是你教化成佛的嗎？眾生皆有自性，是自性成佛，你最多做了一點增上，在旁邊燒燒柴、敲敲邊鼓，有什麼好驕傲的？還有什麼「我當度眾生」、我要教化做教主，戴上紫金冠，披著大袍，手上搞了很多七寶，還要收現金。

「化無所化」，正是《金剛經》高明的地方，〈渙卦〉也是化，任何《易經》上卦是〈巽〉的都在做「化」的動作。風地〈觀〉、風水〈渙〉、風雷〈益〉、風山〈漸〉、風天〈小畜〉、風火〈家人〉、隨風〈巽〉，都要教化民眾。上卦要化，還要看看下卦是怎麼化法？不同的對象，教化方法不同。教化眾生，有時候就有很多執著。應該是化無所化，不要有「化」的想法，也不要計較能不能化成，因為無法強求，說不定無心插柳，一不小心就賺到了。這個心態做任何事情都適用，做得舒服就做了，成敗利鈍管不了，要很多因緣。幾十年前創辦《音樂與音響》月刊的張繼高，他的筆名就叫「吳心柳」，有心栽花花不發，無心插柳柳成蔭。無心多好，若有心，那失望透了！一切痛苦的來源就因為太有心了。

「須菩提，於意云何？汝等勿謂如來作是念，我當度眾生。須菩提，莫作是念。何以故？實無有眾生如來度者。」哪個眾生成佛是如來度的？若有，那如來就著相了，「如來即有我、人、眾生、壽者」。那還得了，跌到初果羅漢了，連初果羅漢都離相了，對不對？《金剛經》從頭到尾都在講離四相，其實離四相也有程度之分。初果羅漢說他「無我、人、眾生、壽者」，那叫「須陀洹」。二果羅漢叫「斯陀含」，三果羅漢叫「阿那含」，四果羅漢叫「阿羅漢」，是有境界之分的。小乘的初果羅漢就不能有「我是初果羅漢」的想法，到了菩薩，有時候一不小心還會冒出這個想法，所以馬上警告，千萬別走偏，說你是菩薩、你是要度眾生的。「須菩提，如來說有我者，即非有我。而凡夫之人，以為有我。」我們都是凡夫，佛門的俗家弟子叫凡夫俗子，不一定要剃頭，也可以講《金剛經》。熊十力先生是民國這一兩百年很難得、很有原創性的思想家。其他不談了，老先生很真誠，不會自欺欺人，因為脾氣不好，看人家不長進，也會發脾氣罵人，但他常自我反省，說自己剛開始參與辛亥革命，後來發現國民黨太不成材，只會爭權奪利，他就脫離革命去搞思想、做身心性命之學。然後到南京內學院跟隨歐陽竟無學佛，寫了《新唯識論》。後來對佛又不滿意，最後歸宗於《大易》、《春秋》。

這樣的一個人，他在雜記裡提到自己為學六十年，不論學儒學佛，到頭來「猶似凡夫」。他不是謙虛，是真的，但他的了不起是他敢講。像得到諾貝爾獎的德瑞莎修女，她也不得了，她說過有一天突然信心不足，懷疑是否真有上帝？她修了一輩子、誠心布施，幾乎是聖女貞德了，卻說自己不確定是否有上帝。這個態度是真誠的！不像有些人，天天說他已經百分之百看到阿彌陀佛、看到上帝了，然後要大家都跟著他走。這境界差多少！修行本來就極難，到不了巔峰，至少要真誠，不要自欺欺人。《大學》講：「人之視己，如見其肺肝然。」如果不是百分之百相信，有懷疑就如實面對嘛！不然自欺欺人，那就更糟了。

「凡夫者，如來說即非凡夫」，有些版本上可能後面有「是名凡夫」。江居士認為那是程度不夠的人按照《金剛經》的筆法，自以為是給加上去的，我也覺得是個糊塗蛋加上去的。因為《金剛經》這裡的重點不是講阿耨多羅三藐三菩提，他講的是「凡夫」。「如來說有我者」，也有人說這裡講的是「大我」，不管是大我、小我，那都是名相；「即非有我」，千萬別執著。但凡夫是什麼都執著，既然如來說有我，他就以為有我了。「須菩提，凡夫者，如來說即非凡夫。」

因為絕大多數人都是凡夫，但凡夫裡面可能也有成佛的根，所以都不要執著，無有高下，是法平等。

〈法身非相分第二十六〉：

須菩提，於意云何？可以三十二相觀如來不？

須菩提言：「如是如是，以三十二相觀如來。」

佛言：「須菩提，若以三十二相觀如來者，轉輪聖王即是如來。」

須菩提白佛言：「世尊，如我解佛所說義，不應以三十二相觀如來。」

爾時世尊，而說偈言：「若以色見我，以音聲求我，是人行邪道，不能見如來。」

接下來叫「法身非相」，前面講了法身、報身、應化身。那個遍虛空、盡法界的法身，當然不能從相上去求，因為匪夷所思。這裡就很妙了。「須菩提，於意云何？可以三十二相觀如來不？」三十二相又來了，觀那個真心如來。「須菩提言，如是如是。」下經多肯定，上經多否定，上經否定是要去掉執著，下經多肯定是要拉回來。照淨土宗的說法，一般人執著於「有」的相裡就有無限的痛苦，考試沒考好、落選、失戀、錢賺得不夠多，都會起煩惱。所以要看空，讓身心自在。可是對「空」太迷戀，就走到另外一個陷阱裡去了，那叫「著空」；以為什麼都不用計較，沒什麼好追求，更不要講濟度眾生了！一個著空的人怎麼跟眾生打交道？怎麼隨緣濟度？如果這麼貪戀空，死後就生四空天，四空天還在三界內。那個地方大概很寂寞，我是絕不去的。這在後面還會講，於法不說斷滅，就是怕鑽到空裡去，完全失了《金剛》的本義。

「若以三十二相觀如來者，轉輪聖王即是如來。」金庸小說裡面有金輪法王，武功高強，好像是西藏國師吧？我們講四大天王，金銀銅鐵四輪法王，金輪法王最後好像也皈依佛門了。這個轉輪聖王也有三十二相，完全像佛，但境界離佛十萬八千里，所以如果誤認他有三十二相就很不得了，想用三十二相觀如來，那轉輪聖王就是如來。所以金庸小說也有儒釋道的影子，《天龍八部》不就受到佛教的影響嗎？

「須菩提白佛言：世尊，如我解佛所說義……。」須菩提說啊！我一路這麼聽下來，如果瞭解得不錯的話，不應以三十二相觀如來。所以他前面說「如是如是」是順著說的。師徒兩人談到這裡，「爾時」，時機正好，佛就把下面這個有名的偈言說出來了。因為前面說了「離色離相」，又說「無法可說，無法可得」，還要「淨心行善」，再講完三十二相，他就說了這個偈言：「若以色見我，以音聲求我」──「童蒙求我」的「我」，「大我」的「我」──「是人行邪道，不能見如來。」明確告訴你了，「若以色見我」，很多人是以色相求證真我、大我；「以音聲」，很多東西都是音聲，念佛也是音聲。我們的〈豫卦〉也有音聲，但是要「殷薦之上帝，以配祖考。」對不對？天籟，地籟，人籟，都是音聲。從色去求我、見我，用音聲求大我、真我，完全都走錯路了。「是人行邪道，不能見如來。」「失道凶也。」走錯路就絕不可能到達目的地。「五色令人目盲，五音令人耳聾，五味令人口爽，馳騁田獵令人心發狂。」這一段有無量義，各位有耐心的話，好好參，是很有滋味的。

於法不說斷滅相

接下來看〈無斷無滅分第二十七〉：

須菩提，汝若作是念。如來不以具足相故，得阿耨多羅三藐三菩提。須菩提，莫作是念。如來不以具足相故，得阿耨多羅三藐三菩提。須菩提，汝若作是念，發阿耨多羅三藐三菩提心者，說諸法斷滅。莫作是念，何以故？發阿耨多羅三藐三菩提心者，於法不說斷滅相。

前面是在「若以色見我，以音聲求我，是人行邪道，不能見如來。」四句偈暫時做結的。「如來」就是「天地心」，就是真如本性，就是〈蒙卦〉「童蒙求我，非我求童蒙」的「我」，和「常、樂、我、淨」涅槃四德的「我」，不是我相我見的我，這個觀念一定要清楚。我見、我相、我執是要打破的，我們講了不止一次了。〈觀卦〉五爻的「觀我生」，觀的也是大我、真我。所以前面講的三十二相、具足色相、具足色身的種種好，那都是表相，是〈賁卦〉那些「賁如濡如」的東西。爭逐這些表相，怎麼可能見到真如本性的如來呢？但世間大多數人都是「以色見我，以音聲求我」，那怎麼求得到？怎麼見得到呢？「是人行邪道」，走的路子就不對了，當然迷復。這在《老子》講得很平易：「五色令人目盲，五音令人耳聾。」以色見我，以音聲求我，目盲耳聾還要求真我？開玩笑！「是人行邪道，不能見如來」，「五味令人口爽」，口味就不正了。「馳騁田獵令人心發狂」，世間一切名、利、權、色的競爭，就像打獵一樣，喪心病狂，當然不能見如來真我。講完這些，下面就要講無斷無滅了。

我們讀了《金剛經》這些重要的觀念，再回過頭來跟儒家的經典合參，體會就更深了。《論語》師徒三人言志，「顏淵季路侍，子曰盍各言爾志？」子路說：「願車馬衣輕裘與朋友共，敝之而無憾。」這個願相當於《金剛經》的哪一種境界？顏回是「願無伐善，無施勞。」是《金剛經》的哪一種境界？然後顏回說：「願聞子之志。」子曰：「老者安之，朋友信之，少者懷之。」這又是《金剛經》的什麼境界？這算是給大家的期中考，大家自己想想，我們就不講了。

上次提過前法務部長王清峰為了捍衛廢除死刑的理念被迫下台，慈悲生禍害，這是最典型的例子。台灣大概十個人裡面有八個人反對她，不當的慈悲嘛！如果她的慈悲真變成政綱政策，那就亂了。「慈悲生禍害」的下一句就很難聽了——「方便出下流」。我們學的〈隨卦〉，也是切入佛理的一個重要的卦，「元亨利貞，無咎。」很圓融，沒有瑕疵。我們說淨空法師和廣欽老和尚的修行成就都是〈隨卦〉。〈隨〉的上卦〈兌〉是西方，下卦〈震〉是東方，所以〈隨卦〉也是下界眾生念佛往求西方的象。「元亨利貞無咎」，「常樂我淨」，「嚮晦入宴息」，很圓滿、很好。〈隨卦〉也能幫助我們理解《金剛經》「即非」、「是名」的論調，提起任何一個觀念、主張之後，馬上隨說隨掃，立刻說「即非」，不管天大地大佛大都「即非」。掃除障礙後，又再拉回來肯定說「是名」。澤雷〈隨〉跟很多佛理是相通的。內卦的〈震〉，帝出乎〈震〉，萬物出乎〈震〉，萬物的本體，生命內在的主宰；地雷〈復〉、天雷〈無妄〉、風雷〈益〉、山雷〈頤〉，內卦都有〈震〉。站在宇宙萬有的本體、〈隨卦〉內卦的〈震〉來看，外在的所有色相、音聲、境界，當然是「即非」，沒什麼好執著的，凡所有相皆是虛妄，不能執著，所以是「否定」的。可是他又說「是名」，因為要隨緣度眾，就要再肯定，不然跟群眾沒法接頭了，所以〈隨卦〉外卦是〈兌〉，講經說法，朋友講習，笑臉迎人，很有親切感，讓人家產生忘勞忘死的法喜，那就是「是名」的作用。

我們剛才講的「以色見我，以音聲求我」，就可以透過〈隨卦〉的外卦〈兌〉來看。因為從外卦〈兌〉來講，必須「是名」；從內卦〈震〉的「我」或「如來」來講，當然「即非」。從體跟用、體跟相來看，兩者絕不矛盾。「於法不說斷滅相」，執著空，就一個人鑽到空裡去，跟群眾沒得接觸，所以要「是名」；著有當然也不行，所以要「即非」，兩者合一，金剛法就說得圓融了。

「須菩提！汝若作是念。」你如果這麼想，「如來不以具足相故，得阿耨多羅三藐三菩提，須菩提，莫作是念。」不要有這樣的想法，因為前面講了不能以具足相得無上正等正覺。「阿耨多羅三藐三菩提」就是「無上正等正覺」。《金剛經》才五千多字就一再重複這個概念，其實它不是重複，它的論述是螺旋形的，就像〈復卦〉從底層旋轉上升，擴大影響，中間有一個立體的中心軸。所以上經提出「應云何住」，「云何降伏其心」，下經就再提出「云何應住」，「云何降伏其心」。這不是重複，是站在一個新的高度在談。人生很多學習就是這樣，不是原地打轉，「君子終日乾乾，夕惕若，厲無咎」，是「反復道也」，像他講了好多次財施跟法施沒得比，當然不是囉嗦，他每次提出的層次都越轉越高，但重要的東西總不偏離。人生在追尋「復」的時候，總是要不斷找尋「天地之心」、「金剛心」，有把握不偏離嗎？〈復卦〉在第三爻就偏離了，「頻復」，不拽回來怎麼行呢？爻一變就地火〈明夷〉，馬上入魔道，天地之心變明夷之心。第三爻處不中不正的人位，當然需要〈復〉，幫著校正回來，克己復禮，「朝聞道，夕死可矣」。《大戴禮記》講過的，「朝有過，夕改之；夕有過，朝改之。」昨日種種譬如昨日死，「死」是指「改過」，就像〈大過〉的死相是指重生。改過不要超過一天、半天，晚上懂了正道之後，發現自己有偏離，馬上改過來，這才叫終日乾乾，朝聞道，夕死可矣。很多人都把《易經》講糊塗了。

這裡說須菩提一路聽下來，是不是就認為如來不會以具足相得無上正等正覺？其實這個念頭也是執著。所以佛告誡說：「須菩提，莫作是念，如來不以具足相故，得阿耨多羅三藐三菩提。須菩提，汝若作是念，發阿耨多羅三藐三菩提心者，說諸法斷滅。」如果你認為不能從外在的具足相、色相、音聲相證如來本體，可能就會嚮往空，執著空，這又淪為斷滅相了。很多修行人其實是有這種衝動，覺得世間的飲食男女、愛恨情仇，或者遇到什麼人生困頓，他就會想要找一個法，把這些通通看空，然後躲到空裡面去。可是金剛法門不收這種執著空的人。執著空，就成了自了漢，怎麼度眾生？而且這本來也不是空的。

如果執著這個念頭，就往空偏過去了。可見〈復卦〉彰顯本心之難，不是東倒就是西歪，所以一定要把它抓回來。「頻復」只是一個警訊，不糾正回來，後面的「獨復」、「敦復」從哪兒來？那就要「迷復」了。不是執著有，就是執著空，所以就擺盪不合中道、不如法了，所以「莫作是念」，如來不以具足相故，也不能認為不重視外面的色相，才能得阿耨多羅三藐三菩提。「須菩提，汝若作是念，發阿耨多羅三藐三菩提心者，說諸法斷滅。」那就都斷滅了，都空了。莫作是念啊，趕快把你拉回來，何以故呢？答案剛才已經講了——發阿耨多羅三藐三菩提心者，於法不說斷滅相。給你一棒，不要執著於空，金剛法最高的無上正等正覺，不是去追逐空，當然要掃除一般虛妄的有，但也並沒有要我們去追逐空，空就是斷滅相，那更嚴重。按照金剛法來講，不說斷滅相，否則是很危險的，什麼東西都毫無意義了，也不必講經了，像佛那樣一講四十九年，何必呢？為了破除對空的執著，在這裡是擊蒙，當頭一棒。於法不說斷滅相，無斷無滅，昭明太子抓到了這個主題。

下面是〈不受不貪分第二十八〉：

須菩提，若菩薩以滿恆河沙等世界七寶持用布施。若復有人，知一切法無我，得成於忍，此菩薩勝前菩薩所得功德。何以故？須菩提，以諸菩薩不受福德故。須菩提白佛言：「世尊，云何菩薩不受福德？」須菩提，菩薩所作福德，不應貪著，是故說不受福德。

不受，就是「勞謙」，無伐善、無施勞，功成不居，不是為了累積福德。這才是菩薩行。「不貪」不只是不貪財、色、權、勢，還指不貪名、不貪法，要是每天一讀佛經就開心，每天不讀兩句《易經》就全身癢，那也是貪；這貪就是有分別、有執著。不管是什麼妙法，反正都得一絲不掛、自由自在。

「須菩提，若菩薩以滿恆河沙等世界七寶布施。」這句話放在這裡，大家應該很熟悉了，滿恆河沙等世界七寶，這麼多的財寶都拿來布施，都還是檔次較低的布施。比起法施，尤其世尊從一開始講《金剛經》，就對它充滿信心，說裡面隨便拿四句都勝過財施千萬倍。這也是事實，給錢、財施，那只是拯救人家的身命，法施卻是拯救人家的慧命，生生世世沒完沒了；「大人以繼明照于四方」，那是活的，財施是死的，兩者不能相提並論。而且法施是用法啟發他，他還得靠自己，不能有依賴心，一旦自性開發出來，你的功德就大了。他再用他開發出來的自性去啟發人家，那就處處開花，生生不息了。就像我們教書都懂得一個道理，學生是活的資源，因為你永遠不知道那些種子什麼時候會開花結果？有限自天，有時候可能讓你驚喜莫名，也可能墮落著魔，但他就是活的，不是死的。財施是捐一棟大樓、捐一個道場、捐一餐飯，那就沒了，還可能通貨膨脹，今天捐的一億，十年後那一億說不定只夠買碗牛肉麵。一個是慧命，一個是身命，當然不能比，這不是數量級的問題。《金剛經》這麼高檔的經典講了又講，刻意貶低財施，強調法施那個心心相印的連鎖效應，因為自古以來的人性就是看不破財寶，一直都把它看得太高了。這兩年倒掉一些一兩百年的大公司，從前做夢都想不到。他們的財富恐怕也不止恆河沙七寶，還不是一夕之間就沒有了，可是智慧是金剛不壞，燒也燒不掉。另外像極樂世界，西方淨土，為什麼描述佛國的景象，都強調有黃金鋪地、樹上還有無量的財寶？難道淨土的人還那麼揮霍、奢侈，那麼貪財？其實這是針對娑婆世界講的，我們這麼重視黃金、七寶，可他們是踩在腳下，看都不看。

不受不貪，要能若無其事

〈噬嗑卦〉不就是錢跟權嗎？得金矢、得黃金，人生旅程你最在意的是什麼？得其資斧，又喪其資斧，來得快、去得也快，一把火就燒光了，那要看燒不掉的東西是什麼？火山〈旅〉第五爻就是燒不掉的東西，「射雉，一矢亡，終以譽命」，其他不管什麼都不可靠。手上的鈔票，真的可靠嗎？美國欠的債越來越嚴重了，絕對影響全世界的經濟。其實這個世界上所有的東西，追究到最後，你的安全感是從哪裡來的？根本沒什麼是可靠的不是嗎？支票可能跳票，黃金可靠嗎？現在這麼高的經貿量，即使全世界的黃金全部開發出來，也早已不夠。如果說鈔票、紙幣全部作廢，大家手上都抓一把美金，那中國人不是幫美國人白幹兩輩子了嗎？

現在各國都在預支未來，在「議獄緩死」，人類過去認為黃金是值得信賴的，因為有孚啊！但黃金已不足應付現在的狀況了，「孚」早就不合時宜。那還有什麼是可靠的？什麼東西能讓我們利涉大川？還有人說推到未來，紙幣撐不下去了，美金垮了，那就回到黃金，可是西方人掌握的黃金量遠遠超過東方人，那就要打仗。所以現在又提出最時髦的碳經濟，由碳排量來作為國際貨幣支付工具，妙吧？怎麼制數度，議德行啊！這要怎麼算？跟黃金又怎麼結合？種種不確定是不是？我們剛才說，平常習以為常的東西，真的可靠嗎？滿恆河沙等世界七寶可靠嗎？

我們再看「不受不貪」。這裡面是有意義的，佛不是囉嗦，一般人最執著的就在這裡，認為這些東西千年不倒、萬年不倒。這麼多珍貴的東西，願意拿來做布施，真是不得了，可是「若復有人，知一切法無我，得成於忍，此菩薩勝前菩薩所得功德。」所以還是《金剛經》活的智慧重要。

無我法、無為法、一切法無我，空的，不能執著、不能分別。得成於忍的「忍」，不是只有「忍」的意思，忍辱仙人，修忍辱般羅蜜，像五祖就叫弘忍，他要發揚忍道，心上一把刀刃為忍。忍還有認定的意思。因為一般人都不知道一切法無我，或是我執，或是法執，緊緊抓著當寶貝不肯放，但《金剛經》要你破除，尤其時間長了，滄海桑田，一定要認定一切法無我。一般人不見得有這個定力，可能有時候口頭禪講一講，第二天又撈錢、奪勢去了。「得成於忍」，一方面要排除很多誘惑，第二要安住於一切法無我，遠離罣礙的境界之中。這是一種大智慧、一種定力，不嗔不怒，是需要功夫、火候。一般人都是「頻復」，曉得要「復」，但總是擺盪，信心不堅，或者遭遇一些橫逆，馬上就「不恒其德，或承之羞」。我們那個在壽險業服務的小子，他聽經聽了半天，終於有問題要問老師了，他問他們公司未來會如何？結果未來三年是「不恒其德，或承之羞」，糟糕了。三年以後是〈兌卦〉第五爻「孚于剝，有厲。」人壽業的靈魂不就是「孚」嗎？君位不就是他們的品牌嗎？「孚于剝，有厲。」如果「孚」有問題，就不一定會兌現承諾了是不是？

「若復有人知一切法無我」，注意「一切法無我」，但要「得成於忍」啊！難怪〈艮卦〉第三爻修得那麼苦，爻變是〈剝〉，真是心上一把利刃，千刀萬剮，「列其夤，厲薰心」。「此菩薩勝前菩薩」，前面那個菩薩願意捐那麼多錢真不得了，後面這個菩薩呢，他知道一切法無我，得成於忍，他證到無上道了，勝過前面菩薩所得的一切功德。清淨心、平等心，無所住而生其心，所行的一切善事叫功德。如果你有所求，還不是無所住生其心，行善也不可能有功德，只有世俗的福德。福德跟功德是有分別的，所以梁武帝大力贊助弘法，蓋那麼多廟，可是達摩一眼就看透了他全無功德。梁武帝當然沒有聽懂，他還很生氣，那層次就更低了，難怪最後下場不好。所以佛菩薩不是捐錢就能討好的。「此菩薩勝前菩薩所得功德。何以故？須菩提，以諸菩薩不受福德故。」「須菩提白佛言，世尊」，他有疑問了，馬上就問：「云何菩薩不受福德？須菩提，菩薩所作福德，不應貪著。是故說不受福德。」關鍵就在「不應貪著」上，別計較，這個大家比較熟的，就是勞謙、撝謙、鳴謙了；生而不有、為而不恃、長而不宰、功成不居。這很重要，一旦起了佔有欲，起了戀棧貪著心，不管貪著的是什麼都不行。所以不能受，心中不能有這個想法；做了很多事，要若無其事。要是心中覺得我完成這個、完成那個，那就糟了。

接下來這一分很短，〈威儀寂靜分第二十九〉。

須菩提，若有人言：如來若來若去，若坐若臥，是人不解我所說義。何以故？如來者，無所從來，亦無所去，故名如來。

「若有人言」，這是佛自己講的，問他的大弟子須菩提：「若有人言，如來若來若去，若坐若臥」，行走坐臥看著都很自在，如來嘛，沒有說一定怎麼樣，來去自如、坐臥皆靈，如果有人這麼去歌頌如來，讚揚佛性自在的本體，對不對？佛說不對，「是人不解我所說義」，我從前面《金剛經》講到現在都算白講了，他解釋如來，說如來是「若來若去，若坐若臥」，這個人沒有真懂啊！那如來應該是什麼呢？佛自己講了：「如來者，無所從來，亦無所去，故名如來。」這就高太多了，無來無去，那個是有來有去，還若來若去，若坐若臥，如來無定在，一旦證得如來，根本就是遍虛空、盡法界，無所不在了，怎麼還會有來有去呢？來去不就相對了嗎？他是瀰漫在整個宇宙中的，也就是我們一再提醒各位風水渙的〈渙卦〉，匪夷所思，什麼都要化散掉；「渙其躬」，化散我執我相；「渙其群」，很多我聚在一起就是群，這種人相、眾生相也都要化散，因為那也是執著，是許多紛爭的來由。還要「渙有丘」，比群再大的團體，一樣要化散掉。無眾生相，然後無時空相，無壽者相，通通都要化散掉；最後「渙汗其大號」，留下經典的寶貴教訓，完全超越時空限制，變成永遠的法，就像我們到現在還在受他們「渙汗其大號」的影響，還在讀誦經典，就像汗流出來之後收不回去，就成為金科玉律的定法了，根本超越時空。然後「渙王居」，連王居都可以渙散掉，沒有有形的廟，無形無象、匪夷所思的影響力反而彰顯出來，這才是真正的正位，無咎。這種化散的力量，比〈艮卦〉用兩座大山去壓制更合乎人性，所以〈渙卦〉之後就是《易經》修行的結論——〈節卦〉。明確告訴我們「苦節不可貞」。人生本就有〈兌卦〉所代表的慾望，不能假裝它不存在，而〈艮卦〉就是否認它的存在。〈節卦〉澤中有水，它確實是存在的，但是有限量，要節制，不能放縱，所以〈大象傳〉講「制數度，議德行」。量入為出，使用平衡，而不是沒幾個人能做到的斷滅相。所以既不是感情外露的澤山〈咸〉，也不是移山填海的山澤〈損〉，更不是走極端、徹底絕欲的〈艮卦〉。〈節〉的一體兩面就是〈渙〉。〈隨〉、〈渙〉、〈艮〉、〈復〉，這些卦都可以幫助我們切入佛法，也回頭更瞭解《易經》。風水渙的〈渙卦〉，我至今沒看到有人可以全部講清楚，就知道有多難；都是不知所云的多，把《易經》講成心靈雞湯、嘩眾取寵，甚至閃避問題的都不少，這確實不是簡單的事。

〈渙〉〈節〉一體，我們要契入《金剛經》，這幾個卦很重要。尤其是風水渙，他跟〈艮卦〉都要破四相，無我、人、眾生、壽者，方式不一樣，但有共通的地方，一個是用風，看能不能把坎險吹散，一個是用大山壓。〈渙〉就講了，匪夷所思啊！若來若去，若坐若臥，還是一般人想的境界，就只覺得行走坐臥比一般人自在，但法身遍虛空，盡法界，無定在，無所不在，到處都有觀音，所以我們一持觀音，因為心中有觀音，觀音就來了，快得不得了；你一占卦，不會塞車，馬上有回應，悉知悉見，無所從來，亦無所去。下次占卦，又可以馬上回應，故名如來。那就是天地之心，沒有時空相，了無罣礙，來去自如，根本就沒有來去。〈繫辭傳〉第四章、第五章，如果有興趣把第六章、第七章也概括進來，包括下經講「易有聖人之道四焉，至精、至變、至神」那幾章，特別重要，裡面的東西都不是亂講的，完全可以跟佛法對照參證。「其受命也如嚮」，「無有遠近幽深，遂知來物」，「參伍以變，錯綜其數」；然後「一陰一陽之謂道」，講到最後是「陰陽不測之謂神」。「若來若去，若坐若臥。」就還可以測，只是有一點誤差；「無所從來，無所從去」就無從測起啊！因為他無所不在，怎麼測？「神無方而易無體」，不是〈繫辭傳〉第四章的結論嗎？前面不是講充塞在宇宙之間的「彌綸天地之道」嗎？一直到最後，「精氣為物，遊魂為變，是故知鬼神之情狀」。這是不測的、最高的神，充滿變化，沒有一定的方所，也沒有一定的法門。無所從來，無所從去，這才叫如來。無定在，無所不在，神無方、易無體，所以有生生不息的變化妙用，充塞在整個宇宙之間。就如孟子講的，「其為氣也，至大至剛」。這些其實並不那麼唯心，是古聖賢佛菩薩親身體驗到的。像方東美老師罹癌後皈依的廣欽老和尚，他臨終的遺偈就是「無來，無去」，無所從來亦無所去，中間啥事沒有，當然就不起煩惱了。我們不是說過，娑婆世界就是極樂世界，哪裡還有什麼來去？神無方易無體，如果那個偈真是他體會到的，那確實可以遊戲人間了。無所從來，無所從去，故名如來。前面講「諸法如義」，這裡講「無所從來，亦無所去」，完全破除了四相。

往下是〈一合理相分第三十〉：

須菩提，若善男子善女人，以三千大千世界碎為微塵，於意云何？是微塵眾，寧為多不？須菩提言：「甚多！世尊。何以故？若是微塵眾實有者，佛即不說是微塵眾。所以者何？佛說微塵眾，即非微塵眾，是名微塵眾。世尊，如來所說三千大千世界，即非世界，是名世界。何以故？若世界實有者，即是一合相。如來說一合相，即非一合相，是名一合相。」

須菩提，一合相者，即是不可說，但凡夫之人，貪著其事。

下面就跟近代科學有關了，基本粒子，日本叫素粒子。我們以前最初學的是分子、原子、電子、中子。大半個世紀以來加速器和對撞機不斷發展，試圖找出更小，小到快沒有的粒子。最近歐洲發展的對撞機還要模仿一百三十七億年前的大爆炸，就是為了找到宇宙物質的究竟，一切萬有一定是由最小最小的物質組合成的，組合形態不同，就呈現不同種類的眾生。科學家苦心鑽研，就為了找到這個東西，但目前看起來，不知何時才能找到究竟的答案。現代科學的主流方向一直在鑽牛角尖，釋迦牟尼在佛經中談過很多次，倒是頗值得重視，不能小看。窮盡所有科學儀器和科學知識去探究的基本物質，在佛經就叫微塵。整個三千大千世界都可以粉碎成微塵，微塵也組成了整個三千大千世界。至大無外，至小無內，可是這個至小無內的到底是什麼？如果佛真的在兩三千年前就可以看到這個小到幾近於無的「鄰虛塵」，那真是不得了啊！現代科技再努力一段時間，可能得出的結論也差不多。根本就是幾近於無的東西，就不必執著那個象了。簡體字的「塵」叫「尘」，小土為「塵」，很可愛！相較而言，我們一般看到的塵土都太粗了。從基本粒子來講，它稍縱即逝，但它就是萬有的根基，小到不可思議。

「須菩提，若善男子善女人，以三千大千世界，碎為微塵。」我們在現實世界是很難想像，三千大千世界碎為微塵，誰辦得到？但理論上可以。因為三千大千世界就是微塵組合成的，那它當然可以分解，可以組合。誰曉得有什麼大的宇宙動盪，一夕之間就讓三千大千世界、山河大地都粉碎了。黑寡婦決定報父兄之仇，她身上綁著炸彈，跟無辜的俄羅斯市民一起碎為微塵，不曉得哪塊肉是誰的。如果是核子試爆，不是很多東西就碎為微塵嗎？再大一點呢？地球是不是有可能碎為微塵？那銀河系呢？黑洞吞噬星雲。三千大千世界了不起是吧！假定有善男子、善女人，把它碎為微塵，徹底解析開了，於意云何？他給須菩提講，「是微塵眾，寧為多不？」這麼多的微塵，當然不可思議了。須菩提是聰明人，他一路聽下來，自然就順著佛的話講：「甚多，世尊。何以故？若是微塵眾，實有者。佛即不說是微塵眾。所以者何？佛說微塵眾即非微塵眾，是名微塵眾。」微塵眾多，滿天都是微塵，這是三千大千世界碎為微塵，當然很多，但是佛也清楚，那個微塵眾不是真實存在的東西，凡所有相皆是虛妄，再多微塵，眾不眾都沒有意義，因為它不是實有。我們學《易經》就知道，得意立象，象是要為了傳意；立分子、原子、基本粒子的象，最主要要傳達那個意。立象以盡意，你要以為它是實有，那就糟了，天天去找，找死了也找不到；找到了也沒有意義，因為皆是虛妄，是腦袋勾畫出來的一個象，好去描述那個狀況。

破除迷障，見真我

所以，這個微塵眾假定真是實有的話，佛就不會說是微塵眾了，他是藉這個告訴我們微塵眾不是實有的，所以三千大千世界也不是真實的。成住壞空，那天地永恆是真的嗎？〈乾卦〉最後是怎麼樣？〈坤卦〉最後又怎麼樣？一是「亢龍有悔」，一是「龍戰于野」。日月是永恆的，怎麼不到五十億年就沒有了？山河大地就更不用講了。「世尊，何以故？若是微塵眾是實有者，佛即不說是微塵眾。」佛是要來開導我們，所以須菩提就配合著講：「所以者何？佛說微塵眾，即非微塵眾。」「即非」之後，「是名微塵眾」。否定之後，又必須立象以盡意，得意就忘象，得象就忘言；既然微塵不是實有，再多的宇宙微塵和前面的滿三千世界法寶都不是實有，那麼，微塵組成的世界也不是實有。這無可辯駁，你承認一個就得全部承認。「世尊，如來所說三千大千世界即非世界。」從「體」來講沒有這個東西，可是從「用」、從「象」來講，還必須建立，所以「是名世界」。一樣的道理都可以類推，娑婆世界即非娑婆世界，是名娑婆世界；阿彌陀介紹我們去的極樂世界也是一樣，如來說極樂世界即非極樂世界，是名極樂世界。都是從心想生，從念、識產生，唯心所想，唯識所變。

下面就把小微塵、無量微塵組成無量世界來講，藉此破除我們對這些實有的執著。「何以故，若世界實有者，則是一合相」。前面不是說「即非世界」嗎？「則是一合相」，把那麼多的微塵合起來成為一個總的東西，則是一合相。「如來說一合相，即非一合相，是名一合相。」

如果是這種想法，由很多實有的微塵組成實有的世界，反而不知該如何表達；不可思議，不可說，言語道斷，心行處滅。「須菩提，一合相者，即是不可說。」宇宙假定是這樣構成的，真有這麼一個東西，則是不可說。「但凡夫之人，貪著其事。」我們都是凡夫，我們都貪著，認為微塵實有，所以有世界，世界實有；有國家、民族，有社會，有臺灣，有臺北，有家庭，有匪寇、婚媾，然後在這種執著中，就有得失、計較，也有痛苦、紛爭。我們著這個相好久了，我們無法說這些東西都不存在，不管他怎麼講，我們還是抱得緊緊的，可能從小孩子一生下來就抱得緊緊了。《老子》不是說嗎？「骨若筋柔而握固」。小嬰兒的手不是抓得緊緊的嗎？你掰都掰不開，佔有欲嘛！像我們這種老頭，就可以商量了，你想掰開，可以，多少錢！必要的話放給你嘛！不要啊？打折！小孩可不行，「骨弱筋柔而握固」。我們僵硬了，卻隨時可以放、可以讓步。你看看以前舊社會那些男人，朋友看上他的妻妾，就給你吧，但你在官場上要怎麼回報我？

「凡夫之人，貪著其事」，他講的是匪夷所思的境界，而我們就是那個程度不夠，被人鄙夷的「夷」啊！凡夫俗子怎麼想得到那個境界呢？什麼「渙其群」、「渙有丘」，我們聚其群、聚有丘都來不及了，我們一天到晚組織團體搞派系、搞山頭、搞紛爭不是嗎？所以〈渙卦〉第四爻爻變，不是〈訟卦〉嗎？訟從哪裡來？不就是從「群」跟「丘」來嗎？國與國、公司與公司，人群與人群，小團體跟小團體，所以要求大法來給他化散掉，散其群，散有丘，匪夷所思。一般凡夫俗子貪著其事，他哪裡辦得到？

不可說，也是匪夷所思，這個叫「一合相」，你不要認為那是固有不變的，其實那是一個模型、一個象。難道你學《易經》會把卦跟爻認為是實有的嗎？那不是學《易經》學癡了？今天晚上我要到〈乾卦〉去玩，我找到第五爻，還要乘飛龍，有些人不是做夢吃掉三個爻嗎？還當油條呢！

深入理解之後，就會不斷地自問、問人，一直逼問下去，會發現心中的那些東西，真的是站不住腳。然後上次講「過去心不可得，現在心不可得，未來心不可得」，那是每個剎那的連續變化，得什麼呢？知見不生，這就講到破四相、破四見了。「相」是外面的境界相，「見」就是我們掌握、看到這樣的相。《金剛經》上經要破外相，下經就要破我們的念。上經是無相，下經是無念。有念才有相啊，所以無念是更根本的。知見不生，我們對很多東西有看法、有見解、有執著，因此產生很多知識，分析這個，分析那個，竟全都是痛苦、迷障的來源，所以他這裡又回到基本的問題了。

下面是〈知見不生分第三十一〉：

須菩提，若人言：佛說我見、人見、眾生見、壽者見。須菩提，於意云何？是人解我所說義不？

不也，世尊，是人不解如來所說義。何以故？世尊說我見、人見、眾生見、壽者見，即非我見、人見、眾生見、壽者見，是名我見、人見、眾生見、壽者見。

須菩提，發阿耨多羅三藐三菩提心者，於一切法應如是知，如是見，如是信解，不生法相。須菩提，所言法相者，如來說即非法相，是名法相。

「須菩提，若人言」，佛問須菩提，如果有人說佛說「我見人見眾生見壽者見」，須菩提啊！你認為這個人有沒有真的瞭解我的意思啊？「世人解我所說義不？」這也是佛的苦惱，他猜都猜得到有很多人誤會了，所以《金剛經》確實不是我們一次二十幾個小時就能弄懂的，也許是一輩子的事情啊！就像你們學《易經》，現在真懂了嗎？

須菩提是解空第一嘛！佛的義理他當然懂，所以他回答：「不也，世尊，是人不解如來所說義。」何以故呢？不能只回答是非題，還要深論，講出個理由來。就像我們斷卦，必須講理由。「世尊說我見、人見、眾生見、壽者見」，這不是講「相」，而是講「見」。「見」才有「相」，「相」是從「見」來的，所以「世尊說我見、人見、眾生見、壽者見，即非我見、人見、眾生見、壽者見，是名我見、人見、眾生見、壽者見。」從「體」來看是「即非」，可是那人卻認為佛說我見人見，他不瞭解這個層次，所以無法看出分別，可能就誤會了。這就是立一個相，來講人的很多分別執著。所以從體上講「即非」，從用上講「是名」，熟練了《金剛經》的公式，大概答題都不差了。這不是文辭上的事情，是運用上的事情。其實我們讀《金剛經》多少會發一點酵，在生活上會有一點小用處，比方人生遭到一些橫逆、苦惱、憂悲、煩惱，就算經文不熟，隨便背一下：眼前這些事都是虛妄，他罵我，他沒罵我；他打我，他哪有打我呢？他跟我絕交，沒有這種事！凡所有相皆是虛妄是吧？說劉老師好可惡啊，師說考試，即非考試，是名考試，不是馬上就沒有罣礙了嗎？

「須菩提，發阿耨多羅三藐三菩提心者」發心要求證無上正等正覺的人，下面真的是剴切叮囑，「於一切法」，包括佛法、世間法，都在內；一切法，都要照前面講的，「應如是知，如是見，如是信解，不生法相。」不可以有法執，不生法相，無所住生其心，連佛法都不能執著。《金剛經》講完了，領會就好，不要當成教條緊抓著不放。

信解行證，如是知，如是見，如是信解，如是就不會偏了，如是我聞，不生法相，很多人生法相就為法所執，把他要參學的經典、法門供起來，當成典要，寶貝得不得了。就叫生法相，起法執，那也很要命。「須菩提。所言法相者，如來說即非法相，是名法相。」因為所講的法都有相，但在體上哪有什麼法相呢？很多人也許不貪有形的珍寶，卻貪求、執著一些法相、智慧、經典、法門。所以我們說〈繫辭傳〉最了不起的就是提醒我們：「不可為典要，唯變所適」，不要作繭自縛。《孫子兵法》現在也變成世界顯學了，我們去跟大陸交流，很多不管是軍系的，還是民間的，簡直把《孫子兵法》當神了，廁所不能看《孫子兵法》，然後每次要讀的時候就要沐浴薰香。所以《金剛經》不是無的放矢，真的。還有一個有趣的例子，就是殷海光。他反國民黨，崇尚自由主義。以前教書的時候，國民黨打壓他，他家裡放的是英國大哲學家羅素的像，幾乎每天都要拜。他不是自由主義嗎？不是反偶像嗎？這就叫「生法相」。《金剛經》就是要破這個東西，不能生法相！什麼東西基本教義化了都會出大問題，至於八月有凶。因為你會覺得這個法是天下第一法，是法就不會平等，然後〈觀卦〉第六爻的毛病就出來了，「志未平」，接著就啟動了下面的〈噬嗑卦〉。人間的殊死鬥爭就這麼來的，大家爭執誰的法高。佛陀說：「不生法相」，「如是知，如是見，如是信解」，正知正見，不要生法相。不過佛教裡面很重要的一宗叫「法相宗」，法相、唯識、天台、三論，禪、密、淨，很多宗派。

最後是〈應化非真分第三十二〉。法會要結束了。

須菩提，若有人以滿無量阿僧祇世界七寶，持用布施。若有善男子善女人，發菩提心者持於此經，乃至四句偈等，受持、讀誦，為人演說，其福勝彼。云何為人演說？不取於相，如如不動。何以故？

一切有為法，如夢幻泡影，如露亦如電，應作如是觀。

佛說是經已，長老須菩提及諸比丘、比丘尼、優婆塞、優婆夷、一切世間天、人、阿修羅，聞佛所說，皆大歡喜，信受奉行。

應化是佛教講的三身之一，法身、報身、應化身。法身是無所不在、無始無終，永恆的。報身是有始無終的，應身是有始有終的。應化，隨著造化而變，有時候是濟公活佛，有時候是觀音或大勢至，那是應化之用的，什麼相都可以；碰到什麼相，他就顯什麼相。「須菩提，若有人以滿無量阿僧祇世界七寶持用布施」，阿僧祇就無量嘛。無量阿僧祇，世界七寶，這是把整個宇宙的財寶全部堆在這裡持用布施了，真慷慨！但《金剛經》若真的受用，絕對超過所有財物的總和。「若有善男子善女人發菩提心者，持於此經，乃至四句偈等，受持讀誦，為人演說，其福勝彼。」持於此經，乃至四句偈等，不必多，受持就是〈咸〉和〈恒〉；虛心承受，君子以虛受人，然後持之以恆，立不易方，這個最難。「讀誦」，所有的經典都強調要讀誦，絕對是有道理的。讀之外還要誦，這個建議大家從〈豫卦〉去想，鳴豫、鳴謙，通天地人鬼神。持咒也是有聲音的，天籟，人籟、地籟，易簡而天下之理得，講的就是這個。各個宗教法門都有這個，《詩經》裡面品級最高的是「頌」。風、雅、頌的「頌」。很多的禮樂，都是要通天地鬼神的，所以持咒、稱名、念佛、讀經都很重要。如果環境不適合讀誦，怕干擾別人，就在心中默念。如果不怕吵，就大聲念出來，說不定正要著魔呢，這一讀經，魔都跑掉了。「為人演說」，不只是說，還要演。在台上講經說法，還要懂得演，要很生動、很活。「其福勝彼」，福德超過捐出全宇宙的財寶。

如如不動，契入真如

「云何為人演說，不取於相，如如不動。」其實任何一個法門都界定可以世代永傳，所以講經說法很重要。金剛法會快要結束了，佛也很在意啊，將來一代一代要繼續講下去啊！那講的人要有什麼條件？他在演說的時候不能受台下芸芸眾生的各種反應干擾。「云何為人演說」？你要說法，看是幾千人的演講廳，還是兩三人的會議室？是朋友講習的〈兌〉，還是渙汗其大號的〈渙〉？不管是錄音帶、錄像帶，尤其是演說《金剛經》，一定要對金剛法有所認識，「不取於相，如如不動」，就這八個字，所有外面的相都不會干擾你。第二個「如」就是「真如」、「如來」，前一個「如」是動詞。已經契入真如的境界，當然不動如山。不取於相，不管任何相都不受干擾，照樣宣講演說，沒有這個定力，不是很危險嗎？我讀《金剛經》，讀到這一段，我就想：「哇，太好了，我完全對了。」我講經都不看學生的，三板老師絕對沒錯啊——看地板、天花板，再不然就黑板。學生是老、少、男、女，缺胳膊斷腿的，滿臉疑惑，或者有打瞌睡的，一個個都要研究清楚，是不是我講得不好要改善啊？是不是要講點笑話，說一點緋聞來迎合學生呢？我都不，我就如如不動，「艮其背，不獲其身，行其庭，不見其人」，就無咎。然後「時止則止，時行則行」，就「其道光明」。所以老師後面發光、額頭發亮。如果取於象，一看誰來了誰沒來，誰睡著了，誰在下面聊天，誰在下面算卦，都受干擾。「憧憧往來，朋從爾思」，那怎麼行呢！何況是講《金剛經》！為人演說要怎麼樣呢？佛都講清楚了：「不取於相，如如不動。」何以故？《金剛經》最後就在這個偈結束：「一切有為法，如夢幻泡影，如露亦如電，應作如是觀。」金融風暴，泡沫夢幻，像老師一天到晚做夢，當然知道它是假的，如夢如幻如泡如影。如露亦如電，我們爬山都知道，早上起來帳篷上都是露水，但是太陽蒸一下就沒了。雷電一閃就沒了，「雷電合而章」，一閃一閃的。「應作如是觀」，他是剴切建議我們對一切有為法，都這樣看。當然有有為法，就有無為法，前面也講了一切賢聖皆以無為法而有差別，無為法絕不是撇開有為法到外面去找。你要做如是觀，有為法都如夢幻泡影，無為法就現前，娑婆就變淨土，心淨就是國土淨，此岸就是彼岸。如果眼前的我都不喜歡，到外面去哪裡找得到？

「佛說是經已」，法會結束了。「長老須菩提及諸比丘、比丘尼、優婆塞、優婆夷」，出家眾，在家眾，還有看不見的；「一切世間天人、阿修羅，聞佛所說，皆大歡喜。」這就是《易經》講的「慶」字，眾喜也。「信受奉行」，〈中孚〉就是信，〈小過〉就是奉行。

〈總結〉易佛參證的績效

我們的《易》解《金剛經》已經講完了，我準備了兩個考試題目，主要是提供大家自己回去想一想。第一題是，我們這個課程分日夜兩班，日間部的學習狀況是〈需〉中〈臨〉，夜間部的學習狀況是〈泰〉中〈震〉。這個問題比較不涉及我們講跟學的績效，而是本質上的問題，也就是我們這個易佛參證的課，到底績效如何？坦白講這也是我自己比較重視的，因為這不能勉強，可遇不可求。至少基本架構不能出問題，實際的收效如何，當然一定有落差。答案是〈需〉中〈臨〉和〈泰〉中〈震〉，就是實際教與學的效果。另外還有兩個卦象就更複雜一點。一個是風水〈渙〉貞悔相爭變〈坤〉，一個是四爻齊變變〈坤〉。它分別對應哪兩個問題呢？第一是，易佛參證這個課不管是整個理論架構，還是我們處理的方法，對習《易》為主的人來講，到底有沒有幫助？答案是風水〈渙〉，三個陽爻全動，變〈坤卦〉。第二就是針對發心學佛來聽《易》佛參證的，對他有沒有實際幫助？結果是天水訟的〈訟卦〉四個陽爻全變為〈坤〉。

請同學隨意發表，不要有罣礙，大家集思廣益，可以給我不少刺激。

剩下的時間不多了，我大概提一下。這幾個卦象，從結構看的話，剛好都有一個對比，一個是以習《易》為主的風水〈渙〉，一個是以習佛為主的天水〈訟〉。風水〈渙〉跟天水〈訟〉的內卦、下卦一樣都是〈坎卦〉，內心中的〈坎〉。上卦一個是〈乾卦〉，一個是〈巽卦〉；然後全部都變成〈坤卦〉。這兩個占例可說跟〈坤卦〉的正面、反面、側面都有關係，根據過去實占的經驗，斷〈坤卦〉會比斷〈乾卦〉還難，因為它有各種層面的意思。可以把它看成是歸空，整個陽氣都散掉了；也可以看它是先迷後得主，有的先迷還不一定能得主。可是它又有所謂的三無疆，還有厚德載物、廣土眾民、順勢用柔等正面的意涵。〈坤卦〉包含很多層面，所以要解〈坤卦〉還得看看問了什麼問題？

我們提出〈坤卦〉跟〈巽卦〉，媽媽跟長女之間的關係，土申為〈坤〉，申命行事，就是上卦的〈巽〉。日間班跟夜間班的成效有共同的結構，就是下卦、內卦都是〈乾〉，都是自強不息，可是碰到的外卦就不一樣了。〈泰卦〉是〈坤〉，徹底搞通，上下交泰。〈需卦〉是〈坎〉，要經歷坎險才能得到那樣的資源，而資源就藏在〈需卦〉第五爻；坎險最深的地方，也是真理最深處，「需于酒食，貞吉」，所以第五爻爻變是〈泰〉。但是，白天班一定有很多人在短短的三個月是卡住的，第三爻「需于泥」，單變為〈節〉，三跟五爻齊變又是〈臨〉，自由開放，「教思無窮，容保民無疆」。晚上班比較擔心的是〈泰卦〉第四爻，可能變成口頭禪，「翩翩」，看著花枝招展，卻「不富」，沒有學到東西，「以其鄰」，凡是坐在一起的都沒學到吧！「翩翩不富，以其鄰，不戒，以孚。」〈小象傳〉怎麼講這個爻啊？「皆失實也」。對《金剛經》裡面的空相沒有真正體悟。學習曲線是從第二爻開始，第三爻到了頂點，可是到第四爻就往下滑了，然後就整個是空的，「皆失實也」。〈泰卦〉二、三、四爻齊變成〈震卦〉，有傳承而建立主體性的意思，也有警告的意思，「君子以恐懼修省」。

我覺得這個卦象說得蠻貼切的，另外就是我們一再強調的，〈渙卦〉是我們用《易》證佛很重要的一關。我們提過了，二爻跟上爻都有急救換血的意思，希望脫胎換骨。然後比較值得重視的就是，在這個體系裡頭，〈渙卦〉跟〈訟卦〉第五爻都動了，這是關鍵。以《易》為主是「渙王居」、「渙汗其大號」等觀念。從〈訟〉來講，佛跟《易》之間可能會有什麼樣的〈訟〉呢？是不是「法執」？我的法高過你的法，你的法如何如何稍遜？這些紛爭都可以止息，因為二、四爻「不克訟」，上爻「或錫之鞶帶，終朝三褫之」，強爭無益，五爻「訟元吉」。看來這麼訟一下還蠻好的，趁機把經教義理都搞清楚了些。

可是就違反原先「是法平等，無有高下」的初衷了。〈豐卦〉初爻、四爻都是〈謙卦〉的象，我們不是提過嗎？可是這個法執涉及到信的問題。〈需卦〉就是要涉大川，「有孚，光亨貞吉，利涉大川」。《易經》第一個想要涉大川的就是〈需卦〉。〈渙卦〉也是涉大川，這裡面不是沒有衝突，尤其我們對佛的批判一點都不客氣，那就一定有〈訟〉了。〈訟卦〉從第一爻「小有言」開始，雖然第一爻沒動，可是直接就有較量了。然後第二、第四、第六爻，有時候佔上風，但佔上風也沒有意義，有時候就是「不克訟」，可是最重要的就是有一個第五爻，否則就是爭勝比較的〈比〉，那就是〈觀卦〉上爻爻變的〈比卦〉，叫做「志未平」。於是〈觀卦〉的上爻跟五爻這一鬥爭、較量，馬上變成〈噬嗑卦〉。就沒有「是法平等，無有高下」了。如果是《金剛經》，那個〈渙卦〉也剛好遇到第五爻動，不然也是〈比卦〉，還是在較量高下。「渙奔其機」，「渙其血」，不也是比一比看佛法高還是易法高嗎？這兩個都有五爻，這讓易佛兩個體系，不管是以哪一個為主，都是有信心的，一個是「訟元吉」，一個是「渙王居」。要是這個沒有動，就是一般的比較，尤其很多宗派法門之間，這個法跟那個法比，一個教門裡頭還有不同的宗又要比來比去，每個都認為我的法比你高，淨土比密宗高，禪宗又比什麼什麼高，……不都這樣嗎？這兩個卦象很有意思，就是化解法執，那個〈坤卦〉的意思，所以我們前面其實是偏理論體系，後面是實際教學的績效，看起來教學的績效都是〈乾卦〉，只是一個是用〈乾〉，一個是用〈坎〉；一個是用〈坤〉，一個是用〈坎〉，地天〈泰〉跟水天〈需〉，然後這兩個下卦都是〈坎〉，只是做法不一樣。其實這些卦象還可以發揮的東西非常多，大家不妨再深思。

從易經解金剛經 / 劉君祖著 . -- 初版 . -- 臺北市 :
大塊文化 , 2020.12
面 ; 公分 . --（劉君祖易經世界 ； 21）
ISBN 978-986-5549-23-7（平裝）
1. 易經 2. 般若部 3. 研究
121.17 109017661

劉君祖易經世界21

從易經解金剛經

作者：劉君祖
封面繪圖：李錦枝
封面設計：張士勇
責任編輯：李濰美
校對：趙曼如、李昧、鄧美玲、劉君祖
法律顧問：董安丹律師、顧慕堯律師
出版：大塊文化出版股份有限公司
地址：台北市 10550 南京東路四段二十五號十一樓
網址：www.locuspublishing.com
讀者服務專線：0800-006689
電話：(02) 87123898 傳真：(02) 87123897
郵撥帳號：18955675 戶名：大塊文化出版股份有限公司
總經銷：大和書報圖書股份有限公司
地址：新北市 24890 新莊區五工五路二號
電話：(02) 89902588（代表號） 傳真：(02) 22901658
初版一刷：二〇二〇年十二月
定價：新台幣四八〇元
Printed in Taiwan